点灯人丛书

亲近母语

书香校园建设经典案例

亲近母语研究院 /编选

广西师范大学出版社·桂林·

图书在版编目(CIP)数据

书香校园建设经典案例/亲近母语研究院编选.—桂林:广西师范大学出版社,2022.1
(点灯人丛书)
ISBN 978-7-5598-1803-4

Ⅰ.①书… Ⅱ.①亲… Ⅲ.①农村学校-小学-校园文化-建设-案例-中国 Ⅳ.①G627

中国版本图书馆 CIP 数据核字(2019)第 100500 号

书香校园建设经典案例
SHUXIANG XIAOYUAN JIANSHE JINGDIAN ANLI

出 品 人:刘广汉
责任编辑:卢 义
封面设计:李婷婷

广西师范大学出版社出版发行
(广西桂林市五里店路 9 号 邮政编码:541004
网址:http://www.bbtpress.com)
出版人:黄轩庄
全国新华书店经销
销售热线:021-65200318 021-31260822-898
山东韵杰文化科技有限公司印刷
(山东省淄博市桓台县桓台大道西首 邮政编码:256401)
开本:890mm×1 240mm 1/32
印张:14.75 字数:367 千字
2022 年 1 月第 1 版 2022 年 1 月第 1 次印刷
定价:128.00 元

总序

可以选择很多角度，来描述亲近母语的发展历程，但研究和实验，一定是最根本最适合的角度。

如果从2001年“亲近母语”正式立项为江苏省教研室重点研究课题算起，亲近母语课题研究已经走过了18年的历程。即使从2003年全国教育科学规划课题算起，亲近母语课题研究也已经走过了15年的路途。

1999年，在经历上个世纪末的语文教育大讨论后，国家启动了第八次基础教育课程改革。我还清晰地记得，2000年底读到《语文教学大纲》（试用修订版）时欣喜而振奋的心情。

2001年7月发布的《全日制义务教育语文课程标准（实验稿）》，第一次明确了课外阅读量，义务教育阶段必须达到400万字，小学阶段必须完成145万字。同时明确了小学和初中应该背诵的古典诗文和推荐阅读的经典名著。作为一个少年时代被阅读启蒙，被文学点燃的中师生，一个在八十年代文化环境下，幼稚地思考着中国小学语文教育应该走的道路的教育研究者，一个陪伴儿子在亲子阅读中成长的年轻母亲，我不希望将要上小学的儿子，和无数可爱的孩子们每天只做无聊的练习，童年没有阅读，不能享受母语的温暖和美好。

如何真正落实课标提出的阅读量，让孩子们在童年享受阅读的快乐，进而热爱我们的母语？2001年，亲近母语总课题组成立。2001年，亲近母语总课题组研发的《新启蒙教程》出版。这是后来，亲近母语开发的《全阅读》的雏形。让老师们在教学语文教材之外，每周上一节阅读课，带领孩子们进行更广泛的阅读。我们邀请梅子涵老师来到宝应，为亲近母语的实验老师们讲述图画书，讲述儿童文学。我们发布了中国小学生分年段的阅读书目，倡导更多的小学语文教师在自己的教室里，为孩子们点起一盏灯，带领孩子们阅读图画书，阅读儿童文学。

亲近母语课题研究和实验，迅速得到全国各地的认可和呼应。2003年11月，“亲近母语”被立项为全国教育科学规划“十五”课题。《中国教育报·读书周刊》以整版报道了亲近母语实验的理念和实践探索。

2004年，亲近母语策划和发起了第一届中国儿童阅读论坛，邀请顾黄初、梅子涵、朱自强、商友敬、李庆明、窦桂梅、周益民、何绮华等众多语文教育史、儿童文学、儿童文化、语文课程论等方面的专家学者和特级教师参与，研讨在小学语文课程中实施儿童阅读的理念和实施路径，展现亲近母语课题研究和实验取得的成果。第一届论坛就有来自全国各地的五百多位校长和老师参与。

在第一届论坛上，亲近母语总课题组推出了两本实践研究专著。一本为由我本人和刘咏春老师共同编著的《亲近母语儿童阅读教育课程研究和实践》。虽然不够成熟，但初步概述了亲近母语的理念、课程建构以及相应的教学实践探索。一本为岳乃红老师的《班级读书会ABC》，为中国大陆最早的表述如何在班级开展读书会，进行整本书阅读和教学的专著。

2001到2006年，是亲近母语课题研究的第一个五年。“十五”期间，课题研究致力于将儿童文学引入小学语文课程，在儿童阅读推广、突破原有小学语文课程和教师培训的模式、建立多方对话的格局等方面，取得了一定的进展，获得了全国性的影响。

2006年，亲近母语国家级课题结题。由顾黄初、成尚荣、梅子涵等组成的专家组，给予亲近母语课题研究和实验很高的评价，他们认为：“该项研究认真、扎实、有效、成功，而且具有原创性，体现了开拓精神。”2007年，亲近母语获得江苏省第二届教育科研成果一等奖。2007年，北京师范大学出版社推出亲近母语总课题组的第二批实验总结成果，分别为：薛瑞萍的《我们班的阅读日志》，岳乃红的《班级读书会ABC》，余耀的《由图画书爱上阅读》，邱凤莲的《大声读给孩子听》，丁筱青的《儿童阅读的心灵地图》，周益民主编的《上读书课啦》，全面展现了亲近母语总课题组在整本书阅读和教学、图画书阅读和教学、班级阅读活动开展等方面的成绩。这套书是国内较早一批真正意义上的儿童阅读指导丛书，系统地总结了2001年以来，深刻影响小学语文教育教学和儿童文学创作及出版、亲子阅读等领域的儿童阅读实验成果。

在亲近母语“十五”规划课题研究的基础上，亲近母语“十一五”研究课题定名为“儿童阅读的理论和实践研究”。课题致力于构建儿童阅读的课程体系。“十一五”期间，亲近母语的儿童诵读、班级读书会、读写互动、图画书教学和讲述、基于儿童的小学语文课程的构建等实验项目获得长足的发展，课题点燃了一批优秀的小学语文老师的热情，他们在自己的教室、学校，积极开展儿童阅读，并积极带动更多的老师和学校、家庭，加入到儿童阅读中来，儿童阅读逐渐走向蓬勃。

2011年，北京师范大学出版社又推出了亲近母语总课题组的四项研究成果，分别为丁云老师的童诗课堂探索专著《儿童天生就是诗人——儿童诗的欣赏与教学》，亲近母语儿童写作项目负责人邵龙霞老师的《儿童也能写作》，亲近母语图画书项目负责人刘颖老师的《我的故事讲给你听——从阅读到讲述》，薛瑞萍老师的《把世界带进教室——薛瑞萍教育教学讲演录》。

在前面十年课题研究和实践的基础上，经过多次专家学者和总课题组的论证，2011年，亲近母语确立了“十二五”研究方向——回到亲近母语研究最初的出发点，将前十年儿童阅读研究的成果，引进小学母语教育课程建设，努力探寻和构建以儿童为本位、从阅读出发、以母语抵达的母语教育课程体系。和儿童、教师、家长一起努力，用母语为儿童营造温暖的精神的怀抱，促进儿童听说读写能力的发展。

2015 年 8 月，亲近母语在多年试用和实践的基础上，发布了《亲近母语儿童阅读课程方案（修订版）》，以及各个具体课程的实施方案。全面系统地阐述了亲近母语总课题组的儿童阅读课程体系，并且在多年探索的基础上，发布了线上线下结合，进行亲近母语儿童阅读师资培养的“点灯人大学”计划。亲近母语实验以系统的书香校园解决方案为形态，为学校提供优质的阅读文化建设、阅读课程设计和师资培养等专业服务，从而走向了更多的学校和区域。

从 2017 年开始，国家逐渐进入统编教材时代。统编教材加大了传统文化教育的比重，同时吸收了十多年来儿童阅读推广的成果，将整本书阅读列入了语文课程体系。在新的时代，亲近母语在前期研究和实践的基础上，果断将“如何落实国家课程标准，教好统编教材，做好课内外统整教学，实现从课内到课外的拓展，如何加强传统文化教育”纳入研究和实验的重要内容，并重新修订和发布了《亲近母语研究与实践实施方案》。

本次出版的这套书，是亲近母语研究和实验的第四批成果；是近十年来，亲近母语研究和实验成果的一次较为全面的展示。

《和孩子一起日有所诵》是孔晓艳老师十二年来，陪伴孩子们日有所诵的记录和思考。

《丁云的童诗课堂》是丁云——这位颇有影响的诗人老师，十多年来自己读诗写诗，并带领孩子们读书写诗的实践记录。

《从整本书精读到群书阅读》是吉忠兰老师从一个乡村教师的大声读开始，所进行的各种关于整本书教学的探索的足迹。

《主题阅读的教与学》是徐世赟老师如何进行课内外整合和主题阅读的行与思。

《书香校园建设经典案例》和《整本书教学设计精选》是这些年涌现的一些优秀的书香校园建设和整本书教学的案例精选。

《点灯人说》则是一批亲近母语实验老师的教育叙事，讲述他们如何和孩子们一起阅读，一起成长的故事。

这些成果的背后，都是一个个活生生的人，一个个希望用阅读去点亮儿童生命的点灯人，一个个活泼泼的，不甘平庸，有精神追求的母语老师。这些书，记录了他们的遇见，他们的阅读，他们探索中的悲辛，他们成长中的喜悦和痛苦。而这些真实的群像，勾勒出了十多年来，中国大地上波澜壮阔的儿童阅读推广的历程，写就了对小学母语教育的重新认识和建构的过程。

真诚感谢广西师范大学出版社的刘广汉先生和刘美文老师，对亲近母语和这套实验成果的出版支持。

在我看来，这一切刚刚开始。所以，我认为，这套丛书是一个完全开放的体系，是一个正在展开的召唤结构。它等待着一个个点灯人、一个个精神发光的母语老师，从教育的田野里走来，走进这个开放的行列中来，一起探索，一起开创属于这个时代的母语教育。

我在这里等候你们。

2019 年 3 月 26 日

目 录
CONTENTS

1. 一所建在图书馆中的学校

——安徽省合肥市望湖小学

合肥市望湖小学创建于2010年秋，是一所隶属于合肥市包河区教育体育局的公办学校。学校现有两个校区，本部54个教学班，2 400多名学生；分校于2016年秋开校，办学规模为72个班级，目前教学班20个，学生800多人。

望湖小学自建校起就坚守儿童立场，遵循“健康、尊重、创造、自由”的生命成长规则，以“让每个生命自由舒展”为办学核心价值观，恪守“每天进步一点点”之校训，秉承“快乐阅读”的理念。学校全力打造“图书馆中的学校”，积极发挥中央图书馆的作用，使之成为学校最重要的文化场所、资源中心。“让阅读如空气般重要且自然”的阅读文化氛围已随望湖小学的发展悄然形成。

望湖小学建校时间不长，但先进的办学理念及稳步的办学实践正赢得社会及家长的高度关注与普遍认可，舒展教育品牌正在庐州大地上独树一帜。学校先后被评为“阅读改变中国·年度书香校园”（2014年）、2015年“全国最美校园书屋”、2015年“全国最美基层图书馆”。

一、书“装”花园——浸入式书香环境

望湖小学犹如一座用书装扮的花园，整个校园景观设计以“书”为主要意象，从校园总导视牌到散布在各处的宣传栏、卷轴型的阅读廊架、公共空间的视觉形象……全以“书”为设计元素。除了书的设计元素，更重要的是实体书的随处可见。近 1 000 平方米的中央图书馆分为学生图书馆和教师图书馆。图书馆全天候开放，迎接望湖师生在书海徜徉。走廊读吧巧用楼梯洞的空间，精心设计，其间摆满了图书馆老师精心挑选的书籍。连廊成了主题阅读的好场所，“爱家乡”“爱祖国”“爱世界”“爱科学”让阅读内容更集中。楼层图书车更是灵活，总是能满足大小书虫们顺手拿起一本书阅读的愿望。班级书架，让书始终与孩子们零距离。漫步校园，就是漫步在书的花园。

特别点击——优质学校图书馆的建设

苏霍姆林斯基曾说：一所学校只要拥有图书馆，就可以称之为学校。2015 年“六一”儿童节当天，教育部等三部门联合发布《关于加强新时期中小学图书馆建设与应用工作的意见》（以下简称《意见》），《意见》明确提出，到 2020 年，绝大部分中小学要按照国家规定标准建有图书馆。在国家中小学图书馆建设方兴未艾的历史时刻，望湖小学作为“全国最美基层图书馆”之一，摸索出来一条学校图书馆建设的路径，努力打造“五好”图书馆——好空间、好馆藏、好馆员、好设备、好服务。

（一）好空间：舒适、典雅、轻松的阅读氛围

望湖小学图书馆位于学校综合楼二楼，楼层适中，交通方便，环境安静，日照通风良好。有读者服务空间、阅读浏览空间、表演空间、教学空间等机能性空间，也配有卫生间、楼梯、走廊等非机能性空间。

整个中央馆是一处近 1 000 平方米的开放式空间，学生馆和教师馆区域分配得当，通融性恰到好处。

图书馆家具摆放既利于视觉穿透，又易于管理：书架间距为 80 厘米；参考工具书单独陈放；单面柜、高柜靠墙排列；双面柜、矮柜用来区隔各功能区。桌椅适合小学生高度，是多形状书桌，依索书号层次顺序排列，书没有放满整柜，约占书架的三分之二，这样预留空间，是待新书进馆时使用。

1-1 学生馆自由阅览区

1-2 学生馆里的树屋

舒适、开放的空间，绝不仅仅是物理环境的呈现，其背后折射出对读者的理解与尊重。在这样的理念下，图书馆才是有生命、有精神的学习者空间。

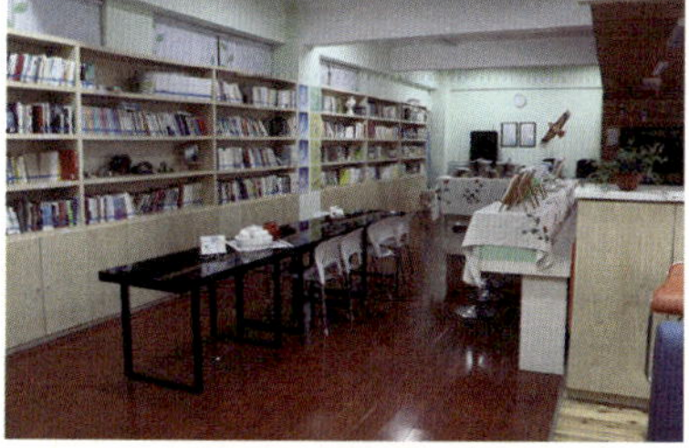

1-3 教师图书馆

1-4 学生馆藏书区

（二）好馆藏：丰富、新颖、多元的馆藏储备

馆藏是图书馆服务的基础。截至 2018 年 6 月，望湖小学图书馆共藏书 56 026 册。馆藏量统计如下：

馆藏图书统计

<table>
<tr><th>类别</th><th>数量</th><th>占总藏书百分比</th><th>总藏书量</th><th>生均</th></tr>
<tr><td>图画、低幼、漫画</td><td>12 461</td><td>22.2%</td><td rowspan="4">56026 册</td><td rowspan="4">28 册</td></tr>
<tr><td>文学类</td><td>19 900</td><td>35.5%</td></tr>
<tr><td>自然百科类</td><td>15 711</td><td>28.1%</td></tr>
<tr><td>综合类</td><td>7 954</td><td>14.2%</td></tr>
</table>

什么样的馆藏才是适合学校的？望湖小学有自己的发展策略：

1. 了解读者需求，采购读者想要的、喜欢读的书。学校每年的图书采购首先会从图书馆借阅统计中分析，把读者借阅特别多的类别作为新书采购的首选，如图画书类、文学类的书。其次，采购图书也不仅仅是图书馆老师的事情，学科教师、学生及家长都参与选书，以保证馆藏适合不同读者群体。

2. 支持学科教学，使馆藏资源融入课程。学校图书馆与公共图书馆的区别在其功能的不同，学校图书馆是支援学科学习的资源库，也是利用图书馆教育，培训学生的资讯素养的阵地。利用馆藏资源，让教师成为最重要的使用者。“从阅读中学习”教研模式是教师带领学生学习，培养探究学习能力的渠道。校长是倡导者，副校长是首席执行者，全学科教师是参与者，图书馆老师负责资源支持与服务。

3. 完善馆藏，更新机制。图书馆是成长的有机体，不是藏书阁。望湖小学将学生不感兴趣、借阅频次低的书籍移至他处储存，把最具吸引力的书放在引人注目、触手可及的地方。同时，随着图书馆馆藏流通时间越来越长，借阅量越来越大，有些自然破损严重的书，也被纳入淘汰范围。这样就可以保证馆藏的良性循环与流通。

（三）好馆员：具有专业技能，是联系读者与信息的桥梁

图书馆工作是一项专业性很强的工作。图书馆老师绝不单纯是看

管书库的人，同时还需要具有专业的技能。只有专职才能谈得上专业，望湖小学的图书馆老师是专职的，每一位都需经历为期一年半的图书馆专业课程培训。图书馆老师掌握了编目、分类排架及图书馆利用教育技能，使图书馆经营由规范走向高效，并有创意。图书馆老师是图书分类排架的行家，是图书馆环境打造的设计师，是学科教学的伙伴，是人力资源的管理者，也是图书馆课程的开发者和使用者。

（四）好设备：借还便捷，操作简易

好的设备，可以提高图书馆馆藏的流通量，增进读者对图书馆的情感。一套适合图书馆的、功能强大的管理软件是保证图书馆运营的牛鼻子。望湖小学图书馆数字系统，可实现指纹借阅，操作便捷、高效，切实解决了小学生容易忘记带借书卡的麻烦，最大限度地满足师生们的借阅需求。好东西，不仅仅是技术先进，还在于实用、有效。放在校园内的流动书车及还书箱，就是与科技相得益彰的好设备。学生需要还书时，进校随手放进还书箱，然后由家长义工利用学生上课时间取出，运到图书馆办理还书手续。这既节省了学生用在还书上的时间，又避免了借书、还书同时进行，提高了借还书效率，实现借阅的良性循环，极大地提高了馆藏的流通率。

（五）好服务：以读者为中心，读者的满意是服务的目标

图书馆服务涵盖方方面面，包括空间布置、馆藏采购、设施更新、图书馆专业技能、参考咨询服务等。其中，参考咨询服务的功能十分重要，它是指图书馆教师提供学生寻求所需资源的直接的或间接的协助，目的在于帮助读者认识并充分利用图书馆的数据和资源，养成自学的习惯。如，学科老师提供学生学习单、作业，让学生利用图书馆寻找所需数据及答案，并由图书馆教师协助找到等。

图书馆馆藏无法满足每一位读者的需求，但是我们可以提供相关

的资源、服务，使图书馆最大限度满足读者的需求。如，在图书馆设立分级阅读专区、学生作品展示区，定期举办故事妈妈“伴读”活动等；在支援学科教学中，配合学科老师和学生，为他们提供资源支持等。

学校图书馆的建设是个时间沉淀的过程。一所优质图书馆的建设，不在于馆舍够不够大，馆藏数量够不够多，而是在于空间设计、馆藏质量、馆员素养、设备更新、服务理念，能从读者的角度出发，让资源有温度，让图书馆因为人而有灵魂。

二、全阅读课程——从阅读中学习

如何让阅读走进课程，让阅读成为学科教学不可分割的一部分，成了学校课程建设新的课题。为此，望湖小学视推广“从阅读中学习”为己任，倡导“人人都是阅读者，人人都是阅读推动者”，积极开发“全阅读”课程。望湖小学着力打造“全阅读”课程，课程的总目标定位基于馆藏资源，促进图书馆与学科教学深度结合、有效融合，使图书馆资源成为课程资源，提高教师自觉利用图书馆改善教育教学，加强教育科研活动的意识与能力，提升学生的阅读素养与自主学习力。“全阅读”课程在学校的统筹安排下，分为学科阅读课程、图书馆课程、整本书阅读课程、诵读课程、自由阅读课程五大基础课程和自选课程，各子课程因自身特点，其实施目标、实施策略有所不同。

合肥市望湖小学“全阅读”课程实施纲要

<table>
<tr><th rowspan="2">课程</th><th colspan="3">路径</th></tr>
<tr><th>教学目标</th><th>实施策略</th><th>课程评价</th></tr>
<tr><td>学科阅读课程</td><td>利用馆藏资源，推进图书馆与各学科教学的有效结合与深度融合，不仅使图书馆资源成为教学资源，还能改善教与学的方式。</td><td>所有老师都是阅读老师，课时融入学科教学。教学资源为所有馆藏、学科主题阅读专区。基本模式:研读课标与教材—确定主题—匹配书单—拟订方案—落地实践—反思总结。</td><td rowspan="2">各年级阅读评价关注学生的阅读兴趣、阅读习惯、阅读理解力等综合阅读素养。结合《我的悦读手册》、图书馆借阅记录以及“阅读素养提升平台”等阅读轨迹考察学生的阅读取向、爱好及阅读理解能力等素养。低年级重在考察学生的阅读兴趣、习惯等良好阅读行为的养成情况;考查学生能否学会阅读，从阅读材料中提取需要的信息，合理解释阅读材料中的疑问等。中高年级随着学生年龄和阅读品质的提升，着重培养学生持续默读的能力，重在考查学生复述、解释、重整、伸展、评鉴、创意等阅读能力，关注学生能否将阅读与生活进行链接。</td></tr>
<tr><td>图书馆课程</td><td>依托图书馆丰富的馆藏资源和图书馆老师专业的信息组织能力，根据各个年级的学生特点和能力，循序渐进、有层次、有重点地开展形式各异的图书馆教学活动，旨在提高学生图书馆利用能力、文学阅读能力以及信息素养。</td><td>图书馆老师与语文老师、信息老师协同教学。每周一课时，在图书馆上课。资源支持为所有馆藏。课型分为:图书馆利用课与阅读课。图书馆课的一般流程:还书—图书馆课程—借书。图书馆利用课由图书馆老师主教，阅读课由语文老师执教。</td></tr>
</table>

续表

课程	路径		
	教学目标	实施策略	课程评价
整本书阅读课程	精选适合各年级阅读的中外优秀的儿童文学作品，通过班级读书会等组织形式，引领学生进入整本书的阅读，了解选书的标准，学习读书的方法，分享聊书的快乐，形成自己的阅读策略，并在其中获得情感的润泽、精神的滋养和成长的拔节，培养学生文学素养和读整本书的能力。	语文教师执教，保证每位学生一学期至少读完 4 本书，每个月举办一次班级读书会，一次有质量的创意延展活动。 资源支持为馆藏中的分级阅读书目、年级漂流书目、国际大奖小说。阅读方式：可采用年级间班级漂流和班级内小组漂流方式，保障每位学生在规定时间内读完。	
诵读课程	以童诗童谣、现代诗文和古诗文为主，引导学生日有所诵，亲近母语，培养语感，感受经典诗文的音韵、节奏、趣味、内涵，并能展开想象，获得积极的情感体验。在反复诵读中熟读成诵，积累语言，涵养心性。	语文教师执教，每天早上 15 分钟，诵读《日有所诵》《我爱吟诵》等。童诗童谣、现代诗文采用范读、自由读、齐读、分角色读、打节拍读、表演读等多种方式，熟读成诵。中华古诗文主要采用“读—诵—吟”的方式，领略吟诵的独特魅力。	

续表

课程	路径		
	教学目标	实施策略	课程评价
自由阅读课程	每天15分钟的师生共读或持续默读，课程以培养学生自主自由阅读兴趣和能力为目的，尊重学生自主选择书的权利。	每个班级保证100本左右图书及充足的报刊。 低年级为师生共读，中高年级为学生自主阅读，持续默读。每周二为班级读报时间，引导学生阅读资讯。	
自选课程	教师依据自身情况与学生情况，自主开发其他的阅读课程，与基础课程相互补充。自选课程内容应该符合学生的身体、心理特点，满足儿童生长和发展的需要，遵循学生母语学习的规律，最大限度地解放与培养儿童的阅读能力。	鼓励教师自主开发、研究，经教科部审核备案后自主实施，实施有成效的可以申报特色做法，时机成熟予以推广并加以激励。 主题阅读、小古文课程等都是非常优秀的课程资源。	

特别点击——“全阅读”的“全”体现在哪里

望湖小学“全阅读”课程的提出，基于“让阅读如空气般重要且自然”书香校园建设的初心，力求做到阅读内容的丰富、多元，阅读渗透到每个人的阅读行为、每一科的学习、每一天的时间中，做到“全面”“全科”“全员”“全程”的阅读课程建设。

（一）“全面”涉及

望湖小学的阅读内容可谓包罗万象，既有童谣、童诗、童话、儿童故事、民间故事、神话故事、成语寓言故事、儿童小说、古典诗文、时讯消息、实用文等不同文体的适合学生的中文阅读材料，又有大量的英文阅读材料；既有流传已久的经典书籍，又有当下新出版的好书。我们尝试将图画书、桥梁书、文字书、报纸杂志带入课堂，将经典的、文学的、儿童的带入课堂，将民间的、民族的、世界的带入课堂，将实用的、真实的、活动的带入课堂。我们要让学生带着阅读体验走进生活，带着生活体验走进阅读，给他们一个充满魅力的阅读世界。

（二）“全科”落地

在望湖小学，阅读绝不仅仅是语文老师的事，所有学科老师都是阅读老师。“全阅读”课程的介入，促使老师视“从阅读中学习”为己任。课程设置中，除了诵读课、整本书阅读是完全由语文老师执教外，图书馆课、自由阅读、学科阅读涉及语文老师之外的所有学科老师。

图书馆课作为支援其他学科教学的服务课程，根据其课程性质和具体教学内容，由图书馆老师、语文老师、信息老师等协作教学。

自由阅读课程，是落实所有老师都是阅读老师的重要载体。学生在校每天 15 分钟午读，是自由阅读课程的时间。这 15 分钟，由午读课后面一节学科老师任阅读老师。低年级午读课阅读老师以师生共读为主要阅读方式，老师须提前备课，可以读图画书、桥梁书和整本文字书，也可以选择与本学科相关的读物。中高年级午读老师则与学生一起自由自主持续默读，为了阅读而阅读，不用写阅读报告，不用回答问题，师生共同享受这种让人着迷的阅读方式。

学科阅读则是学科老师利用馆藏作为教学资源的研究性阅读，践行“从阅读中学习”，提升学生的学习力。学校要求每位老师每学期要做到三个“一”：推荐一份给学生的学科阅读书单、参与一次与图书馆老师协作的教学、撰写一个学科阅读教学典型案例。几年来，学科阅读老师从零起点摸索，到尝到这样的课例研究给学科教学带来的甜头，目前已经探索出学科阅读的基本课型。

1. 新授课型。即围绕该学科课程标准中的某项知识、技能或者情感价值观，大胆选用开发课程资源。资源主要以阅读资源为主，通过教师寻找到的阅读材料，学生从阅读中学习掌握某项新的知识技能。如美术学科的“图画书中插画的材料运用”，老师就是抛开教材中指定的内容，围绕美术课标中的造型、欣赏与应用等学习领域，寻找大量的图画书资源，让学生在阅读中欣赏，在欣赏中发现，在发现中应用，在应用中创作。

2. 拓展课型。即在配合、丰富教材内容的原则上增加教学资源，以拓宽学习背景、激发学生进一步探究该领域的欲望。如二年级语文备课组研究“珍惜动物”，便是在课文识字单元——《小动物》和《小动物过冬》等文章后进行的拓展阅读。通过阅读老师们寻找的有关动物的书籍及影像资料后，学生们对动物的了解更多了，对濒危动物的现状更加同情了，从而激发了爱护动物、珍惜动物的情怀。三年级数学备课组针对教材中有关分数的内容较少，而学生掌握有些困难的实际情况，推荐整本书阅读《分数的故事》，通过阅读本书中的有关内容，对分数的话题逐步展开，一节课下来，学生不仅对分数的产生、意义有了了解，而且对数学读本的阅读有了基本的方法与策略。学科阅读真正落实了“从阅读中学习阅读”。

每一年，老师们都把每一次学科阅读课例研究历程，写成教学叙事，学校把老师们的叙事集结成册，命名为《向更青处漫溯》，它成为望湖小学沉甸甸的学科阅读研究成果。

（三）“全员”参与

“全阅读”课程不仅体现在课表上，是全体老师和学生共同的校园生活，也有家长的参与。

家长参与学校“全阅读”课程的做法：

1. 亲子工作坊。学校每一年从起始年级就开设每月一次的亲子工作坊，跟家长解读学校“全阅读”课程理念和设置，以得到家长的理解、支持与配合。同时也对家长进行“如何打造家庭阅读环境”以及“如何进行亲子阅读”的培训。

2. 故事爸妈进课堂。为了让家长更多地参与到学校阅读课程中来，望湖小学每周一次的故事爸妈进课堂，给学校阅读推广带来新鲜的力量。故事爸妈根据自己的职业特点，结合学校的“全阅读”课程，进入课堂给孩子们讲二十四节气、讲雷锋的故事，带孩子们进行职业体验，进行图画书共读等，让孩子们对阅读多了一份期待和新鲜感，也让家长更加了解和支持学校阅读工作，建立家校共育的情感纽带。

（四）“全程”渗透

让阅读渗透进每天，时间的保障是最起码的指标。每天 15 分钟晨诵，孩子们在书声琅琅中拥抱第一缕晨光。中午 15 分钟，持续默读，让孩子们体会到浸润在阅读中的沉静和美好。晚上至少 20 分钟的亲子阅读，让孩子们在阅读中享受亲情。每周一次图书馆课，让孩子们渐渐养成泡图书馆的习惯。每月一次班级读书会，师生一起品味经典，做会思考的读者。每年一次阅读嘉年华，让师生、家长共享为期一个月的阅读盛宴。日复一日，周而复始，读的文字化为望湖人的气质，阅读成为望湖人的一种生活方式。

三、阅读活动——保留传统并不断创新

如果说打造浸润式的儿童阅读环境和设置“全阅读”课程，是建设图书馆学校的两翼，那么丰富而有创意的阅读活动，则是让阅读持续的保鲜剂。每年 4 月，是望湖小学一年一度的读书节。在这个月里，师生、家长除了参与常规的阅读课程外，会一起参加多项分级、充满趣味的创意阅读活动。活动的设计注重学生的参与性和创造性，如废纸换新书、图画书表演剧、校长讲故事、亲子阅读沙龙、四格漫画、手绘书比赛、吟诵日、诗词大赛、辩论会等。随着阅读的渐渐深入，现在望湖小学已从轰轰烈烈的阅读活动转向静悄悄的阅读方式，把积淀多年的阅读能力，转化为自主学习力，开始了围绕某个主题的项目式、探究性学习。

1-5　作家曹文轩进校园

1-6　吟诵教学研讨日

1-7　小小辩论赛

1-8　校长讲故事

合肥市望湖小学 2017“不一样的阅读”读书节活动安排

主题	时间	地点	内容	要求	负责人
学科主题研习（3月—6月）	2月	学校及户外	1. 确定主题与研习方案。 2.James 教授回访与指导。	1. 确定大的研习主题——“合肥”。 2. 制订“合肥”主题研习方案。	赵敏
	3月		1. 研习启动。（各年级组单周五下午召开大集体备课） 2. 赵敏讲坛——学习工具的学习。 3. 研习方案审核后即可开始实施。	1. 制订年级研习方案，确定制订年级、学生个人研习评估指标。 2. 建立图书馆“合肥”主题资源库。 3. 各班级室内布置研习专栏。 4. 各年级宣传报道不少于1篇。	赵敏、李玲、年级组长
	4月		1. 各年级组根据需要在周五下午召开大集体备课。 2. 结合读书节各年级或各班开展一次研习相关活动。 3. 以年级组为单位，结合研习主题开展一次户外实践活动。	1. 各年级活动宣传报道不少于两篇。 2. 各年级制定户外实践活动的安全预案和研习手册。 3. 布置班级室外宣传栏。	葛传东、张超伟、赵敏、李玲、年级组长

续表

主题	时间	地点	内容	要求	负责人
学科主题研习（3月—6月）	5月	学校及户外	1. 结合科技节和艺术节，各年级或各班或各学科开展一次与研习内容相关的活动。 2. 结合“六一”举行第三届DIY创意创业大赛——“最合肥”集市。	1. 各年级活动宣传报道不少于两篇。 2. 组织全校“最合肥”集市。	李雪洁、徐玲莉、赵敏
	6月		反思评估整个研习，整理并上传成果资料。	布置“合肥”主题研习展览馆。	张超伟、赵敏、李玲
师生诗词大赛（3月—4月）	3月	学校家庭	1. 确定主题（3月21日—22日）：山水田园、四季、咏物、送别、边塞、飞花令（月、柳、酒、花、山、水、春、草、叶、飞、楼等）。 2. 收集归类（3月23日—27日）：五、六年级学生认领主题，收集诗词，范围仅限语文书、《日有所诵》《我爱吟诵》《小学生必背古诗词80首》。 3. 热身（3月26日）：四、五年级部分学生参加纸的时代书店读书会。 4. “寻找诗词达人”微信等宣传启动，下发方案及古诗词题库（3月29日）。	1.3月27日上传分类好的诗词。 2.3月29日确立方案及古诗词题库。	赵敏、备课组长
	4月	学校	1. 4月前三周，每周利用大课间诵读。 2. 电子屏每日滚动不同内容的诗词（内容为必背古诗词80首。一首一屏。每天4首，滚动播放）。 3. 4月11日教师诗词大赛。 4.4月24日—28日三至六年级决赛。	备课组长参与出题。	张超伟、赵敏

续表

主题	时间	地点	内容	要求	负责人
作家进校园	4月11日	操场和图书馆	讲座。 签名售书。	跟新华书店接洽，做好宣传和实施方案。	赵敏、李玲
“全阅读”课程研讨	4月10日—21日	观摩教室	10日下午　诵读课程2节（课例＋宣讲＋研讨）。 12日下午　整本书课程3节（课例＋宣讲＋研讨）。 19日下午　学科阅读课程：数学、科学、信息、体育（课例＋讲述）。 20日下午　学科阅读课程：英语、美术、音乐（课例＋讲述）。 21日　吟诵日(上午课题组成员参加，徐玲莉、陈蕾、赵敏3节研讨课；下午白晶上课＋讲座，全体语文老师参加)。	1. 诵读课： 1节童诗或童谣（一年级上）； 1节散文（三年级上）。 2. 整本书： 图画书1节（二年级上）； 文字书2节（三、四年级上）。 3. 学科阅读课选材：首选年级必读书目，其次选学科阅读资源包，前两项若找不到资源可自主开发。 4. 全员参与，集体教研，除上课老师外，其他老师必须自主实践，备课组长负责组织。 5. 活动后上交学科阅读教学叙事、研习汇报PPT。	赵敏、陈蕾、叶晓燕、张琳、陈亮、姜风萍、备课组长
书香系列评选	4月2日—23日		1. “书香少年”的评比每个班级必报1名，每班可以增报2名。特别出色的，需要把照片、其他活动图片、事迹材料压缩发至教科部邮箱，凡入选的进行宣传展览，教科部将本着宁缺毋滥的原则选拔。 2. “书香家庭”“书香班级”“书香教师”也按提交材料的质量择优入选。 3. 在4月23日前各班完成上报。		赵敏、李玲、陈亮、张琳

续表

主题	时间	地点	内容	要求	负责人
表彰	5月某个大课间		表彰"书香家庭""书香班级""书香少年""书香教师"。		赵敏、李玲

特别点击——主题研习

（一）为什么做主题研习?

我们现在培养的儿童，要面对和适应未来社会的需求。据统计，2010 年最迫切需要的 10 种工作，在 2004 年是根本不存在的。根据科技和经济的发展，从当下看未来，现在的儿童将来要从事的工作，极有可能是现在根本不存在的。那么现在课堂教学就要培养儿童面对未来的能力，学会终身学习。 而目前学校教育的现状却是：花很多时间教学生阅读，却几乎没有时间让学生透过阅读来学习。课程没有火花，不能点燃学生的学习兴趣，没有创新想法激发学生透过阅读学习。

望湖小学努力让图书馆成为真正的学习中心、资源中心、交流中心， 让师生学会"从阅读中学习"，并以学科主题阅读研究为载体，历经多年的探索，打开了老师教育教学的视野，积累了"从阅读中学习"的经验。学科教学对学习个体来说是知识整体融合，打破分科教学的壁垒，给予学生更为完整、更为真实、更为有趣的学习经验。2016 年，主题探究式学习在望湖小学应运而生。

（二）怎么做主题研习？

1. 自主探索阶段

校长是课程研发中心的首席策划者，制订“读中学、做中学、问中学”的研习方案。最初的课程实施历时1个月，在学校统一协调下，以年级组为单位，实行年级组长组织、引领，采用集体备课的形式商讨、反馈、实施。具体流程为：启动——定题——拟案——学习——实施——展示。

2. 导师引领阶段

学校虽有多年的学科主题阅读研究的经验，但是如果做跨学科的主题研习，老师们对研习的理解和实践，还是心里没底。“他山之石，可以攻玉”，在研习开始前，胡冬梅校长就已经和主题研习方面的专家商定，要针对本次研习做为期4天的工作坊培训。工作坊由台湾基隆仁爱小学林心茹和周淑琴两位教师以及香港弘立书院图书馆主任叶锦莲老师担任培训导师。林心茹老师和周淑琴老师用案例分享了主题研习的步骤，即：开启——沉浸——探索——确认——搜集——创作——分享——评估，并循环往复，不断深入探究。叶锦莲老师用深入浅出的方法，让老师们学习“小学生信息素养”的指标，并思考这些指标可以由哪些学科来落实，如何结合学校和老师们的实际情况、用探究式学习方法让孩子们掌握。

工作坊学习后，老师们落实工作坊的收获和启发，再一次修改既定方案，工作坊的学习给主题研习指引了更加精准的方向。课程的定位为从学生的实际出发，与生活联结，通过探究，在提升学习能力的同时，解决生活中的问题。

3. 具体实施阶段

经历了自主探索和导师引导阶段，便正式开启研习之旅。2016 年 11 月，全校师生第一次主题研习，自发生成“饮食”主题，各年级又有不同的小主题。

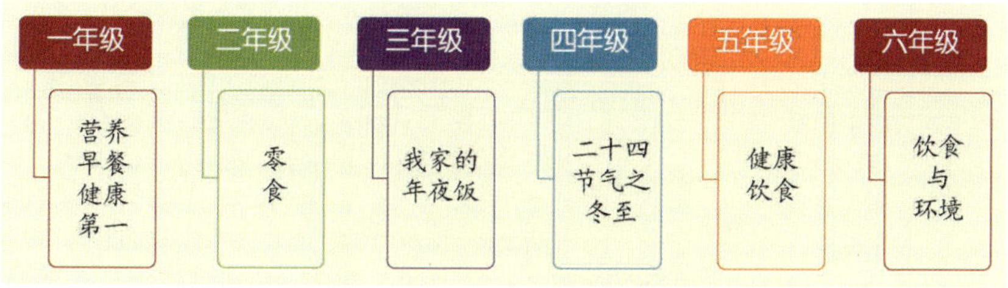

1-9　“饮食”研习项目的分主题

（1）资源支持——兵马未动，粮草先行

面对各年级的小主题，如何开展探究性学习？图书馆作为支援学习的资源中心，势必要发挥其作用，在馆藏资源和课程资源上给予大力支持。为确保给研习提供丰富的资源和贴心的服务，图书馆专门建立了主题研习书目专柜。此外，还与省图书馆建立联系，从省图借主题研习书目近 200 本，确保研习不缺“粮草”。图书馆老师利用图书馆课教授“big6”研习模式，以及定义问题的策略等学习工具。除了充分利用图书馆资源，各年级也利用了家长资源。如一年级围绕“营养早餐　健康第一”的主题，请来家长中的营养专家讲营养课，拍摄成视频，年级共享。

（2）全学科参与——让学习真正发生

各年级研习围绕一个主题，在年级组长的组织下，开始了落地实践。以二年级研习“零食”主题为例：

“零食”主题安排

定义主题	想知道（语文）	调查研究（数学）	建构（体育）	表达
零食	能不能吃零食？ 如何选择零食？	1. 每组用头脑风暴的形式写出零食的名字。 2. 在老师的带领下，学习用思维导图和多种分类方法为零食分类。	了解各类零食对身体的影响。	1. 试着用英语说一说自己喜欢的零食名字或者画一画自己喜欢的零食，并试用英文表述可以用什么餐具来吃。（英语、美术） 2. 利用自己喜欢的零食的图案，设计棋盘游戏。（美术） 3. 为自己喜欢的一种零食设计广告词，用艺术的形式表现。（语文、音乐） 4. 零食分享会，穿插棋盘游戏、艺术表达。（全学科）

4. 熟能生巧阶段

有了第一次主题研习试水，老师和学生都爱上了这样的学习方式。现在，望湖小学每学期都要进行一次集中性的主题研习活动。研习的主题来源于学习和生活，越来越接地气；形式越来越多样，内容越来越开阔。从自发自主产生的研习主题中可见一斑：植物是活的吗、废旧衣物的二次旅行、小小午睡大学问、私厨定制、七巧板拼图大战、探寻民间技艺、狗年说狗等。随着这种跨学科学习的不断深入，学校目前已将主题研习纳入“全阅读”课程，并作为学校教育创新实践奖励的重头戏，这种课程激励方式与探究性学习相得益彰，让主题研习越来越有戏有料。

作为一所年轻的新兴学校，望湖小学把阅读作为最重要的事情来做。八年来的探索和实践，用事实证明了阅读在学校教育中的地位。在合肥市小学评价方式改革实验学科测试报告中，望湖小学各科学业水平均居于前列，社会各界有目共睹望湖小学的“轻负担、高质量”，不得不说这是阅读的力量。

望湖小学在学校图书馆建设中的课程研发和实践、馆藏发展模式、图书馆借阅和管理模式、创意阅读推动等经验，也在国内得到推广、辐射。未来迎面而来，随着国家基础教育的改革力度加大和三孩政策的出台，望湖小学面临的挑战是如何在学校办学规模越来越大的基础上，让新进老师的教育能力跟上学校发展需要，让学校已有的阅读教育理念和做法根植于教师队伍中，把儿童带到更广阔的学习视野中，让每一个孩子习得“从阅读中学习”的能力。

2. 与童书相约，做最美逍遥人

——安徽省合肥市逍遥津小学

合肥市逍遥津小学属公办学校，是合肥市历史最悠久的小学。自公元1622年明天启皇帝钦赐“理学名臣”蔡文毅公专祠于此，文脉延续至今，至公元1946年蔡公后人创办私立新生小学，后又名经柳木巷小学、向阳路第一小学，直至2009年12月29日更名为逍遥津小学，历时凡388年。今天，逍遥津人用文化的力量推动学校跨越式发展，以文化立校，以书香育人，将阅读生态、地域文化和学校办学理念融合，建构阅读评价体系，进而建构出古韵与时代交融的办学特色和办学模式。近年来，我校确立了以学术研究和课程建设为重点工作，优化语文课堂结构，探索大单元整合，进行整本书阅读课内指导，面向每位学生，全面推进阅读课程的实施，其中整本书阅读的研究成为学校特色品牌之一。用阅读经典对接文化传承，为学生补充文化生命的元气，培育“有根”的逍遥人，让阅读成为逍遥人最幸福的生活方式。

一、我们的阅读组织管理——团队优质，有序引领

逍遥津小学采取全员参与的方式推进儿童经典阅读。所有领导班子成员、全体教师都是阅读推广人。为明确任务职责，保证经典阅读顺利推行，学校先后成立了儿童阅读工作室、儿童经典阅读研究中心，下设儿童经典阅读项目行政推进组、指导组、保障组以及实施小组，依托嵇莉芬名师工作室，引领全体语文组教师以及其他老师参与的阅读推广、实施机制。语文教研组组长细化管理，将四大阅读课程纳入日常教研活动，进行项目化管理，实施课程负责人制；所有语文教师作为阅读的领路人，不仅是课程的实施者，还应有课程开发的意识，全体教师有序地推进阅读课程建设。

二、我们的阅读环境营造——精心营造，资源丰富

学习应该与书香为伴，师生应该与经典为伍。学生在校园里目光所触及的每一处风景都应该有文化的熏染、书香的气息，于是学校从多渠道全方位来营造校园浓浓的书香氛围。

（一）精心打造“紫藤萝书屋”

为加强班级与班级的阅读交流，实现班级之间阅读书籍的资源共享，四位老师和部分家长自发组织，给四个班级的孩子们打造了一个属于孩子们的小书屋——“紫藤萝书屋”。书屋内缠绕着绿色藤蔓，悬挂着鸟窝，在一片绿意中若隐若现，一个个原木书架靠墙而立，上万册图书摆满其中，书架上绿色植物在周围摇曳生姿，让孩子们在舒适、温馨、梦幻中享受缤纷的阅读时光。学校每学期都会用统筹基金增购新书，老师们从国内外优秀绘本、优秀儿童文学作品到国际大奖获奖童书等青少年读物中做了精心的挑选，孩子们参与书屋的设计，

配以精巧的装饰，创设了他们自己喜欢的读书氛围。为了加强对“紫藤萝书屋”的管理，班级推荐学生图书管理员和家长义工做好“紫藤萝书屋”的日常借阅管理工作。四个班级每周有序进入书屋，每个孩子拥有半天的自由阅读时间，班级或年级可在书屋开展各类读书活动。

2-1　学生在“紫藤萝书屋”读书

（二）走廊小书吧，处处可阅读

漫步校园，操场上、小池边、紫藤架下，随处可见读书的身影，每一楼层的走廊转角处都有一个小小的书吧，一个个精美的小书架不时出现在孩子们的视野中。学校从小处着手，让阅读随时随地发生，使学生移步换景，都能沉浸在书香的氛围中。书架上整齐地摆放着各类科普、文学、历史、传记等学生喜爱的书籍，课间和闲暇时，一群群“小书虫”在书吧旁边驻足、静心阅读、细细品味，让校园多了几缕书香。

2-2　随处可见的读书身影

（三）班级图书角，小天地大世界

信步走入班级，每间教室里都摆放着两个书柜，书柜里排列着整整齐齐的书，有的班级因为图书过多，又额外添置了小书架。用心的老师和爱护图书的孩子们会给书贴上编码，甚至包上书皮，一来方便借阅和管理，二来可以减少破损。借阅时间一到，孩子们便驻足于书架前，细细挑选起来，选好后，拿到管理处登记……班级图书管理井然有序。教室的侧墙上开辟了“我爱阅读”的专栏，上面有“新书介绍”“好书分享”“阅读感言”“优秀读后感”等。这扇阅读之窗给学生提供了交流阅读心得的机会，也给学生搭建了展示阅读成果的舞台。有的班级还贴上温馨小标语——“小图书，真好看，还能教我学知识”“轻轻拿，静静读”……让孩子们爱读书，爱护书。

2-3　学生在班级图书角读书

（四）优质图书馆，丰富精神家园

为营造全新的阅读环境、丰富学生的阅读资源，学校加大对校园图书馆的建设投入，校内有两层主题式的图书馆；学校还积极和优秀阅读机构合作，为学生提供更加丰富和便捷的阅读资源；阅读教师们与各类儿童阅读专家交流，精选所有入库书籍，充分利用优质平台引领学生走进阅读世界，让他们享有丰富的阅读资源，让阅读真正成为逍遥学子们的生活习惯和生活方式。

三、我们的阅读课程实施——大胆创新，精彩纷呈

（一）课程安排

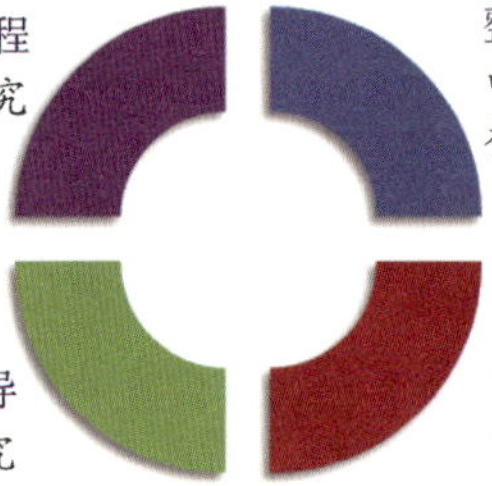

2-4　四大课程体系

学校的经典阅读课程的设置，以四大板块为主，其他为辅：

1. 日有所诵：以《日有所诵》为材料，每天早晨 20 分钟诵读，由各班语文教师进行教学。

2. 主题阅读：以《全阅读》为材料，利用品德课及综合实践课，各班语文教师负责教学。

3. 整本书阅读：每月全班共读一本书。每班每周有一节阅读课，月初一节导读课，月末一节交流汇报课。各班语文教师承担教学。

4. 图画书阅读：中高段每两周读一本绘本，低段一周读一本绘本。与班会课结合，年级组内非语文教师进行教学。

（二）课程保障

为确保阅读课程的开展，我们确定了“七个一”举措。

每年一个阅读节：20个阅读展位，全校师生及家长的阅读狂欢节。

每学期一个阅读日：每学期确立一个阅读日，当日所有课程、作业均围绕“读书”展开。

每月一次读书会：每月一次教师读书交流，学生开一次班级读书会。

每周一节阅读课：学校在课时计划中安排一节阅读课对儿童进行阅读指导。

每日一个阅读时：每天安排一个固定时间阅读书籍，在家也有固定阅读时间。

校园一个阅读廊：充实已有的开放式儿童阅读场所，让师生享受自由阅读时间。

班级一个阅读区：每班设立专门的儿童阅读区，学生可自由获取阅读的图书。

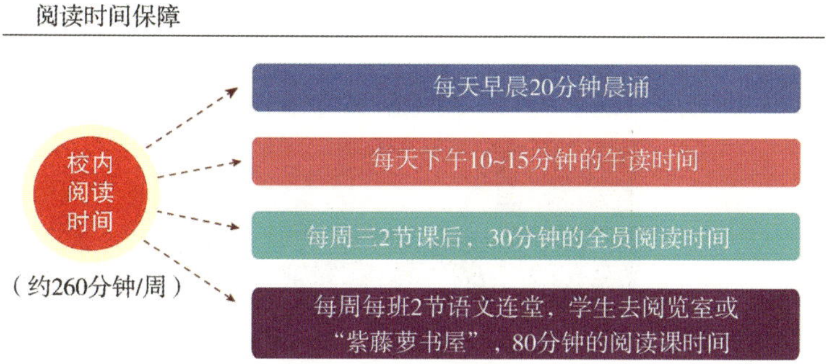

2-5　阅读时间分配

（三）课题研究

为提升教师的学术研究素养，养成科研意识，成为儿童阅读专业指导教师，学校已申报市级课题《关于小学生整本书阅读分段指导策略》并立项，即将开题。学校将进一步对整本书阅读进行深入研究，对各个年级，分学段、分阶段进行不同类型的整本书阅读探究，整理出一整套适合本校不同阅读能力的学生的阅读书目，总结整本书教学分段指导策略。

1. 重视教师专业引领

近年来，学校不断邀请在儿童阅读研究方面的专家来校为老师们做培训，以提高教师的专业素养。学校先后邀请亲近母语创始人、儿童阅读推广人徐冬梅，著名儿童文学作家梅子涵，儿童文学作家曹文轩来校做阅读的引领与指导。同时我们还邀请百班千人总导师周其星老师、儿童阅读推广人刘颖老师为教师上示范课、做讲座。我们的教师在各位专家的引领下，得到了专业的培训。

为了提升教师指导学生阅读的能力，学校还开展课程负责人带头上阅读指导课的观摩研讨活动，推动整本书阅读的深入。活动中展示了绘本阅读课、读书交流课等几种形式，开启了“整本书阅读”的教学研究之旅。

2-6　教师培训

2. 加速种子教师的培养

学校不断外派教师参加亲近母语主办的中国儿童阅读论坛、种子教师研习营等阅读交流、培训活动，加速种子教师培养。2015 年 8 月，我校何樱莉老师作为种子教师在成都研习营里进行了《毛毛》的整本书阅读教学展示。2017 年 7 月，何樱莉老师作为亲近母语儿童阅读导师在南京研习营进行了《查理和巧克力工厂》的整本书阅读教学展示。我校朱艳伟、史姗姗、陈盈盈、陈蕴、杨丽娟等多位教师就整本书阅读教学以及绘本教学在校内和区域层面开展教学研讨课。近年来，教师在课程实践中，做好课题研究，并且撰写了论文。

2-7　何樱莉老师的整本书阅读教学

3. 常规教研课题化

以课题研究为载体，做好整本书的阅读，整本书阅读展示课纳入常态教研——公开课研讨交流，共同评价课堂效果，最后成为整本书阅读指导课程教材可积累的第一手资料。每周一次的教研活动基于《关于小学生整本书阅读分段指导策略》的研究开展各类主题教研活动，将日常的教研活动课题化。教研组活动主要进行理论学习、年级书目的确定，促进课题的有效推进。备课组进行教材瘦身、大单元教学、整本书课例实践等教研活动，以小组讨论、读书沙龙、个人讲座等多种形式丰富教研活动，从一本书出发走向更开阔的阅读，从一本书出发走向更深邃的阅读。

2-8　教研活动

4. 合理编排分级书目

必读书目：在小学阶段课外阅读书库里，其中 32 本整本书是我们精心筛选反复论证的必读经典。针对二至六年级学生，老师进行整本书阅读指导；其中 32 本绘本纳入一、二年级整本书阅读指导。

选读书目：在老师引导下，从班级书库里选择自己喜欢的书目海量阅读，涉猎科学、数学、动物、哲学等多方面。

分级阅读：成立整本书阅读——绘本研究小组。一、二年级绘本的阅读，每学期 8 本，教师课内做精读指导，每学期 10 本做推荐阅读；三至六年级绘本的阅读，每学期 4 本，教师课内做精读指导。每个年级的绘本选择以“亲近自然、感悟亲情、习惯培养、情绪管理”为主题，借助绘本开展各类阅读教学与实践活动，使学生兴趣浓厚，提高参与阅读积极性。在所选主题相似的情况下，阅读内容应体现螺旋上升的特点，适合学生的年龄特征和阅读能力。

四、我们的学校阅读文化活动——书香四溢，丰富多彩

（一）读书活动精彩纷呈

1. 日常展示，每周升旗仪式上各班轮流上台进行诵读展示。

2. 每年 4 月份的读书嘉年华已成为学校一大特色课程，全校将开展系列读书活动，努力打造集“展示、互动、体验、竞猜”为一体的读书嘉年华活动。如 2018 年的读书节，学校开展了 21 天阅读打卡、书香地铁之约、故事大王进幼儿园、我的书房我设计等活动。

21 天阅读打卡活动：此活动筹备期间，语文老师以班级为单位建立微信群，创建阅读打卡群，以年级为单位确定本年级 21 天阅读书目：

一年级《木偶奇遇记》，二年级《宝葫芦的秘密》，三年级《捡到一座城堡》，四年级《小狐狸阿权》，五年级《提灯的天使》，六年级《不老泉》。班级全体学生进群进行阅读打卡，每个学生完成共读书目后，可以选择自己喜欢的图书坚持阅读，学生们在这 21 天里徜徉在书的海洋，尽享读书的快乐。21 天阅读打卡活动从 2018 年 3 月 23 日开始持续 21 天，学生参与活动的积极性很高，很多学生阅读时间超过了 21 天仍在继续，活动虽已告一段落，但读书并未间断。他们坚持每天晚上读书，低年级孩子晒读书照片、视频及语音，中高年级孩子做读书记录、批注，每个孩子都在认真地记录着。作为阅读的引导者，所有语文老师也参与了教师 21 天阅读打卡活动。老师们有的读余秋雨的《文化苦旅》，有的读儿童小说《早安，莉娜！》，有的读南怀瑾的《论语别裁》，还有的读王朔的《致女儿书》、村上春树的《国境以南，太阳以西》……老师们阅读着、交流着，随时记录当下阅读的感受。此外，活动也得到非语文学科老师的关注，数学和美术老师们积极参与，乐在其中。

故事大王进幼儿园：每个班级进行故事大王选拔赛，最终，有 10 位“故事大王”走进了宿州路幼儿园，给幼儿园的小朋友们讲故事。这些“故事大王”不仅自己热爱阅读，而且用实际行动影响着周围的人，为合肥市全民阅读活动做志愿宣传。

2-9　读书嘉年华活动（1）

2-10　读书嘉年华活动（2）

2-11　向皮山县捐书

2-12　故事大王进幼儿园活动

书香地铁之约活动：4 月 23 日是世界读书日，学生们在何樱莉、史姗姗老师的带领下以一场“阅读合肥 彩色行走”书香地铁之约来迎接世界读书日的到来。此次活动，由深圳发起，合肥、上海、南京、青岛、成都、武汉等全国十几所城市联合推出的地铁阅读活动。邀约爱阅读的老师和同学们，在当地城市，统一时间，统一标志，统一行动搭乘书香地铁，一路阅读推广。活动中，孩子们首次尝试将手里的书籍赠送给身边的“低头”乘客。

出发前，孩子们认真地将想对“低头族”说的话写在了扉页上，有的引用了高尔基的名言“书是人类进步的阶梯”，有的写上了自己的想法“放下手机，开始阅读”，细心的同学还给文字配上了小插图。

2-13　书香地铁之约活动（1）

2-14　书香地铁之约活动（2）

我的书房我设计：所谓“养鱼养水，养树养根”，家庭教育是养根的教育，家庭教育问题最终需要通过引导构建家庭文化来达成。因此，学校利用读书节这个契机发起家庭书屋创建活动，发动家长和学生积极行动起来，在家庭中建立图书橱柜、小书屋，营造读书学习的良好氛围。最终，学生以照片加文字或者视频加文字的方式纷纷“晒出”自己的小书房。

3. 每年一次《日有所诵》诵读大赛。通过一次次诵读大赛，孩子们爱上了诵读。

4. 作家进校园。邀请梅子涵、曹文轩等作家进校园，让我们的校园更有书香气。

（二）班级读书活动显成效

1. 借全国名师之力，助班级读书会开展

临近期末考试，阅读也未曾停止。三个年级五个班级参与第二期全国“百班千人”读写活动。暑假期间，四年级参与中年级组教师读书交流群，由四川成都的李兰老师带着其他老师、同学和家长们导读《永不变老的日记》。

2. 读书征文喜获佳绩

学生作品多次登上全国报纸杂志。学校组织学生参加市教育局举办的暑期“读一本好书”征文活动，多名学生荣获一、二、三等奖。

五、我们的阅读教师团队——专业引领，家校合力

（一）阅读种子教师初露锋芒

逍遥津小学的每位老师致力于阅读的推广，一盏盏明灯亮起，点亮了每个孩子阅读的热情。学校在阅读课程实施的推进中，一个强有力的阅读教师团队逐渐形成。姚明伟校长在中部四省会城市分享经验

交流会上，以“让学术研究引领教师成长”为题向四省参会代表介绍了学校在引导老师们用学术研究的思维对待教育教学促进学校品质提升的经验；王静老师，作为资深的阅读教师，受邀在亲近母语举办的论坛做经验交流，并和经开区芙蓉小学的孩子们聊聊读书那些事儿；作家教师嵇莉芬老师，两年内完成了50余万字的童话小说《猫眼魔女》系列，深受孩子们喜爱，并受结对校长丰中心小学邀请，为他们的老师做讲座；何樱莉老师，受庐阳区虹桥小学邀请开展“如何做一名有协助力的老师”主题讲座，在阜阳泉北小学做亲子阅读讲座，并参与六和公益组织机构的活动，在河南新密和安徽六安进行绘本教学课堂示范，并在“国培计划”骨干教师培训中做了整本书阅读教学的课堂展示；方汀、郭欣老师研究“二十四节气”课程，开展一系列的班级阅读活动；盛晓攀老师的小古文教学获全国一等奖；史姗姗老师参与张祖庆老师组织的“百班千人”活动饱受好评……阅读，助力每一位教师的专业成长。

（二）课程开发，让阅读成为学生的习惯

一路走来，老师们的阅读热情越来越高，他们自发组建了“书香逍遥”教师读书交流群、“逍遥诵”教师经典诵读群，每周日晚八点老师们在线聊书，乐在其中。交流群人数也由最初的十几人增加到现在的六十几人。老师也由最初的仅有语文老师发展为现在有语文，有数学，还有音乐和科学老师。

当老师们在阅读道路上越走越深入的时候，阅读唤醒了老师们课程开发的意识，也激发了老师们课程开发的热情。

何樱莉、王静、王金成等老师研究中国传统文化，依据儿童心理年龄特点，从低、中、高三个阶段做适合儿童的传统文化校本教材；

方汀、郭欣老师尝试把“二十四节气”带进课堂，和学生一起，去了解二十四节气的由来，以及与节气有关的诗句、饮食、风俗等，在此基础上，编写《二十四节气》班本教材；嵇莉芬老师的班本诵读课程，多以古典经典诗词、千古传诵的散文为主，已装订成册，从二年级到六年级，每个年级一本；王金成、王美玉等多位老师，将庐州文化与学校文化相融合，做庐州文化的校本课程。当老师们由课程的使用者成为课程的主动开发者的时候，他们感受到了校本课程开发带来的成长和幸福，他们也相信，通过优质课程的滋养，可以促进学生更加幸福地成长。

（三）亲子阅读，家校共前行

“过年期间，儿子读他的书，我拿着手机在旁边玩，儿子看到了，批评我：‘妈妈，你怎么老是玩手机啊？我们老师说，读书能使人变得更优雅，你不要再玩手机了！和我一起看书吧。’说话的语气像个小大人，我虽然被儿子批评了，但感觉很高兴，然后拿起书和儿子一起看。”这是寒假的读书反馈表上，二（1）班孩子的妈妈写的一段话。

当越来越多的孩子喜欢上阅读，当孩子的阅读量由几年前的每年人均 2 本增加到现在的每年人均 12 本，很多孩子不仅自己读书，也带动着家长去读书。

学校阅读推广人趁势而上，组建了亲子阅读小组，由五个家庭组成一个阅读小组，邀请阅读推广人来校讲学，定期开展亲子阅读交流会，并邀请故事妈妈进课堂。接着，越来越多的父母加入进来，学校开设家长阅读课堂、亲子阅读体验坊、周末亲子读书会等，让亲子阅读更多彩。组织家庭一起共读，逍遥津小学的阅读推广人正在践行，并坚定地走下去。

（四）阅读吸引媒体争相报道

启动儿童经典阅读计划；成为亲近母语基地校；成立童话工作室暨阅读工作室；“逍遥诵”经典校本教材即将出版，整本书分段阅读指导策略课题的研究……逍遥津小学的阅读工程，吸引了各级媒体争相报道。“校园儿童作家”嵇莉芬老师登上了《小学语文教师》杂志封面，也成为安徽省第一位登上此学术杂志的封面人物。全国学术期刊《当代教育家》，以“古有逍遥津，今有逍遥津小学”为题，大篇幅报道学校特色发展成果，向全国推介。《中安在线网》全程直播学校的读书嘉年华活动。新华网、新浪网、《新安晚报》《合肥晚报》《江淮晨报》《合肥日报》和合肥电视台等众多媒体给予学校文化办学成果高度关注与积极报道，学校也先后获得“全国校园读书活动组织奖”“合肥市经典诵读特等奖”。嵇莉芬老师改编的童话剧《草丛历险记》获合肥市艺术节展演一等奖。

“诵十万言，有诗书气；翔九千仞，作逍遥游”——逍遥津小学，三百八十八年文脉相承的百年名校，而今，因为阅读，因为适合儿童的传统文化教育，校园绿意充盈，芬芳润泽，正呈现出更炫目的生命光彩！

3. 改变从阅读经典开始

——北京市清华大学附属小学

清华大学附属小学（以下简称清华附小）成立于1915年，从一百年前的成志学校，到今天的“成志教育”，一直传承百年清华厚德载物的优良传统，一直与时俱进探索适合儿童终身发展的教育路径。

一个民族的母语是一个民族的灵魂，一个孩子的母语学习界定了他一生的精神格局。小学六年，到底如何改变单篇短章、支离破碎的阅读现状，为一个孩子的一生的精神格局打底呢？

清华附小秉承“为聪慧与高尚的人生奠基”的办学理念，对“聪慧与高尚”进行了具体的解读，提出清华附小学生的成长样态是“健康，阳光，乐学”，其核心素养为：身心健康、善于学习、学会改变、审美雅趣、天下情怀。如果说教育是一种供给，课程就是其中的核心供给力。在清华附小“1+X课程”体系中，书香阅读可谓是最大的亮点之一，更是学校通过课程培养学生核心素养的重要途径。

一、有效管理，严格落实书香理念

清华附小书香校园的有效构建，离不开学校的有效管理。清华附小遵循儿童阅读兴趣和阅读规律，将小学阶段的阅读要求目标化、系统化、教学化，在对民族和传统经典文化的传承基础上，实现多维度整体立人。

2014 年，清华附小“小学语文主题教学实践研究”在窦桂梅校长的引导下获得首届基础教育国家级教学成果一等奖，并将其作为学校“十三五”及以后办学的指导思想，出台了《成志教育未来三十年发展规划》。规划中明确指出将清华附小打造成为一所“生态田园式、人文家园式、书香校园式的小学”。

在清华附小，有两座经典阅读的“灯塔”一直照耀着学生，一座是传统文化经典，一座是现当代儿童经典作品。学校以“全学科主题阅读课程”作为学生五大核心素养的基底，在阅读中培养学生“语言构建与应用”“思维发展与提升”“审美借鉴与创造”“文化理解与传承”等能力。课外阅读课内化，课内阅读教学化，阅读教学评价化，为学生提供一至六年级的必读、选读书单，其中涵盖了人文、社科、艺术等多个领域，以丰富学生对世界的认知。针对学生，清华附小具化“十个一”目标（即一流好人格，一身好体魄，一生好习惯，一个好兴趣，一种好思维；一手好汉字，一副好口才，一篇好文章，一项好才艺，一门好外语。前“五个一”是每个学生必须具备的基础目标；后“五个一”是个性化的发展目标，不同的学生可以有所侧重，并允许学生自我设定特殊的发展目标），科学构建“1+X 课程”育人体系，深入研究“1+X 课程”及主题阅读课程群，努力打造成志精品阅读课程，每学期的“成志榜样经典阅读系列活动”是其最好的体现。针对教师，清华附小要求教师把读书当作生活必需，常态化组织青年教师参加“成志书院”读书专题活动；同时，清华附小每学期按时组织各学段开展主题全学科阅读教研活动。各年级常态教研时间开辟阅读专项教研部分，真正让教师在阅读专业素养上有所提升。站立在巨人的肩膀上，才能看到更远的前方。学校成立了校级顾问委员会，聘请相关专家指导学校阅读课题研究，给予指导性建议，确保学校“书香校园课题研究”能够沿着正确的方向健康发展。

二、书香校园，创造浓厚阅读氛围

美国著名财经杂志《福布斯》曾评出“全球最美大学校园”，钟灵毓秀、水清木华的清华大学就是入选的 14 个校园之一，也是唯一上榜的亚洲院校。百年小学清华附小就位于这所全球最美大学校园之一的清华大学校园内。与书香门第相邻，丁香花语相闻，闻清华校训，得清华之灵气。清华附小从历史、文化、景观、建筑、风物等方面都有了很好的继承与发扬。

书香校园沁心脾。校园中那些镌刻在角角落落的文化石上的自先秦至近代先贤古圣的诸如“勿以善小而不为，勿以恶小而为之”等名言时刻警醒着学生们；每个班级黑板一角古诗文的积累和本周推荐书目丰富着学生的视野；校园文化墙上的读书格言和校园中“长满书”的大树都带给学生无声的启迪。

图书馆里读天下。占地300平方米的清华附小(简称附小)图书馆里，集合有十万余册的珍贵藏书。附小的图书馆是孩子老师们最爱的读书殿堂。明亮舒适的灯光、幽静淡雅的环境，课余时间，学生们静静地坐在这里阅读自己喜爱的作品。图书馆丰富的藏书资源和宜人的阅读环境为学生提供了广阔的阅读空间，给学生创设了一个共同学习交流的机会。

阅读资源在手边。附小坚持把阅读资源放到离学生最近的地方。我们把图书搬到了教室、走廊等角角落落，学校的每间教室都有书柜，走廊有书吧，拐弯处有图书角。班级开设读书格言专栏，引导学生阅读、理解、背诵名人名言，学生摘抄有关读书的知识及写读书心得，营造了一种一进教室就想起读书的氛围。

在附小，读书是最亮丽的风景。从早上 7 点开始的晨读微课堂，到晚上的书香托管，以及周末的亲子阅读，师生都会徜徉其中，享受读书的快乐与宁静。无论是席地而坐，还是支起一条小凳，或落座茶亭，或倚靠木椅，遍地都是读书的好去处，这使得附小处处飘满书香，变成了一所书香校园。

2012 年 12 月，清华附小荣获“海淀区小学校园环境先进校”称号。2013 年 4 月，清华附小荣获“2013 年京城百所特色校——校园环境最具教育品位的品牌中小学”称号。

3-1　图书馆（1）

3-2　图书馆（2）

3-3　学生在图书馆自主借书

3-4　校园里的读书身影

3-5　学生在图书馆读书

3-6　图书义卖

三、丰富阅读活动，搭建阅读平台

（一）读书月里活动多

每年 4 月是附小的读书月，学校会举行大手拉小手同伴阅读、亲子校园共读、图书义卖、读有字之书与无字之书等系列活动，让学生在节日般的喜庆气氛中获得体验与收获。

（二）阅读论坛平台高

每年清华附小还举办国际儿童阅读论坛，引进国际先进阅读理念，搭建儿童阅读的国际交流平台，进行名师阅读教学展示，与国内外知名作家对话。

2014 年、2015 年、2018 年三届北京市国际儿童阅读大会在清华大学附属小学隆重召开。清华附小在阅读大会上展现了将阅读目标化、系统化的探索，以及对民族、世界经典文化的传承，落实多维度整体立人的教育理念。中国生态绘本作家邱承宗，英国作家罗伯·比尔达夫，中国台湾作家林小杯，国际知名分级阅读专家理查德·安德森，安徒生奖获得者、世界插画大师安东尼·布朗等对课堂上学生的思维与表达赞叹不已。母语文化在清华成志少年身上展现出独特的魅力。

（三）公益服务从此行

清华附小有优秀的传统文化的烙印与红色基因，公益情怀高远博大。学校提倡以奉献友善为主，通过捐助图书、公益扶贫等初步体验勇于担当；以社区服务为主，采取手拉手等形式将善心转化为善行；以关注社会为主，用小课题研究等形式尝试解决现实问题。

在毕业的 2012 级中，何秀华老师所教的六年级 4 班完成了“发现每一个孩子、寻找同一类孩子、铸造教育生态系统”三步骤的班级育人实践，有效传承传统文化和红色基因，培育责任意识。六年里学习经典诗文超过 500 篇，感悟红色电影 15 部，研学革命圣地 8 处。

读书，让学生们成为主动学习的人；读书，让学生们成为生活的主人；读书，让学生们成为有思想、有个性的人，更使学生们懂得许多做人的道理。

四、设立课程，完整塑造人格

清华附小以“成志立人”为根本宗旨，以提升阅读素养为核心目标，以“主题”为重要抓手，以“整合”为基本路径，在国家规定的语文课程的基础上，系统规划，补充丰富的阅读内容，形成完备的阅读校本课程体系。

（一）课程目标

清华附小以经典阅读和成志人物为轴线，横向打通学科壁垒，形成学科内、学科间、消弭学科三条整合路径，让儿童学习有多种选择；纵向打通学段，使儿童在不同时空中逐步攀升；横向联合的主题课程群，实现儿童持续、立体化的深度学习。

清华附小在阅读课程设置上，用传统文化经典与现当代经典两座

“灯塔”照耀孩子们的心灵世界。在“十个一”目标中，“书香校园课程”重点指向“一流好人格，一生好习惯，一个好兴趣，一种好思维，一篇好文章”等的实现。

我们用“浸润、体验、思鉴、得法”八字来概括清华附小书香阅读课程的特征。“浸润”指学生养成阅读习惯，每天都能沉浸于阅读的喜悦中；“体验”指开展丰富多彩的课程和活动，使学生在体验中成长；“思鉴”指在对学生的阅读指导中重在引导学生思考与评鉴；“得法”指使学生获得阅读的方法。

具体到不同年段，低年段，共读，重在激发兴趣，感知形象；中年段，共享，重在获取信息，想象联想；高年段，共研，重在审美体验，赏析思辨。

（二）课程内容

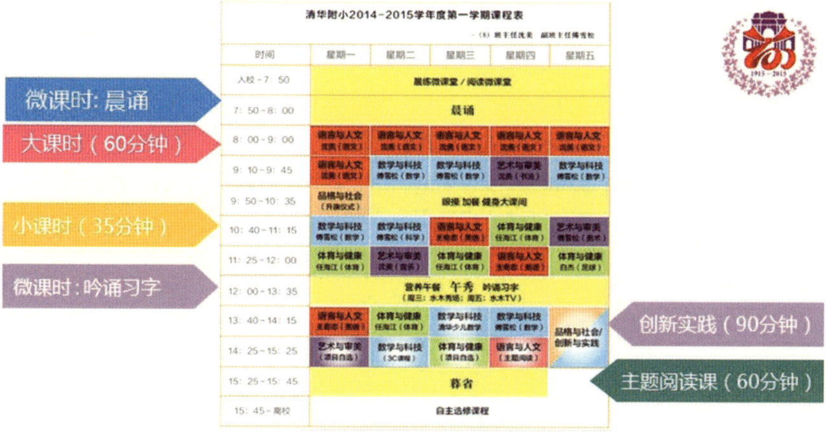

3-7　学校课程表示意图

清华附小进行课程改革，创造性地提出了“1+X 课程”的理念。“1”是基础，是优质落实国家基础课程，包括学科课程和综合实践活动课程这两块基石。学校将原有的国家学科课程整合为品格与社会、体育与健康、语言与人文、数学与科技、艺术与审美。“X”是由“1”创生的儿童个性课程，包括学校、学段、学生的个性课程，如学校的马约翰体育课程、个性种子课程、戏剧课程等。学校在保证课时总量不变的前提下，将原来固定的每节课40分钟，变为长短不一的大、小、微课时。

“大课时”60分钟，主要安排精读文的学习以及每周一次的“主题阅读”，使学生能够在较长的时间内，进入情境，深入阅读，同时有充分的时间进行语言文字的训练和思考辨析。调整后的大课时使学生能够更好地运用自主、合作、探究的学习方式开展学习。

“小课时”35分钟，主要进行略读文的学习，减少5分钟的教学时间，一方面有助于缓解学生课上的疲劳，另一方面要求教师必须带领学生精学精练。

“微课时”10或15分钟，比如每天清晨10分钟的经典晨诵，每天中午15分钟的伴随吟诵声的习字等，使这些零散的时间也能够作用于学生发展。

1. 每天一个阅读微课堂、一次晨诵、一场吟诵习字

学生每天入校后到7：50前，可以在图书馆参加阅读微课堂，在图书馆馆员和家长义工的带领下，自主阅读。7：50到8：00，利用正式上课前的10分钟，班主任组织学生诵读，每一间教室里都响起朗朗书声。诵读的内容主要是经典的古诗文、蒙学经典、古文、儿童诗和现代诗。每学期学生背诵古诗20首、儿童诗或现代诗10首、古文或蒙学经典10则，用经典诗文涵养有根的成志少年，让学生从中感悟先人的哲理与智慧。而且这些背诵的内容没有增加学生额外的负担，都由班主任老师在每天的晨诵时间加以落实。12：00到13：35，在午餐结束后，由班主任老师组织学生开展一场别开生面的吟诵习字活动，意在践行学校的“十个一”中的“一手好汉字”核心素养。

2. 每周一节全学科主题阅读课

为了避免课内阅读课外化、课外阅读放任化的弊病，清华附小从一到六年级，每周课表上都有一节60分钟的全学科主题阅读课。在主题阅读课上，语文老师带领学生开展主题阅读活动，围绕本周重点阅读的书目，采用讲、读、画、唱、演等多种形式，分享阅读的感受和快乐。同时，阅读不仅仅是语文老师的事，而是所有学科老师共同参与，协同合作，共同促进学生的成长。以语文课教师任教为主，涉及其他学科阅读的内容时，由相应学科的教师任教。主题阅读课将课外阅读纳入课内学习，帮助学生养成各种各样的良好的阅读习惯，提高学生阅读能力，适当给予学生阅读的方法与技巧，使学生能够在多方对话中分享阅读的收获与体验。

清华附小每学期推荐必读和选读书目，供老师和学生选用。推荐的书目以“经典、海量、多维、童趣、有序”为原则，每学期都会覆盖绘本、童书、外国文学名著、民族文化经典和科普作品等各个门类，使学生在对于不同种类的书籍的阅读中开拓视野、丰富知识、拓展思维方式。此外，数学、科学、艺术等不同的学科也为学生准备了自己的学科推荐书目，为学生提供全学科开发与设计阶梯性书目和阅读材料。清华附小推荐的整本书阅读的经典书目，主要包括文学、科学、人文三个类别，且在全国广为流传。据统计，清华附小六年人均阅读量超过1 000万字，积累500篇古今经典诗文。

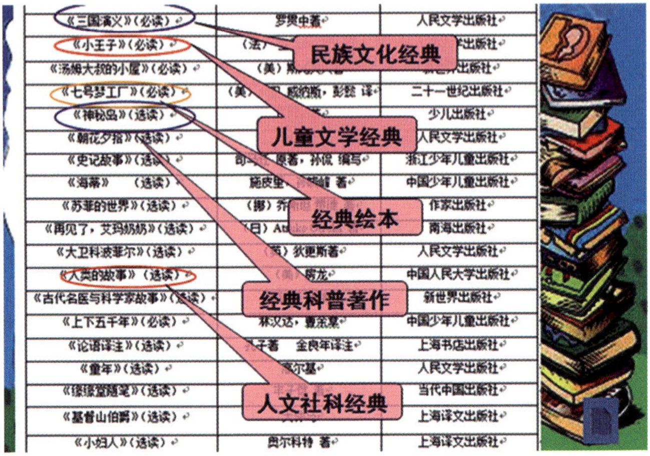

《三国演义》(必读)	罗贯中著	人民文学出版社
《小王子》(必读)	(法)	出版社
《汤姆大叔的小屋》(必读)	(美)	出版社
《七号梦工厂》(必读)	(美) 威纳斯，彭懿 译	二十一世纪出版社
《神秘岛》(选读)		少儿出版社
《朝花夕拾》(选读)		人民文学出版社
《史记故事》(选读)	原著，孙侃 编写	浙江少年儿童出版社
《海蒂》 (选读)	施皮里 著	中国少年儿童出版社
《苏菲的世界》(选读)	(挪)	作家出版社
《再见了，艾玛奶奶》(选读)	(日)	南海出版社
《大卫科波菲尔》(选读)	(英) 狄更斯著	人民文学出版社
《人类的故事》(选读)	(美) 房龙	中国人民大学出版社
《古代名医与科学家故事》(选读)		新世界出版社
《上下五千年》(必读)	林汉达，曹余章	中国少年儿童出版社
《论语译注》(选读)	孔子著　金良年译注	上海书店出版社
《童年》(选读)		人民文学出版社
《缘缘堂随笔》(选读)		当代中国出版社
《基督山伯爵》(选读)		上海译文出版社
《小妇人》(选读)	奥尔科特 著	上海译文出版社

3-9　学校推荐的部分必读和选读书目

3. 每年全校共读一位大师

清华附小将年度成志人物主题阅读纳入“1+X 课程”体系当中，为学生提供内容丰富的实践活动，让学生在各种形式的活动中分享交流。从 2016 年的鲁迅、2017 年的苏轼到 2018 年的朱自清，清华附小以中小学课本中的作者为线索确定主题，以学年或学期为周期，全校共读一位大师。比如 2017 年是苏轼诞辰 980 年，我们把年度研究的主题确定为“逆境中的坚持”，意在借助学科和活动两大课程基石，尝试用成志价值主题撬动学科内的深度学习、跨学科的课程群学习。师生一起阅读苏轼，走进他的人生：低学段学习苏轼成语，中学段学习单篇古诗，高学段学习组诗；从教材《画家与牧童》拓展苏轼组诗、《戴嵩画牛》《苏轼之交》的群文，并辅之以各年级的苏轼名句诵读、苏轼课前三分钟演讲等。语文学科围绕主题，深度挖掘语文学科的原生价值，实现学生语言、思维、精神的共同提升，并从语文学科向全学科贯通：低学段，美术课上学生尝试苏轼成语绘画；道德与法治课上的《吃饭有讲究》，整合了苏轼的养生之道。中学段，音乐课上学生学唱《念奴娇·赤壁怀古》，学吹竹笛曲《水调歌头》；体育课的

“障碍接力”，让学生用苏轼跌宕起伏的人生地图做障碍接力跑的情境，富有创意。高学段，英语课“Su Shi”尝试苏轼诗词的世界表达；美术课上，“苏轼的样子”是学生了解与阅读苏轼后的另一种表达。

学校 2017 年度成志人物主题阅读课程内容表

<table>
<tr><th>年段</th><th colspan="3">学科课程</th><th>活动课程</th><th>儿童个性课程</th></tr>
<tr><td>低年段</td><td rowspan="3">3分钟演讲、晨读吟诵</td><td>苏轼成语</td><td>美术:成语绘画
道德与法治:《吃饭有讲究》</td><td>成语嘉年华</td><td rowspan="3">美食烹饪、小课题研究、诗词创作、苏轼养生、苏轼书法、苏轼人文画、团扇创作
……</td></tr>
<tr><td>中年段</td><td>《题西林壁》</td><td>体育:障碍接力
音乐:《念奴娇·赤壁怀古》、竹笛奏《水调歌头》</td><td>诗词大会</td></tr>
<tr><td>高年段</td><td>苏轼组诗
《戴嵩画牛》
《苏轼之交》</td><td>英语:Su Shi
美术:苏轼的样子</td><td>戏剧、走进博物馆</td></tr>
</table>

清华附小用传统文化经典与中外经典儿童作品两座灯塔照耀儿童，引导儿童以成志经典人物为线索，将个人志向与祖国民族的命运联系在一起，不断地呵护兴趣、培养乐趣、激励志趣，从而帮助儿童树立远大理想抱负，付诸实践与行动，实现成志教育，照耀一生！

（三）课程实施

附小的团队经过长时间的实践研究，根据不同的载体设计了多种课型。

第一类是导读课，其中分为绘本导读、经典导读、同题材（同作者）导读。导读课，以教师的指导为主，重在让学生习得方法，掌握技巧。

第二类是分享课，其中分为阅读材料的分享、阅读感受的分享。课上学生与教师、伙伴分享阅读中丰富多元的收获，分享大量的阅读信息，教师适当组织和指导。

第三类是欣赏课，其中分为美读欣赏、影片欣赏、创作欣赏。学生通过多种方式，从多个角度，提升对阅读作品的理解和认识，从而提高自己的鉴别能力。

（四）课程评价

1. 年段梯度螺旋发展

过程性评价与终结性评价相结合。共读每一本必读书，学生通过个性读书展示的方式交流阅读的体会与感悟，每一份作品就是不同学生差异与多元发展的过程性记录。

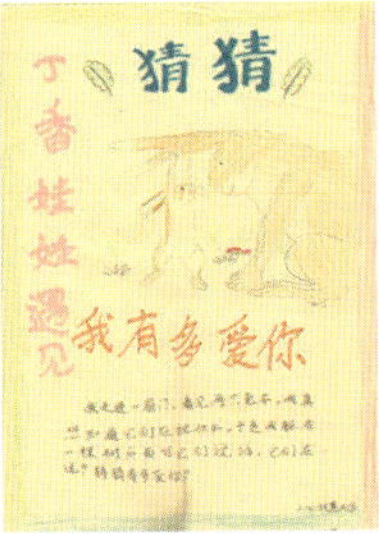

3-10　猜猜我有多爱你

3-11　长袜子皮皮

3-12　《西游记》西行路线图

3-13　孔子上课

“读书报告单”是一学期结束的终结性评价，它紧扣年段阅读规律，依据年段目标“低年段，激发兴趣，感知形象；中年段，获取信息，想象联想；高年段，审美体验，赏析思辨”，比较系统地、科学地评价学生的阅读能力。

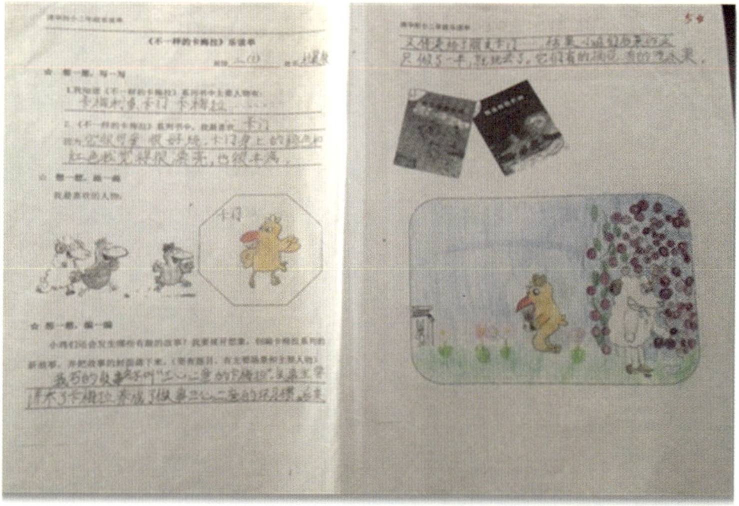

3-14 以二年级《不一样的卡梅拉》为例

核心素养是儿童头上的太阳，母语阅读就是儿童每一天的生活。儿童每一天的生活都是精彩的，都有这样的阅读浸润和滋养，儿童每一天都这样在太阳的照耀下慢慢成长。清华附小的师生在主题阅读课程的滋养中，共同阅读经典，阅读生活，阅读世界，阅读自我，在书香的浸润下一天天成长！

2. 常态智能化阅读报告

清华附小每学年定期开展“主题全学科阅读”问卷调查报告。该调查报告从学生的角度，主要对阅读动机、阅读多样性、阅读策略、阅读转化、学生阅读书目五个方面的现状进行分析。2018 年问卷调查结果如下：

阅读动机方面：2018年对“阅读动机”各题目选择“完全同意”和“比较同意”的学生的百分比与2017年进行了比较，得知2018年学生们对阅读动机各方面的认可度均有所提升。其中，在题目“对我来说，成为一个优秀读者很重要”和题目“为了拥有好的未来，我要认真阅读”选择“完全同意”和“比较同意”的学生比例提升最多（8%）。

阅读多样性方面：对2017和2018年学生高频阅读书籍类型进行了比较。2018年学生们选择“每星期一到两次”或“每天或几乎每天”阅读“纸质纯文字书”的比例有所提升，阅读“绘本”的比例略有下降。

阅读策略方面：对学生在“阅读监控策略”上的各题目中选择“经常”和“总是”的比例进行了分析。2018年学生使用这些策略的频率均有提升。其中，在题目“为了理解一篇文章，我会主动寻找相关的材料来阅读”选择“经常”和“总是”的学生比例提升最多（12%）。对学生在“阅读理解策略”上的各题目中选择“经常”和“总是”的比例进行了分析。2018年学生使用这些策略的频率均有提升，个别题目提升程度较高。其中，在题目“阅读书籍前，我会先浏览序言、目录等”和题目“阅读时，我会概括段意或主要内容”上，选择“经常”和“总是”的学生比例提升最多（11%）。

阅读转化方面：阅读转化包含身心健康、善于学习、学会改变、审美雅趣和天下情怀。相较于2017年，2018年学生在“身心健康”各题目选择“符合”和“完全符合”的比例有略微下降，下降比例均未超过7%；其中，在题目“在遇到困难时，阅读能给我启发，让我坚持做下去”选择“符合”和“完全符合”的学生比例下降最多（7%）。相较于2017年，2018年学生在“善于学习”各题目选择“符合”和“完全符合”的比例有略微下降，下降比例均未超过7%。其中，在题目“阅读，能帮助我养成学习后反思的习惯”选择“符合”和“完全符合”的学生比例下降最多（7%）。相较于2017年，2018年学生在“学会改变”各题目选择“符合”和“完全符合”的比例有略微下降，下降比例均未超过7%。其中，在题目“阅读，促进我不断去尝试创新”选择“符合”和“完全符合”的学生比例下降最多（7%）。相较于2017年，2018年学生在“审美雅趣”各题目选择“符合”和“完全符合”的比例有略微下降，下降比例均未超过6%。其中，在题目“因为阅读，我的语言表达更规范、更优美”和题目“阅读，让我的行为更加得体”选择“符合”和“完全符合”的学生比例下降最多（6%）。相较于2017年，2018年学生在“天下情怀”6道题目中的4道题目上选择“符合”和“完全符合”的比例有略微下降，下降比例均未超过8%。其中，在题目“阅读，开拓了我的国际视野”选择“符合”和“完全符合”的学生比例下降最多（8%）。学生在题目“因为阅读，我更乐于参与公益服务”选择“符合”和“完全符合”的比例较2017年提升了3%。学生在反向题目“阅读，对我爱家乡没有帮助”选择“符合”和“完全符合”的比例下降较大，达到19%。

学生阅读书目方面：与2017年相比，2018年学生阅读“必读”类书目的提升比例最高，为26.3%；阅读“必选”类和“其他”类书目的比例均有所下降，分别下降了8.6%和10.6%。与2017年相比，2018年学生阅读“人文”类书目的提升比例最高，为25.2%；阅读“艺术”类书目的比例则有所下降，下降了7.1%。

“书香润泽丁香，丁香化育书香。”“长满书”的校园已成为清华附小一道独特、亮丽的风景，是诵读滋润了师生底气，是读书给予了师生灵气。书香校园的建设让清华附小深深地认识到，一定要“利用好学生的原创读物”。阅读的开展深受学生喜爱，他们在阅读中收获，也在阅读后创造。我们收集起学生的原创读物，准备纳入下一轮学生学习的素材，以激发调动起学生更大的阅读与创新热情，成为培养学生“五大核心素养”的新途径。倡导阅读，我们的初衷不是希望每一个学生都成为文人墨客，而是希望每个学生都体验到读书的有趣与有用，满足他们的成长需求。尤其是，我们希望以阅读为载体，培养学生的核心素养，实现“完整育人”的目标。

总之，“为聪慧而高尚的人生奠基”是学校不懈的追求。以“书香阅读”为代表的清华附小“1+X 课程”，为儿童插上理想的翅膀，塑造了清华少年“健康、阳光、乐学”完整的生命样态。未来，清华附小将进一步将课程改革引向深入，在育人的道路上取得更加丰硕的成果。

4. 四季阅读嗅芬芳，终得书香亮文峰

——重庆市文峰小学

文峰小学创建于1942年，是一所农村义务教育保障机制学校。学校先后获得“重庆市文明礼仪示范学校”“市普九达标先进集体”“区家长示范学校” “区科技示范学校”等荣誉称号。

文峰小学以“办一所优雅的小学”为办学目标，以“成一个优雅少年”为育人目标，关注学生核心素养的养成，开创了一条用“优·雅”课程撬动学校变革的战略发展路径，引导师生不断追求优质的学习生活和健康的身心发展，向往优雅，成为优雅之人。学校立足学生的终身发展和社会需要，以培养学生的核心素养——阅读素养为抓手，构建阅读特色课程。基于课程的有效实施，学校突破现实教育的场域，为学生阅读素养的提升寻求全方位的支持。

一、建立四级书库，使儿童阅读环境立体化

为营造全新的阅读环境，丰富学生的阅读资源，学校逐年充实更

新学校图书馆，建立班级图书角，在校内建立南岸区图书馆分馆，享区域图书资源，建立家庭小书库。这四级书库的建立保证了学生随时、随地有书读。

4-1　低段阅览室

4-2　高段阅览室

学校从 2013 年起，每年都会专门拨出一笔资金，专款专用，购买一批学生们喜爱的读物，充实校图书馆，图书馆现有藏书 12 420 册；2017 年，我校成为南岸区图书馆分馆，这是区图书馆第一次在学校设立分馆，学校有近 350 名学生办理了借书卡，为了方便学生借阅，学校全天候开放图书馆分馆。

学校在每个走廊外面建立了阅读小站——走廊图书架，上面摆满了图书，这样，校园中处处是书，孩子们随时随地都能阅读。孩子们对阅读小站极其热爱，每到课间或放学时，都会驻足于此，津津有味地阅读：有的站在柱子旁，有的蹲着地上，有的两人共读。“阅读小站”成了我校一道亮丽的风景线。

4-3　校园里读书（1）

4-4　校园里读书（2）

二、构建阅读课程，用科研的力量提升阅读素养

学校通过构建并实施“优·雅”课程，在“优·雅”课程中构建阅读特色课程体系，培养学生爱阅读善表达、会学习乐实践、勤思考会创新、会审美有特长、会生活有担当、明道理有德行，成长为一名优秀而健康、文雅而向上的学行合一的优雅文峰少年。学校以“夯实班级基础课程，优化年级主题课程，丰富学校社团课程，突出阅读特色课程”为课程建设思路，努力构建有文峰特色的课程体系，以实现学生、教师、学校的共同发展。在阅读课程中，学校纳入了“亲近母语诵读课程、阅读经典课程、阅读实践课程、阅读活动课程、阅读校本选修课程”。

学校借助重庆市科学规划办重点课题“提升农村小学生阅读素养的行动研究”，采用行动研究法，围绕如何提升农村小学生阅读素养的策略，对“整本书阅读推进、学科阅读拓展、常规化阅读、主题化阅读、非语文学科阅读、家校社阅读资源整合、阅读素养评价测评”这七个方面进行了研究。

学校对语文课时进行校本化设置，形成四节常规语文课加一节课外阅读课的4+1形式，课外阅读课分为阅读推荐课、阅读指导课、阅读分享课三种课型，学校通过课例交流、主题讨论等方式明确三种课型基本要素。截至目前，学校已形成较完善的低、中、高段阅读推荐课案例模板，并着手开始了阅读指导课的案例研究，以引导学生阅读整本书，激发学生的阅读兴趣，教会学生阅读方法，培养学生的阅读能力。

4-5　师生阅读课

4-6　儿童诗人和学校教师同上阅读课

我校探索学科延伸阅读，推动与学科相关的课前 3 分钟阅读分享，引导学生多角度了解学科文化、内容；还挖掘教师资源和社会资源，构建各种阅读综合活动课程，如：阅读南山、历史故事漫谈、阅读微剧等，丰富学生的阅读体验，提升学生的阅读兴趣。

三、建立阅读生态圈，让阅读走向社区

（一）阅读为什么要联动家校社？

在南岸区课程领导力第一期工程中，我校积极构建“优·雅”课程，确定学校的育人目标为：成一个优·雅的少年。优雅少年需要良好的阅读素养奠基。在项目初期，我们调查发现我校学生课外阅读时间每天不足 20 分钟，有主动阅读愿望的学生只占全校的 7%。我们归纳了阻碍学生阅读素养提升的四个因素：阅读氛围不浓；阅读意识不强，教师认为课外阅读会影响自己的学科教学；阅读指导不力，教师指导能提升学生的阅读能力，但单一的指导无法拓展学生的阅读视野；阅读资源不够。为了突破这些问题，学校整合学生的学习生活环境，从影响学生阅读素养的环境要素着手，调动教师、家长、社区居民，共同助力学生阅读素养的提升。

（二）阅读如何联动家校？

1. 点亮师生，让生有书生气

立足学校，我们为学生营造良好的阅读环境。学校利用“五个一”点亮学生的阅读愿望，“五个一”就是“一表一册一单一卡一平台”，每个班级都拥有一张专属于自己的阅读课程表，一册引领阅读风尚的班级阅读计划，每个学生有一份私人定制的个人阅读计划单，一叠忠于个体感受的阅读记录卡以及一个打破传统阅读考量方式的网络测试平台。在阅读记录卡上学生可以用摘抄的方式记录下自己的阅读收获，用绘画的方式再现文中的场景，写下自己的读书感悟，教师尊重学生用自己喜欢的方式表达记录他们的阅读收获。在网络测试平台上，学生通过答题获得阅读星，同学之间进行 PK，学校每月积星排名前十的同学即为当月校园十大阅读明星。“五个一”保证了学生的阅读有量有质有趣。学校还坚持改变教师观念，让每位教师成为阅读推广人，把课外阅读与课内阅读有机融合，形成 4+1 的语文教学模式，全面推广非语文学科渗透阅读教学。通过这些举措，学校成功点亮师生的阅读热情。但是走出校园，校内阅读热情不能持续，更无法使学生养成阅读习惯。

2. 连线家长，让生有书香气

2016 年学校进行了全覆盖的家庭阅读专访。通过统计数据发现，我校农村和农转非户口占了 91.4%，属于典型的城乡接合部学校；家长中有 9.6% 为大学学历，有 27.5% 为高中学历，有 62.9% 为初中及以下的学历，可见我校家长的学历相对较低；有 28% 的学生家庭儿童图书储藏量在 10 本以下，只有 24.8% 的学生家庭儿童图书储藏量在 30 本以上，这说明学生家中的儿童图书储藏量普遍较少。有 25.9% 的家长从来没有陪同孩子一起阅读过，36.2% 的家长陪同孩子阅读时花的时间也相对较短。孩子在阅读中遇到问题时，有 8.7% 的家长完全能陪同孩子解决，有 37.1% 的家长基本能解决，有 54.2% 的家长感到无从下手，这样的现状与我校家长文化水平较低是有关系的。影响学生阅读素养的关键因素是家庭，这就催生了第二阶段——连线家长。

（1）让家有书本

让孩子回到家中有书本可读成为学校的第一个目标，根据学校的分级阅读的标准，学校在开学致家长的一封信中，明确告知家长适合本年级学生阅读的书目，在开学家长会上班主任对此进行讲解，并请家长与孩子针对推荐书目一起商议确定购买 5 本书籍，购买书籍后家长督促孩子在家按个人阅读计划阅读，并做好阅读记录。

（2）让家有书香

当孩子拥有一定量的课外书籍之后，如何能让孩子的阅读习惯保持并专注于阅读，必须得到家长的支持，让家有书香成为学校的第二个目标。学校立足于学生的发展，结合四季阅读节，邀请家长参与儿童阅读节，并针对全校家长开展秀出阅读小书房的活动。在这样的活动中，带动家长积极给孩子建立起了书房，有的是孩子单独的书房，有的只是一个专门的书桌，有的甚至只是家长亲手搭建的几块搁板，但是书有了书房，家庭就有了书香。随后，学校又开展阅读随手拍活动，家长积极参与，利用拍照记录下孩子在家阅读的瞬间；还开展了“有声朗读”活动，鼓励孩子坚持阅读，家长每天将孩子的朗读小视频发送到自己的微信朋友圈并截图展示在班级群中，对于达到 7 天、21 天、49 天、73 天、100 天不同目标的学生，学校予以奖励。学校坚持每年评选班级书香家庭、十大校级书香家庭，促进家庭读书习惯的培养。期末班级评选出班级书香明星，推荐到学校参与校级书香明星的表彰。

文峰小学“有声朗读”活动统计表

全校总人数及坚持不同天数人数占比	7天	21天	45天	70天	100天
606	345	267	178	156	110
占比	56.9%	44.1%	29.3%	25.7%	18.1%

（3）让家有文化

当孩子有书可读，书有处可放时，学校还觉得可以将阅读的光芒照得更广。怎样让家长也能迷上阅读，感受阅读的快乐？学校开设了亲子学堂，就家长如何与孩子共读一本书，如何与孩子交流读书感受，如何进行阅读指导等方面请家庭教育专家给予指导，让家长在专业引领下学习阅读指导方法。通过阅读专项培训，帮助家长清晰认识阅读对于学生成长的重要意义，了解学校提升孩子阅读素养的目标和做法，帮助家长为学生选购适合其阅读的书目。学校为每个家庭赠送书籍，并开展全校家长征文比赛，家长写自己或家庭、孩子参与学校阅读活动的感受、读书趣事等。学校从起始年级开展“相约童梦”课程，让家长和孩子一周约定一次，在增进亲子关系的同时鼓励家长和孩子共读同一本童话、同一本绘本、同一部名著，让家庭从原来的麻将声、电视声、游戏声逐渐转变为温馨的读书声。慢慢地在书香氤氲中，良好的家庭文化逐步形成，每一学年学校都要评选出年度书香家庭。为每一个家庭准备梦想书袋，鼓励家长和孩子共阅读、书感受。

3. 面向社区，让生有书卷气

就在书香满校园、书香入家庭之际，为了充分发挥小学校大社区的作用，文峰小学以小手拉大手的形式将阅读带入社区，带动社区居民积极响应全民阅读的号召。

（1）积极联系社区，合力打造书香社区

2016 年底，文峰小学会同南山街道社区负责人召开会议，就打造书香社区达成共识，2017 年 3 月，社区负责人再次走进学校共同商议，成立书香文峰社区教育委员会，社区委员会商议决定以文峰小学为社区教育的活动主场地，成为社区教育中心，社区活动室、重庆市第二师范学院作为辅场地，开放这些场地作为社区教育的场所，为社区教育的实施提供了可靠的场地保障。

（2）定期开展活动

为让文峰社区居民喜欢学习、爱上阅读，在文峰社区教育委员会的指导下，文峰小学定期开展活动。

1 月：和社区摄影爱好者一起记录老街印象

2 月：走进社区养老院，阅读星公益

3 月：文峰美少年，快乐阅读星；小小演说家进社区活动

4 月：小学生大学生共享阅读之趣

5 月：联合社区举行“书香社区”书画展

6 月：社区阅读之星评选会

7 月：小书虫服务站进社区

8 月：广场舞上秀书香

9 月：我为企业添书香

10 月：阅读随手拍摄影比赛

11 月：阅读志愿者走进家庭

12 月：书香社区文艺会演

每月定期开展的活动让阅读渗入社区的各个行业、各个场所、各个年龄层次，充分调动社区居民的阅读兴趣。

（3）丰富的社区阅读资源让社区书香味更浓

开放的文峰社区图书馆（文峰小学图书室、重庆市第二师范学院

图书馆）、社区电子阅览室为社区居民提供了大量的阅读资源。每学年由文峰教师阅读指导志愿者走进社区居民家庭，为他们提供专业的指导，不仅能全面地了解居民家庭的基本信息，更能根据家庭情况选择提供适合他们的阅读环境、阅读内容，帮助他们合理安排时间进行学习。

充分利用《南岸报》、“书香南岸”微信公众号等媒介，采用开辟专题、专栏，刊发公益阅读广告及倡议书等多种形式宣传，推广书香文峰的社区教育成果及方式。学校也将区域、社区资源有针对性地引进校园，促进学生阅读素养的形成。至此，我们以生为点，以家为线，以社区为面，以阅读为纽带，架起学校、家庭和社区之间的桥梁，将阅读的力量从学校辐射到家庭，从而影响到社区，最终实现家校社联动。在“阅读成就孩子优雅一生”的共识下，共创阅读环境，共享智慧，共赢发展，合力促进学生阅读素养的提升。

（三）阅读家校社联动后的效果

联动家庭、社区，将学校阅读的理念传递出去，为学生营造一个良好的阅读生态。

家校社资源的多样选择，让阅读课程从单一走向丰富。邀请家长参与学校亲子课程开发，定制出适合自己孩子年龄阶段的课程内容，如高年级亲子心理游戏活动设计等，丰富了学校的阅读课程；家长与孩子一起完成梦想的“相约童梦”课程，实现了家庭阅读梦想的阶段定制，分级完成；学校根据家长意见和社区资源，选择对学生有益的阅读资源，构建阅读南山校本课程，将“黄桷古道、大金鹰”等本地有名景点，“桂花、梅花”等南山名花，“泉水鸡、陆派火锅”等美食纳入学生阅读教材，既丰富了学校的课程内容，又拓展了学生阅读的视野。

家校社资源的合理运用，让阅读课程从文本走进生活。学校与社会单位的交流共建，形成了“课堂—基地—社会”的阅读实践课程，如与后工学院训练基地共建的国防课程、与消防支队共建的消防体验课程等，让学生从文本阅读走向“读、思、行”俱全的阅读实践，突破学校课程的局限，拓展了学生阅读的时空。

家校社资源的整合开发，让阅读课程从浅显走向深入。画老街、编绘本、写童诗、讲故事……家、校、社多种资源的有机整合，促生了形式多样的阅读体验，让学生从枯燥的积累中解放出来，运用自己喜爱的方式进行阅读表达，提升了学生的阅读品质。

四、四季阅读，让阅读系列化，滋养童年

学校按春夏秋冬四季自然变化的特点，设计贯穿全年的“四季阅读”系列活动，每个季节一个主题，每个主题分年段派生出多边互动的阅读活动，搭建多样性阅读体验平台，增强学生阅读参与度、主动性。

“四季阅读”主题行动统计

“四季阅读”主题活动	2016年	2017年	2018年
春暖花开儿童阅读节	春，致花开的童年	听，阅读在唱歌	书香润童年
夏日缤纷社区阅读节	夏，与生活相约	阅读悦精彩	社区阅生活
秋叶静美教师阅读节	秋，享经典之美	思，阅读的回答	—
冬日浓浓亲子阅读节	冬，沐共读之暖	阅读繁华开	—
年度大会	“走过四季，一路书香”年度大会	“2017，阅读相伴”年度大会	“行走·阅读的时光”年度大会

我们的每一次活动分年度设计，从学校出发，以阅读为媒，架构起联系家庭社区的桥梁，力争通过“四季阅读”活动将阅读的力量从学校辐射到家庭以至于社区。

2015年春天，学校以“世界读书日”为契机，开展文峰小学“四季阅读”之“春暖花开”儿童阅读节，我们鼓励学生阅读之后进行创作，分享自己的阅读感悟，于是创作出了我们的第一本绘本、观察日记、校园小说，印发了《彩泥乐》《阅读四季》《童心童语》，产生了一批优秀的少年作者。他们的作文持续发布在文峰小学微信公众号上，受到了家长的一致好评。

2016年春天，学校为了实现引导孩子从阅读书本走向阅读自然，从阅读自然中感悟生命的美好、时光的宝贵的目的，通过征集学生阅读节的创意，开设了“春，致花开的童年”儿童阅读节。阅读节持续三个月，为了让孩子们能捕捉春的生机，触摸春的气息，开设了绘春天、寻春天、诵春天、品春天、赞春天、开往春天的班车系列活动。孩子们走出学校，走进自然，用自己的小眼睛去观察春天，回到校园后他们结合书中描述的春天和实际观察到的春天用文字再现，用画作呈现，于是就有了《梦想春天》百米画卷。在“寻春天”活动中，我们按年段特点，设计了增进亲子关系的活动，一二年级亲子踏青，三四年级亲子放飞风筝，五六年级亲子野炊活动。这一活动设计得到家长的倾情支持。家长们表示，和孩子一起参加学校的阅读节、参与“寻春天”活动后，不仅让孩子有话可说、有物可写，自己也感受到了春的活力、阅读的魅力。在阅读节上，“春回大地”不再是书上的一个成语，而是成了孩子们画作上的颜色，更是孩子们锅中的香气。最吸引孩子们的是“舌尖上的春天”，通过阅读孩子们知道了很多春天才有的并且可以食用的植物，于是化身厨师，自己蒸炸煎煮，制作出了一道道香气四溢且有春意的菜品，比如“春天的味道”（香椿炒蛋），“春回大地”(竹笋炒腊肉)，“春的印记”（凉拌蕨菜），桃花酥……阅读小剧场、阅读节的采访记录、引领介绍、拍摄留影全都由学生自主完成，他们撰写阅读节活动报道，记录下同学们的收获与喜悦。在阅读节上每个孩子都能通过自己的作品与任务获得积星，大家都争先恐后地参与阅读节，只为得到积星，用积星换取阅读书籍。

4-7　2016 年儿童阅读节

4-8　2017 年儿童阅读节

2016 年学校开展的“夏，与生活相约”社区阅读节中，我们与社区联系，将社区图书室、电子阅览室免费对学生开放，运用美丽假日手册将社区资源整合进学生的阅读世界，学生只有在假期里主动了解社区的人文历史与风土人情，方能得到社区阅读节活动证明。社区力量的加入让孩子在假期依然能收获阅读的快乐。

在 2017 年“思，阅读的回答”的教师阅读节中，教师自读，团队共读，师生共读，智慧分享，提升教师阅读指导水平，为提升学生的阅读素养积蓄力量。学校还通过亲子阅读节、阅读年会，邀请家长、社区参与，分享学生阅读成果，多种形式进行阅读展演，见证阅读明星、书香家庭的诞生。活动彻底将阅读从师生推广到家长，延伸到社区，让阅读能力在实践中有效发展。

从 2016 年起，学校在“四季阅读”活动后，还会在年底举行一次阅读年会，回顾一年来走过的点点滴滴，展现学生、家长、教师的变化。

通过专业的阅读引导、主题式阅读分享、自发式阅读拓展，阅读节触发学生的个性化阅读体验，提升学生的阅读能力和人文素养。阅读节不仅是一个活动，更是滋养学生诗意成长的课程，阅读节也以其开放的姿态赢来了更多关注，散发出了书香的魅力。

走过四季，一路书香，回首文峰小学的书香之旅，最宝贵的收获是孩子们对阅读的浓厚兴趣，家长们对阅读的支持以及主动加入阅读的行列，更好的收获是学校的书香不仅花开校内，更是香满社区。目前我校与文峰新街社区共建书香社区项目“爱上阅读”已经入选 2017 年重庆市终身学习品牌。

在阅读生态圈里，我们点燃孩子心中的阅读愿望，并让孩子将阅读的力量传递到家庭，再由家庭传递到社区，如今阅读是文峰的常态，是文峰师生不断前行的动力源泉。未来我们希望构建更好的阅读生态，让阅读素养成为孩子优雅一生的力量。我们相信阅读的力量，也相信在建立与发展阅读生态的这条道路上同行者会越来越多。

5. 打造书香校园，抒写诗意童年

——福建省福鼎市桐南小学

桐南小学创办于 1905 年，现共有 43 个教学班，2 200 多名学生，教职员工 130 名左右。学校倾力打造平和文化，以“平和致美”为校训，让孩子在小学阶段的每一天都能平和成长，做最好的自己、最美的自己。学校致力于书香校园建设，从阅读环境、课程、评价全方位推进。班班有精心布置的图书角，层层有“阅读加油站”，占地 280 平方米的梧桐书院，作为省少儿图书馆分馆，环境优雅，藏书丰富，可供学生随时借阅，畅享优质书源。近 5 年来，学校在亲近母语子项目《基于儿童本位的读写互动实验研究》、宁德市级课题《小学生整本书阅读实践研究》的引领下，深入推广儿童阅读，成果显著。2017 年被评为福建省义务教育管理标准化学校、福建省首批义务教育教改示范性建设学校，建设项目为“基于平和学校文化背景下的大阅读课程体系建构”，《小学生整本书阅读实践研究》课题成果荣获 2018 年福建省首批基础教育教学成果奖评选一等奖。

我们坚信，一所没有阅读的学校永远不可能有真正的教育。

我们努力，让书籍成为桐南师生共同的精神密码，让阅读像呼吸一样自然。

我们行动，建构立体“悦读圈”，打造书香校园，抒写诗意童年。

一、阅读环境，书香氤氲

（一）最美图书馆——梧桐书院

步入范成楼一层，轻轻推开梧桐书院之门，你会发现，这里别有一番洞天。雅致、清幽，书香袭来。馆内一条长廊，隔开了电子书阅读区与纸质书阅读区。在电子书阅读区内，人手一台 iPad，只需点击进入福建省少儿图书馆的《正谊悦读》App，即可完成一站式学术资源检索及获取，浏览超过百万册电子图书、海量报纸文章及中外文献元数据、数万集视频公开课等，为师生提供方便快捷的移动学习服务。纸质阅读区的书籍均经过精挑细选，并按照从低年级到高年级，从学生阅读区到教师阅读区陈列，让每一位进馆阅读的师生享受最为便捷的借阅服务，获得最为畅快的阅读体验。

梧桐书院动静得宜。这里不乏静静阅读的身影，这里还是语言与思维共舞的平台：周周有阅读社团活动、教师读书沙龙活动；天天有学生进馆，开展持续静读与阅读交流活动，让智慧共才情飞扬。

5-1　图书馆一角

5-2　沉浸阅读的学生

（二）最美图书角

班班设有图书角，根据学生、学科、学段不同需求配置最适合阅读的书目，学年初登记造册，让学生课余自由借阅。每个学期初，评选最美图书角，促进班级文化建设。

（三）阅读加油站

学校每个楼层的各个年段墙报、书架，专设“阅读加油站”，开辟“好书速递”“阅读成果大家秀”，让阅读成果可视化，阅读交流常态化。

二、课程建设，全学科推进

学校致力于建构“大阅读”课程体系，发动全员阅读，推动全科阅读，实现全程阅读。在课程内容上，各个学科均需将阅读与学科教学进行整合，拓展课程外延；在阅读时空上，打破了课内阅读、校内阅读的窠臼，提倡“时时是阅读之时，处处是阅读之地”；在阅读对象上，要求在校的每一位师生乃至家长，都是阅读者，“人人是阅读之人”。它有着丰盈的课程内容、丰富的课程形态，包含显性与隐性两个层面。

（一）显性课程

学校组织专任骨干教师，通过开展课程资源调查、校情分析、学生兴趣调查、专家培训等工作，开发全学科阅读课程，供师生在课堂教学实施使用。

1. 文学阅读课程：含经典诵读，绘本、整本书阅读。

2. 科学阅读课程：“五彩放大镜”带你走进身边的科学；“玩转科学实验室”领略科学的奇趣世界；“奇思妙想 DIY”玩出小小科学家。

3. 图书馆课程：持续默读课、校长故事会、知心家长周末书吧。

4. 个性化阅读课程：根据学生兴趣点，在专任教师的引领帮助下（阅读与美术、音乐、体育等学科的碰撞交融），与学生共同开发的特色阅读课程。

（二）隐性课程

1. “悦”读环境课程：学校梧桐书院环境优雅，可随时进入阅读；校园“阅读加油站”“好书速递”，可随时取阅；班级最美图书角，提供充足书源借阅；家庭书吧新书不断，总有一本适合你。

2. “童韵书声”阅读时光：利用下午课前20分钟，播放“童韵书声”微电台，推出有声阅读。

3. 桐南小学微信公众号开辟“悦”读专栏：每周好书推荐、“我最喜爱的一本书”阅读成果发布（可写、可画、可读）等。

（三）课程实施

1. 时间保证

儿童阅读课程时间安排表

年级	课程及课时数				
	韵文诵读	整本书阅读指导	自由持续默读	图书馆阅读	专题阅读
一年级	晨会4次	1	—	1	—
二年级	晨会4次	1	—	1	1
三年级	晨会4次	1	1	1	1
四年级	晨会4次	1	1	1	1
五年级	晨会4次	1	1	1	1
六年级	晨会4次	1	1	1	1

2. 课程内容

韵文诵读：利用每周二至周五的晨会课，根据年级特点，诵读中外童谣、童诗、现代诗、课标要求的必背古诗、蒙学经典、小古文、名家散文等，每周积累4篇，每学年积累120篇。要求熟读成诵，不求甚解。

整本书阅读指导：学校制订整本书阅读课程实施书目，低年级以绘本为主，文字书为辅，逐步过渡到高年级以文字书为主，绘本为辅。并对各年级阅读书目进行必读书目与拓展书目推荐。教师在学年初可与学生共同讨论，从课程书目中选定共读书目，通过整本书阅读指导课，与学生深入交流。通过共读活动，帮助学生培养阅读习惯，习得阅读策略，分享阅读乐趣，提升阅读能力。

自由持续默读：学生可根据自己的阅读喜好，自由阅读。

图书馆阅读：让孩子了解图书馆设施，学会根据自己所需，查阅图书馆资源，拓宽阅读资源。

专题阅读：让阅读以学科、主题形式呈现，重在整合与探究，为不同兴趣、不同特长的孩子提供可持续发展空间。

3. 课程评价

对于阅读课程实施，学校重过程性评价、活动性评价，以鼓励孩子快乐阅读、幸福成长。建立阅读成长档案：低年级，以读书存折记录自己的阅读脚步；中高年级，以阅读卡、阅读小报、阅读创意实践作品见证自己的阅读收获；评选“月阅读之星”“年度最美阅读达人”“最美班级图书角”，以多样化的评价，促进孩子们爱上阅读，养成阅读的习惯，享受阅读的乐趣。

三、阅读活动，多层面开展

（一）共读与交流成为桐南小学固有的呼吸

在桐南小学，共读与交流已像呼吸一样自然。每周一上午 8 点，是校领导班子共读时光，大家手执一卷，用美好而庄严的方式，静静地开启一周的学习和工作；每周二、三、四上午的集体教研时间，综合学科、语文、数学各备课组也会用一节课进行阅读、交流；每逢寒暑假，教师的阅读书单里，总有学校指定与教师推荐的共读书目，教师们自由阅读，在微信群，在学期初的读书沙龙中，在学校的南苑讲坛上交流、碰撞、生发；学生共读，形式多样：好书漂流读，“我最喜爱的一本书”共读评选、小组共读、班班共读，通过班级板报、年段“阅读加油站”展示墙、红领巾广播站交流……

5-3　学校管理班子在图书馆读书

（二）读书节与年度书香颁奖盛典是最美阅读风景线

1. 丰富多彩的“悦读节”活动

四月花满径，书香韵味长。每年 4 月，我们学校都会开展丰富多彩的读书节系列活动。我们分四个系列开展，每周一个主题。

（1）阅读与积累

每年一届“我是诵读小明星”经典诵读大赛，由各班在班级先举行初赛，而后派出选手，参加学校总决赛。每一次的诵读大赛，均能尽展选手年度积累风采，小选手们诵读积累的量每每令现场观众咋舌。

（2）阅读与表达

鼓励孩子广泛阅读，努力迁移，勇于表现，勤于练笔。并通过开展饶有趣味的故事大赛、演讲比赛、征文比赛，吸引孩子们乐于表达，爱上写作。

（3）阅读与探索

鼓励阅读，更提倡孩子勇于探索。我们将阅读与美术、科学、综合实践等学科紧密结合，将孩子们引入各个迷人的学科领域当中，去大胆探索未知的世界。开展“创意阅读实践作品大赛”，让孩子们呈现他们从丰富的阅读世界里得到的不一般的精彩。

（4）阅读与创造

中高年级开展“走近书中人物”剧本创演大赛，每个班级都能从自己班级的共读书目中选择经典作品，改编创作，尽情演绎书中精彩；举办大型读书成果会演，师生们用诗朗诵、课本剧、快板、吟诵等形式，展示读书成果，掀起又一轮的读书热潮。

2. “同沐书香 共享阅读”年度表彰盛研究典活动

学校精心制定各项指标，拟定《福鼎市桐南小学年度书香评选细则》，评选学校年度“最美阅读达人”（家长、教师、学生）、“最芬芳书香班级”“最创意实践作品”。并在年度表彰盛典上，全方位展示师生、家长的阅读过程，呈现家校阅读之缤纷面貌，对表现突出者，进行隆重表彰，有力地推动阅读的良性循环。

5-4 “最美阅读达人”活动

（三）家校共读与馆校共建为阅读插上飞翔的双翼

1. 家校共读，无缝对接

良好的家庭阅读环境，能与学校教育产生合拍共振。我们的家校互动，已跳出课堂交流的单一方式，呈现多层面交流，多角度延伸。班会课，常常是故事爸爸、故事妈妈一展身手的绝妙时空。在“知心家长”的家校共读分享会上，教师和家长一同分享阅读之乐。周末，通过开展“周末聊吧”，与家长共同聊书，聊教育；自发组织“童心童语童绘”公益活动，带着家长与孩子们投入趣味盎然的读写绘活动中去。对于孩子的阅读，家长大力支持，不少班级的家长委员会自发多次为班级赠书，进班级与孩子们亲密交流，分享阅读。

2. 馆校共建，无限延展

2016 年 6 月，学校与省少儿图书馆签订馆校合作协议，成为省少儿图书馆分馆。作为分馆，我们可以参与阅读种子教师培训，批量借阅图书馆藏书，申请图书馆阅读指导课进校园活动，共享图书馆电子书目。

为了让学生读到更多更好的新书，获得最佳阅读参与体验，学校连续两年组织学生积极参与由全国各大图书馆发起的“华润怡宝杯我最喜爱的一本童书”评选活动。我们精心组织学生阅读，通过图书漂流、好书分享等形式推进共读，并积极组织学生参与后期的投票评选之中。在 2016、2017 连续两年的评选中，我校共有 12 位同学在此次投票活动中荣获全国幸运奖，两个班级被评为“明星班级”，学校荣获“最佳组织奖”。

3. 作家进校园活动帮助孩子实现阅读的梦想

作家进校园活动一次次地掀起阅读的热潮。我们邀请著名儿童文学作家晓玲叮当进校园，现场传授美德教育、学习方法、阅读要点和写作文技巧；邀请《晚安宝贝》主持人晓月阿姨进校园为师生、家长做亲子阅读讲座《心中的小太阳》，点燃阅读热情；而著名儿童作家商晓娜、子鱼、赵丽宏进校园，与孩子近距离互动，分享成长故事，讲述成长秘诀，传授写作方法，更给孩子带来无穷的正能量，将阅读的热情推向极致。

四、师资培训，向青草更青处漫溯

儿童阅读，教师先行。儿童阅读走课程化之路，需要一批教师先行实践、研究、总结、梳理。多年来，学校以课题研究为抓手，以教研活动为载体，以教学评价促发展，让教师通过课题研究深入阅读，通过教研平台互动交流，通过教学评价找准定位。通过《基于儿童本位的读写互动实验研究》《低年级绘本教学研究》《高年级经典阅读实践研究》《小学生整本书阅读实践研究》等课题研究，选定了儿童阅读课程书目，摸索出了阅读课程的实施方式、教学策略，初步构建了阅读课程的评价体系，打造出家、校、社一体的立体阅读圈。

（一）请进来，全员培训

儿童阅读课程如何与国标本教材齐头并进？如何上好整本书阅读的导读课、交流课？这是在课程推进的过程中，老师们备感困惑的地方。我们特别邀请了福建省语文学会副会长陈宝铝老师、广东担当者公益机构的发起人张同庆老师、全国著名儿童阅读推广人胡志远老师进校园，给第二联动片区九校语文教师上整本书阅读交流课、阅读习作指导课，做整本书共读讲座；共同围绕核心素养，讨论如何优化语文教学。在研讨会上，我校教师也分别做了整本书阅读导读课和阅读交流课展示，与专家同台献艺，通过活动提升专业能力。我们还邀请了寿宁县结对子学校第二实验小学、宁德市部分学校语文骨干教师参与，让书香校园建设活动惠及更多的老师，辐射到更多的学校。

（二）走出去，学习送培

广为伸展学习触角，多次派出教师到成都、南京、厦门、温州、杭州等地学习，汲取名家风采，回来再对全体教师进行二级培训。目前学校已有二十多位教师参与亲近母语儿童阅读种子教师营活动，已然迅速成长为学校儿童阅读课程实施的领头羊，在市内外的各种阅读推广活动中崭露头角。近两年，在市教育局举办的“暑期共读一本好书”活动中，我校有二十多位教师在市新华书店的讲坛上，为全市共一千多名学生上阅读指导课，深受家长与学生的欢迎，获得极高的社会评价；在福鼎市首次区域阅读推广活动中，我校的周菲儿、蔡晓霞老师向全市教师开放阅读指导课，备受赞誉。我校整本书课题负责人余惠斌老师多次担任亲近母语暑期种子教师研习营的主讲教师，为与会老师做整本书阅读课程培训；并应公益机构之邀，远赴甘肃张掖，为当地少数民族学校开整本书阅读讲座，执教主题单元阅读课；到河南新密、安徽六安、贵州正安，为乡村教师做整本书教学培训。她坚持行走在儿童阅读推广的道路上，常常通过线上与线下平台，为乡村教师答疑解惑，全力推广儿童阅读活动。课题组成员周菲儿老师也多次应厦门担当者公益机构之邀，外出送培；参与全国阅读领航员培训，作为入组导师，带着本组乡村教师，研讨图画书、整本书教学设计。目前，这两位导师已经成为福建省海峡儿童阅读研究中心特约研究员。

（三）研起来，深入探讨

1. 校内阅读课程研讨

根据学校教研工作安排，我们以多种形式，积极投入阅读课程教学研讨活动：每学期初，教研组开展读书沙龙活动，交流假期阅读心得；双周的语文大组教研活动分年级开展整本书阅读交流研讨课活动，以学段为单位跨段展开听评课活动；单周的集体备课以年级、学科为单位，你一言我一语共同研讨一本共读童书，再由一位教师执教，展开研讨，深化阅读课程建设。

2. 校际阅读推广交流

作为福鼎市小学第二联动片区的龙头学校，学校先后在第二联动片区送培下乡的教研活动中，多次为第二联动片区教师展示整本书阅读教学、交流班级阅读课程开展，点燃乡村教师阅读热情。

在我校的带动下，第二联动片区各校也高度重视书香校园创建，大力培养师资，开展各项读书活动。秦屿中心小学与担当者公益组织取得联系，成为担当者“班班有图书角”的项目学校；秦屿中心小学的陈秀英老师、硖门中心小学的黄香明老师迅速成长起来，成为亲近母语阅读导师团队成员、优秀阅读公益导师；黄香明老师还获评“马云乡村教师奖”提名奖。

3. 向家长开放整本书阅读教学课堂

每个学期的家长开放日活动，我们都会向家长们汇报展示学校阅读课程实施情况，努力改变家长固有的成才观，引导家长们重视阅读，发动家长们投入亲子共读中。学校不仅向家长开放课堂，还开放教师的整本书教学研讨活动。教师、学生、家长济济一堂，共话整本书阅读教学。课中，利用微信平台，即兴点评；课后，教师团队、家长代表评课互动。我们的阅读课堂，获得了家长们的一致好评。

六年的课题推进与实践，收获了累累硕果：宁德市级课题《小学生整本书阅读实践研究》课题经过层层评审，荣获 2018 年度福建省基础教育优秀教育教学成果奖评选一等奖；课题负责人余惠斌老师被确定为宁德市学科带头人，被评为“福建省十佳校园阅读推广人”“阅读改变中国・年度点灯人”（2018 年），课题组教师所撰写的论文、案例多篇在国家级、省市级刊物上发表；2017 年，我校申报的《基于平和文化背景下的大阅读课程体系建构》项目获得专家认可，被省教育厅确定为福建省首批教改示范性建设学校；我们在校长主持的省级课题《小学整本书阅读课程体系构建研究》引领下，即将投入更为系统、更为广泛的阅读课程实践中去。

“平和相随，最美自我。”阅读，让师生成就最美的自己，拥有更有力量的未来；共读，让家校的关系更为柔软亲密，拥有更为和美的明天。我们在阅读的道路上一路耕耘、收获的同时，困惑也在不断产生着：儿童阅读，如何能够真正实现为每个孩子量体裁衣，帮助他们成为最好的自己？如何能够充分发挥各学科教师的主观能动性，共同努力将阅读之根向四面八方伸展？如何最大化利用家长资源，让家校互补达成共识，为孩子的全程阅读保驾护航？接下来，我们将继续致力于全科阅读探索，我们深信阅读课程所具有的无限丰富性，我们深信前方的道路充满无限的可能，我们深信通过不懈的努力，终将把孩子们带到更为广阔的阅读天地之中。

（余惠斌）

6. 阅读，涵养学生智慧

——广东省深圳市凤凰山小学

凤凰山小学成立于2010年，现有教学班24个，学生1 200余人，由特级教师、广东省名师邓蝴梅担任校长。办学伊始，凤凰山小学确立了“办一所涵养学生智慧的学校”为办学目标，以深圳市十五重点课题“小学语文泛读的研究”成果为指引，以打造“四馆六苑九景”为抓手，落实阅读“三至”策略，开发了系列校本教材《山海龙岗》《时尚龙岗》《人文龙岗》《经典阅读》《雏凤清韵》《情景对话》《我爱英语歌》《英语电影欣赏》，涌现出了大批的书香学生、书香老师、书香班级、书香家庭。学校成为“阅读改变中国·年度书香校园”（2015年）、亲近母语项目基地学校、中国儿童阅读优化基地、全国百社千校书香童年阅读活动基地学校、“广东省书香校园”、广东省诗歌教育示范学校、深圳市全民阅读示范单位、“深圳市书香校园”……

一、熏陶："至雅"的书韵环境

凤凰山小学重视阅读环境对人的影响。自开办以来，学校遵循"学生不只是校园文化的仰望者和阅读者，而且应该是校园文化的参与者和创造者"的观念，依据学生需要和未来社会发展趋势，对校园的功能进行整体设计，致力于把学校建成"图书馆、创客馆、生态馆、数字馆"，让学生在集文学性、艺术性、教育性和童趣性于一体的"至雅"的书韵环境中耳濡目染、涵养浸润。这一蓝图具体化为"四馆六苑九景"，一座童话般的校园；至雅至趣至美，一座诗一般的校园；以学生为本，一座生成自信与智慧的校园。

（一）学校是一个图书馆：让每一个角落都弥漫书韵

凤小书苑由 1 个大型藏书馆、24 个阅读教室、1 个多功能电子阅览室、4 个开放型流动书吧组成。学校不遗余力购进大量儿童阅读经典读本，并以每种 60 本、每学年 36 种的大气魄为学生开辟了师生共读的"书海"。现藏书 8 万册，其中师生共读书籍 240 多种，人均 60 多册。学校处处书香流韵，俨然是一个图书馆。

（二）学校是一个创客馆：每一面墙都是学生作品的展厅

1. 诗苑：学校精选 200 首学生原创儿童诗上墙，构成童诗墙。

2. 棋苑：由中国象棋区、国际象棋区和五子棋区构成，三十一块白色大理石棋盘整齐地镶嵌在一楼中庭花园四周的休闲长廊上，宛若玉带环绕。

3. 画苑：学校精选上百幅学生原创美术作品上墙展示，包括鸡蛋画展示区、插画展示区、科幻画展示区、剪纸画展示区和地域文化长廊。四大展示区和一个展示长廊如同一个开放式的美术馆。

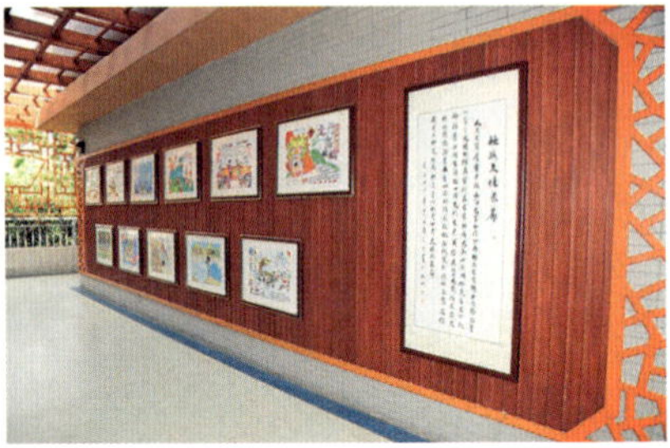

6-1　地域文化长廊

6-2　文苑

4. 文苑：包括学生读书作品展示台以及展示长廊。学校精选并展示学生制作的书香作品和 300 余篇学生原创文学作品。学生读书作品展示台前放满了学生自己创作的读书作品。学生读完了一本书，必须做一个与书本内容相关的手工制作，学校为学生展示并保留。展示长廊里，同学们的习作印在展示板上串在一起，像一圈项链一样绕着回廊一圈，美极了。

5. 科苑：以四楼长廊为基地，学校精选并展示学生科技小论文和科技原创作品，购置各类标本以及科技游戏。科苑可分为壁挂式科技馆、植物标本展示区、海洋生物标本展示区、学生科技小论文展示区以及学生原创科技作品展示区。放眼望去，这里就是一个开放式的标本馆和开放式的科技馆。植物标本琳琅满目；海洋生物标本色彩艳丽；学生原创科技作品种类繁多。

6. 涂鸦墙：学校每一层楼还有一块可以供学生随意涂鸦的艺术画墙，这就是“涂鸦墙”，是学生练习和展示绘画才能的广阔天地，在那里可以自由涂鸦，展示奇思妙想。

（三）学校是一个数字馆：领域的扩展灵动阅读

云环境下的学习强调学习者不受时空限制，在任何时间、任何地点用任何方式都可以便捷地获取阅读资源，随时随地开展学习、开展阅读。基于云学习的这一特点，我们打破了传统学习的唯学校教室的时空维度，重建以学生为中心的学习领域。建设“码课”“码墙”“码书”，学生拿上班级平板可以随时随地开展阅读，比如扫扫某株植物前的二维码，就走进了“植物博览馆”；扫扫四楼长廊的二维码，就迈入了“科技博览馆”；扫扫各楼层书吧的二维码，就踏上了海量阅读之旅。学校借此初步实现了“哪里不会扫哪里，想读什么扫什么”。

6-3　云环境下的自主学习

6-4　虚拟植物园

（四）学校是一个生态馆：无声的浸润书香满溢

1.前庭：“让智慧之光点亮人生”的办学理念掩映在绿蔓之中。“师生笑脸图”分为教师笑脸“缘”字图和学生笑脸凤凰图。以教师的笑脸构成了个大大的“缘”字，表示凤凰山小学这些有着共同理想与追求的教师们，从五湖四海汇聚在一起，为了创建智慧校园而成了一个智慧的教育团队。以全体学生的笑脸构成了一个巨大的“凤凰”校徽，长长的尾羽仿佛翻动的书页，表示凤凰山小学的学生将会以书香化翼，幸福成长，展翅飞翔。

6-5　学校正门及前庭

2. 中庭：高大的镂刻木质文学屏《劝学》，古朴而典雅，伫立中间的凤凰花木，葱翠而浓郁。走过苏州园林式的小桥流水、喷泉水车、翠风荷香间，一本厚重的“凤凰书韵序”拉开了满园书香的帷幕。

6-6　中庭：“劝学”屏

6-7　中庭：凤凰书韵序

3. 后院：花木错落，绿荫环绕。春日争奇斗艳，夏日繁花似锦，秋日满径幽香，冬日落英缤纷，四季风情各异，别有一番风姿。

凤凰山小学打造“四馆六苑”形成九大景观——曲沼书韵、棋苑风荷、虹桥鱼戏、彩幡书影、古雅书台、唐宋风骚、童心画笔、科苑遨游、联语幽韵。书香四溢，畅想无限，景景奇妙，苑苑精致。每一处都闪烁着智慧的光芒，每一处都孕育着智慧的花朵。

二、润泽：“至慧”的书韵课程

（一）滋养智慧的阅读生长课程

基于儿童本位，以阅读素养为核心，凤凰山小学开发了 11 项跨学科阅读生长课程，要求学生必修，为学生拓展广阔的阅读天空，形成阅读能力。

1.“博闻广识”课程

课程目标：综合科学、文学和艺术于一体的“人文与科学”博闻课程，力图在孩子们幼小的心灵上播种智慧的种子。

课程资源：力邀本校家长与教师、本地区业界精英及国内外知名的科普作家、儿童文学家和艺术家为孩子们讲课。

课程内容：各学科领域的最新研究，各位家长、教师的出色研究。

课程时间：每月一节，科学课时间。

评价方式：为自己最喜欢的讲座创编海报。

2.“美文美德”课程

课程目标：强调经典浸润与学生德育相结合，意在滋养学生心灵。

教学资源：经典美文。

课程内容：如一年级《当世界年纪还小的时候》《大和小》《猜猜我有多爱你》《节日的故事》《原来如此的故事》《快乐的童年》《动物中的祈祷室》《神奇的字》《走在森林里》《遥远的世界》《我想家了》。

课程时间：每周一节，思品课时间。

3.“国学”课程

课程目标：强调国学经典浸润，意在滋养学生心灵，继承国学精髓。

教学资源：童谣童诗、古诗词、中华国学经典录等。

课程内容：一年级“古诗70首”、《弟子规》，二年级《千字文》、《笠翁对韵》（选），三年级《论语》（选），四年级《大学》（选）、《孟子》（选），五年级《老子》（选）、《庄子》（选），六年级《历代散文选》等。

课程时间：每周一节，语文课时间。

评价方式：国旗下诵读；期末古诗文积累专项测评。

4.“书法”课程

课程目标：关注写字能力培养与书法经典教育，意在使学生养成良好的书写习惯，提高写字能力。

教学资源：教材《字帖》。

课程内容：传统书法知识。

课程时间：每天中午 20 分钟。

评价方式：每月一次展示活动；期末写字能力专项测评。

5.“绘本阅读”课程

课程目标：强调文学与美术的综合，强化学生对图画的想象力。

教学资源：中外经典绘本。

课程内容：生涯规划认知；自我价值认知；人际价值认知； 生命价值认知。

课程时间：每周一节，语文课时间。

评价方式：每月一次读书报告评比展示，绘本创编大赛，期末整本书赏析能力专项测评。

6.“整本书赏析”课程

课程目标：意在通过长期的持续默读行为，养成学生良好的阅读习惯；强调方法与运用的结合，提高学生的阅读水平和理解能力。

教学资源：现代经典，整本书（儿童文学作品、百科）。

课程内容：如一年级《恐龙世界历险记》（第一册）、《影响孩子一生的 101 个经典童话》《神秘洞穴大冒险》《非洲草原历险记》《城市老鼠和乡下老鼠》《西伯利亚历险记》《大海历险记》《怕冷的企鹅》《撒哈拉沙漠求生记》《爷爷一定有办法》等。

课程时间：每周一节，语文课时间。

评价方式：每月一次读书报告评比展示；期末整本书赏析能力专项测评。

7.“经典（英语）电影赏析”课程

课程目标：通过经典电影的片段学习，感悟英语文化，提高语言文化素养。

教学资源：外国优秀经典电影。

课程内容：Ice Age; Finding Nemo; Cars; The Lion King; Over The Hedge; Happy Feet; Toy Story; Kungfu Panda.

课程时间：每周一节，英语课时间。

评价方式：根据电影进行电影故事讲述，创编电影英语宣传海报。

8．“我爱英语歌”课程

课程目标：通过欣赏、学习英语歌曲，提高英语学习兴趣，提高英语综合素养。

课程资源：经典英文歌曲。

课程内容：*Edelweiss; Ten Little Bell; Jingle Bell; Do-Re-Mi; Lemon Tree; Auld Lang Syne; Rhythm of the Rain; Yesterday Once More; Take Me Home, Country Roads.*

课程时间：每周一节，英语课时间。

评价方式：英语歌曲比赛。

9．“英语情景对话”课程

课程目标：通过每日诵读，实现基本英语反应思维。

课程资源：校本教材《情景对话》。

课程内容：Greeting; Introduction; Talking About The Weather; Saying Goodbye; Asking For Ways;Shopping; Seeing a Doctor; At The Restaurant; Transportation; Asking For and Offering Help; Talking About Time; Proverbs; Beautiful English.

课程时间：每天课前 3 分钟。

评价方式：期末口语交际专项测试。

10．“地域文化海报创编”课程

课程目标：强调美术与文学的综合；学习海报创编与地域文化传扬结合。

课程资源：《我与龙岗》海报创编；校本教材《山海龙岗》《时尚龙岗》《人文龙岗》。

课程内容：地域文化的现代教育价值。

课程时间：每周一节，美术课时间。

评价方式：每月一次海报展示；每学期一次创编海报比赛。

11.“体育舞蹈与古诗吟诵”课程

课程目标：集体育、艺术与文学元素于一体，意在使学生强身健体的同时，提升其文学与艺术素养。

课程资源：大师吟诵作品；太极操；韵律操等。

课程内容：古诗吟诵校本操。

课程时间：午间吟诵十分钟，大课间体育舞蹈 10 分钟。

评价方式：校本操评比。

凤凰山小学以学科为依托，开设了这十一大与阅读相关的生长课程，不仅从德、智、体、美各方面促进了学生的发展，而且充分体现了学科间的融合，使得教育成为一片无界限的海洋，然后引导孩子们读在其间、乐在其间、成长在其间。

（二）发展智慧的阅读体验课程

学校以促进学生全面发展为目的，以培养学生的创新能力和实践能力为重点，本着“目标多元，内容宽泛，时间广域，评价差异”的原则，开发孩子们喜爱的，能促进孩子们全面发展的“五彩雏凤”体验课程，让学生在阅读体验中涵养品质，提升能力。

学校目前共开设了 40 项“五彩雏凤”体验课程，周五下午为“雏凤体验时间”。

1.“红凤”体验课程：包括微电影创作、心理情景剧创作与表演、空模表演、机器人编程与表演、纸陀螺制作与表演等。

2.“黄凤”体验课程：包括语言艺术、快板创作与表演、吟诵、英语故事大王、英语演讲、英语戏剧、英语趣配音、英语移动绘本、中文戏剧、辩论赛等。

3.“蓝凤”体验课程：包括中国象棋、国际象棋等。

4.“绿凤”体验课程：包括绘本欣赏与创编、书法、创意写作、环保创意、《我与龙岗》海报创编等。

5.“橙凤”体验课程：自我管理等。

6-8　学校话剧选修课程表演：《武松打虎》

（三）彰显智慧的阅读展示课程

凤凰山小学在阅读的基础上开发“四季创创创”自我展示课程，将阅读、体验和展示相结合，为孩子们搭建了展示自我的舞台，彰显个性，生发智慧。

1. 春季：“我读我儒”创创创

（1）思品 + 语文：绘本故事创作、故事风韵、辩论风采。

（2）思品 + 美术：快乐绘画创作。

（3）思品 + 语文 + 艺术 + 信息：绘本展演。

2. 春季：“我读我思”创创创

科学 + 信息：智创电路、手掷飞机直线距离体验、小小实验家、四轴无人机穿环、冲浪纸飞机、3D 打印、七巧板拼图、AR 体验、无人机虚拟体验、虚拟机器人体验。

3. 夏季：“我读我雅”创创创

（1）艺术 + 语文：快板表演、朗诵表演、歌唱表演秀、器乐组合秀、舞蹈组合秀、语言表演秀。

（2）艺术 + 语文 + 信息：六一文艺会演。

4. 秋季：“我读我悦”创创创

（1）语文 + 科学：观察日记创作。

（2）语文 + 美术：创意贺卡、创意书签、创意刮画、创意读书成果。

（3）语文 + 英语：创意思维导图。

（4）语文 + 数学：创意数学小论文。

（5）语文 + 艺术 + 信息：古诗文诵读大赛。

5. 秋季：“我读我酷”创创创

（1）数学 + 科学：拼装大赛、扑克牌垒高赛、纸桥承重赛、科学实验我能行、七巧板现场创拼赛、魔尺现场创拼赛、数学谜语我来猜、现场数学绘本创作、现场数学思维导图创作、现场图形创作。

（2）数学 + 美术：科学手抄报创作、科幻画创作、科幻彩蛋现场画。

（3）数学 + 信息：现场 PPT 创作大赛、现场电脑绘画创作大赛。

6. 冬季：“我读我康”创创创

（1）体育 + 语文：雏凤电台征稿赛。

（2）体育 + 信息：精彩一瞬照片展。

（3）体育 + 艺术：班级入场秀。

（4）体育 + 语文 + 英语 + 信息：田径赛等。

7. 冬季：“我读我秀”创创创

（1）英语 + 语文：主持人选拔秀。

（2）英语 + 音乐：班级歌舞秀等。

（3）英语＋信息＋艺术：英文绘本配音秀（Voice of English Picture Books Show）、文化之旅活动秀（Culture Tours Show）、巡游英文歌唱秀（Cruise of English Songs Show）、卡通人物秀（Cartoon Figures Show）、英语短剧秀（English Drama Show）。

凤凰山小学的自我展示课程，不仅强调学科和学科的联系，与生活的联系，还强调培养学生的能力和素养，更强调培养学生独立思考、分析解决问题的综合能力。这些素养与能力的培养都是基于阅读课程来实现的，学生在这里展现智慧，增强自信，气贯长虹。

6-9　学校话剧社表演《童话里的小老鼠》

6-10　自我展示课程：诵读

三、发展："至趣"的书韵评价

（一）过程性评价：促进阅读发展

1. 读书量表自评

依据学生的年龄阶段为学生规定好每天、每周、每学期的读书量和每天的读书时间，实行家长监督、学生监督和老师监督相结合。例如一名五年级的学生，每天在家的自主读书时间不能少于 20 分钟，读书量不能少于五千字，一周必须读完 4 万 5 千字的书，每天读完书后必须记下书名、页码起止点，请家长验收签字，第二天还得接受组长复查、老师抽查。

2. SSR 持续默读督评

SSR 即持续默读法。教师组织引导学生在课外进行有效的持续默读，具体做法是：在每天早读前及午间吟诵前的“学习真空”时间，组织早到校的同学进行 20 分钟左右的持续默读，并与家长一起督促学生完成家庭作业后也进行 20 分钟左右的持续默读，以期养成学生持续默读的习惯。

6-11　书吧内默读

6-12　教室里默读

3. 读书报告展评

阅读是学校的一门课程，每周设有“经典阅读课”，一月四节，第一、二节师生共读，第三节完成读书报告，第四节小组阅读汇报。师生共读后，从创编、交流、制作、展示等方面实现以编促评、以荐促评、以作促评、以展促评，鼓励学生用各种独创的方式展示自己的读书成果。

4. 阅读展示课程多元评

“四季创创创”阅读展示课程起止时间为第一学期 9 月到次年 1 月，第二学期 3 月到 6 月，从体验、创作、表演、竞赛四个方面对学生的阅读发展进行评价。另外，每周一在国旗下，以年级为单位齐诵《三字经》《千字文》《论语》《弟子规》《笠翁对韵》《大学》《老子》《庄子》《历代散文选》……通过“诵读大舞台”进行表演性评价。

所有课程活动以阅读为载体，在活动评价中促进学生的整体发展。

（二）专项素养评价：关注阅读能力

《基础教育课程改革纲要（试行）》中指出：建立促进学生全面发展的评价体系。评价不但要关注学生的学业成绩，而且要发现和发展学生多方面的潜能，了解学生发展中的需求，帮助学生认识自我，建立自信。

凤凰山小学开始尝试性地进行期末评价改革，出台了《凤凰山小学学生学业专项素质综合评价方案》，将小学语文评价分为"口语交际、朗读、写字、现场作文、课外阅读、文段阅读理解、课本知识积累与运用、古诗文背诵、听力"九项素养评价；小学英语分为"听力、朗读、看图说话、剧本表演、语言运用阅读、歌曲表演、看图写话"七项素养评价。

专项素养评价关注学生学习、生活等多方面，给学生提供各种各样的展现自己所知所能的机会，以帮助学生实现自我教育、自我进步和建立自信。

1. 阅读专项（整本书阅读）

评价内容：阅读概括能力、阅读分析能力、阅读联想（联系）能力、阅读评价能力。

评价形式：开卷检测。

评价操作：

（1）基础分（40%）。每读完一本"师生共读书"获得 5 分，每撰写一篇读书报告 5 分。

（2）活动加分（10%）。参与班级及以上好书推荐与分享活动，每次奖励 1 分。每读完一本自选课外书，奖励 2 分。

（3）专项检测（50%）。期末进行全校性阅读专项（整本书阅读）检测。在规定时间内完成指定书籍指定评点赏析内容。

（4）综合评价。对表现优异的同学颁发"阅读之星"奖。

2. 阅读专项（单篇阅读理解）

评价内容：提取信息能力、整体感知能力、理解感悟能力、运用信息能力。

评价形式：闭卷检测。

评价操作：

（1）基础分（40%）。积极参与课堂文本赏析，一次获 1 分。

（2）活动加分（10%）。参与班级及以上阅读类活动，每次奖励 1 分。

（3）专项检测（50%）。期末进行全校性阅读专项（单篇阅读理解）检测。

（4）综合评价。对表现优异的同学颁发“阅读之星”奖。

3. 英语语言运用阅读专项

评价内容：提取信息能力、整体感知能力、理解感悟能力、使用信息能力。

评价形式：书面闭卷检测。

评价操作：

（1）基础分（40%）。积极阅读英语课外读物，每阅读一篇并能清晰地用英语表述主题的一次获 1 分。

（2）活动加分（10%）。参与班级及以上阅读类活动，每次奖励 1 分。

（3）专项检测（50%）。期末进行全校性语言运用阅读专项检测。

（4）综合评价。对表现优异的同学颁发“阅读之星”奖。

凤凰山小学“立足过程，促进发展”构建专项素质综合评价体系，在关注学生学业成绩的同时，更关注他们学习过程中的收获，以及在学习过程中良好习惯的养成和品质的形成，并使评价贯穿学生整个学习过程，从而激发阅读的兴趣，促进学生时时处处注重学科素养、阅读素养的提升。

凤凰山小学从2010年办学开始即开展“书香校园”的活动，将“打造儿童阅读之城”作为学校努力建设的方向。在这个过程中，让学生多读书，读课本以外的好书，在学生人生的关键期，给学生充足的营养和滋润，让他们的精神发育良好。虽然很多学生的家庭教育“贫瘠”，但是经过六年的书籍蕴养，一个个蜕变成为典型的“小绅士”“小淑女”，真正是腹有诗书气自华！

作为一所新学校也面临新的挑战，老师的流动性大造成阅读课程建设需要花费更大的精力去培训老师，课程的执行力必定会受到冲击，课程的实施效果往往跟顶层设计有些距离。但，不管阅读推广有什么困难，我们将坚定不移地继续在“书香校园”建设活动中进行探索与提升，以更加富有学科特色的校本教研和有效的互动式校本培训，锻造一支师德更加高尚、业务愈加精良的研究型教师团队，使凤凰山小学成为有浓郁书香氛围和育人气息的美丽校园，成为学生享受学习、教师享受教学的乐园！

7. 让阅读成为学校的底色

——广东省深圳市百仕达小学

深圳市百仕达小学是张来平女士创建的一所非营利性质的国有民办学校。学校现有教学班 24 个，学生 720 人，教职员工 80 人。

学校始终把创办与世界教育接轨的优质学校，培养具有全球胜任力的现代绅士、淑女作为办学目标，执着追求精致的教育，逐步形成了“小班制教学、英语国际化教育、绅士淑女教育、运动与阅读”等办学特色，学校先后被评为广东省一级学校、深圳市文明单位、全国优秀民办学校、深圳市优质规范办学学校、“深圳市书香校园”、“阅读改变中国·年度书香校园”（2016 年）……中央教育电视台、深圳电视台、《南方都市报》《深圳商报》《深圳晚报》等媒体，都曾报道我校的办学经验。

一、精心打造校园阅读环境

为了让学生在校园里目之所及的每一处风景都有文化的熏染、书香的气息，学校多渠道全方位来营造校园浓浓的书香氛围。

（一）着力创建特色图书馆

2013 年学校耗资数百万元打造以“爱丽丝梦游仙境”为原型的图书馆，藏书量近 4 万册，全部以开放的姿态面向学生。图书馆成立“根与芽”基金，由校监、社会各界人士和机构、企业等捐助筹集基金，每学期都会用这些基金来增购大量青少年读物等，充实更新图书馆图书，以满足全体师生的阅读需求。

7-1　图书馆（1）

7-2　图书馆（2）

主要措施：

1. 让图书“流进”图书馆。学校积极和优秀阅读机构合作，提供丰富和便捷的阅读资源。如参加深圳市少儿图书馆常青藤计划，一张借书证可以在少儿图书馆和学校图书馆之间通借通还。

2. 让图书“走出”图书馆。学校把书搬到了校园草地上各类小书屋里，让一个个精美的橱窗或者敦实的读书廊不时出现在学生的视野内，使学生移步换景，都能沉浸在书香的氛围中。全校 24 个班级，班班都设有书橱或者图书屋。在校园的每个角落，学生能随手捧起一本书，快乐地徜徉在书海中。

7-3　室外阅读区（1）

7-4　室外阅读区（2）

3. 让图书“借还”灵活便捷。百小图书馆是一个使用率非常高的图书馆，学校每周安排 24 节阅读课在图书馆上，周一到周五每天中午有两个班级在馆阅读，放学后有针对性地安排不同班级来图书馆自由借书。学生们可以在图书馆课结束时，直接进行借阅，每次借阅 2 本，1 本中文 1 本英文，周期是 2 周。为了让学生更自由地还书，在学生每天必经的路线上安放了图书馆的还书筒，学生们阅读完了直接还书便可。

主要特色：

学校图书馆最具特色的地方在于，这是由一名专职老师和 110 名家长义工共同来管理的。每年开学，图书馆家长义工团队开始招募义工，然后进行各种培训。他们各自发挥所长，形成不同的义工团队，整合资源为学生提供更好的服务。

1. “导读义工团队”是在学生来到图书馆后，想各种“招”把好书介绍给学生，侧重于让学生认识这本书，增加阅读的概率，激发学生阅读的热情，打开他们阅读的视野。

2. “阅读巡讲团队”负责走进学校 24 个教室，用心地将甄选出的故事与学生分享，既有绘本，也有桥梁书、小说，更有涉及天文、地理、科技、职业分享等多种内容的图书。

3. “演书社义工团队”则走上舞台演书。他们用崭新的形式，使阅读更深入学生和家长的心灵，带给他们多元化的阅读体验。

4.“拓展义工团队”走到户外，大力开发了一系列备受学生欢迎的特色课程，带着学生从课内走到户外，从书本走向社会，把学生从书本引向更加广阔的空间。图书馆先后以“阅读”的名义，举办四届“图书馆圣诞嘉年华”活动；举办“俄罗斯文化节”；阅读航海书籍，开设帆船课程；探寻版画世界，在“艺术间行走”；探究电力、水力奥秘，做“生活小博士”；追寻柯南·道尔的足迹，做现代的“福尔摩斯”；举办《知·道》系列演讲等。这些活动让学生在阅读与实践中进一步感受阅读的美好。

（二）让每一个班级充满书香

全校 24 个班级，班班都设有书橱或者图书屋。教师引导学生将家中的优秀图书带到班级，成立班级图书屋，与同学分享；班级开设“格言栏”“诗歌园”“好书推荐”“阅读分享”，充分展示学生优秀作业和作品；各班每月还将图书角“流动”起来，低年级每周还有有趣的“漂流书袋”活动。

（三）让每一面墙壁飘荡书香

加强校园文化长廊的建设，记录学生的读书活动和读书感言；精心组织每学期的“校园书画展”，将学生作品粘贴在风雨操场的壁柱上，记录学生书法与绘画的成就。

（四）校园广播增添读书快乐，营造书香氛围

三至六年级的各班级每天利用学校广播站，挑选优秀播音员诵读国学经典，分享优秀习作，进行好书推荐，介绍经典文学作品等，让学生全方位感知读书的快乐、书香的氛围。

（五）精心构建多元化的读书网络

校园网站中设置的“阅读广场”“在线借阅”“作文园地”“书

虫部落”等栏目成为创建书香校园的主要阵地，学生们可以自由地在网上借阅新书，推荐好书，分享优秀习作和阅读感受。

二、阅读课程研发与实践

学校明确“校本阅读课程的研发与实践”为龙头课题，三年内营造学校良好阅读氛围，开发校本阅读课程，构建评价体系，以提高学生的阅读力和阅读素养，为学生一生的发展奠基。

（一）阅读课程目标

学校以人的发展为本，通过创设浓郁的阅读氛围，探索以课堂为主体，课外校外为两翼的新的教育模式，进一步提高师生的人文素养，全面提高学校的教育教学质量，加强学校特色建设，努力营造“书香校园”，走内涵发展之路，为学生创建享受成长快乐的理想乐园，为教师搭建实现专业发展的理想舞台，为学校构建提升教育品质的理想平台，把我校建设成为一所人文气息浓厚，教师队伍充满活力，学生素质和谐发展的精品学校。

（二）阅读课程实施步骤

1. 第一阶段：2014 年 2 月至 2016 年 7 月

（1）在学校组织下，请专家进校，进行各类阅读教学和儿童文学理论的培训，学习国内外先进的阅读教学经验和模式。

（2）以教研组为单位，进行阅读教学的学习和经验分享交流，更新理念，吸取优秀经验和想法；着手制订各年级阅读课程目标纲要和评价体系。

（3）每位老师尝试创设课程、设计课例，在实践中学习；组织老师进行学期和学年经验分享和交流；教研组撰写校本阅读课程开发和建设研究的中期报告。

2. 第二阶段：2016 年 8 月至 2018 年 7 月

（1）各年级推进和完善阅读课型教学设计，在教学中做有心人，善于捕捉课题实施过程中的各类有价值的信息和想法，及时记录、存档。

（2）利用教研时间分享课例和经验；各备课组老师展示各年级阅读教学成果；进行全校范围内的阅读教学课的展示和研讨活动；进一步完善各年级阅读课程目标纲要和评价体系。

（3）通过研究、教师座谈、测试、观察等方式，各年级老师定期了解学生的进展情况，发现问题，调整研究策略和方案，进一步探索，积累课例和研究资料。

3. 第三阶段：2018 年 9 月至 2019 年 8 月

（1）各年级老师对实施操作过程中积累的资料、案例等进行汇总、分类，做好资料的补充、完善工作；各年级收集并整理教学课例，完成校本教材的编写；各年级阅读课程纲要再次修订和评价教学体系。

（2）邀请领导、有经验的教师对各年级阅读教学课例及其教材以及评价体系进行指导，各年级老师进行修改和调整；将年级课程纲要、阅读课程教材及评价体系定稿。

（3）课题组老师结合自己的研究写课题论文；教研组完成课题结题报告，课题进行评审鉴定。

（三）阅读课程实施措施

1. 创建领导小组，并建立和完善制度。学校制订并实施了《百仕达小学阅读推广方案》《百仕达小学阅读教育体系》《百仕达小学读书节活动方案》《百仕达小学教师读书沙龙活动计划》，建立并完善图书阅览等相关制度、书香班级评选制度、阅读之星评选制度等。创建“阅读课程的开发和建设”小组，全体教师组建成百仕达小学阅读推广团队，积极投入百仕达“阅读课程的研发和实践”的研究之中。

2. 营造校园书香氛围。精心打造以“爱丽丝梦游仙境”为原型的图书馆，充分利用走廊、教室、操场等环境，营造浓厚的书香氛围；不断充实图书数量，及时更新，便于师生借阅，满足师生阅读需求。

3. 开展丰富多彩的阅读活动。通过开展阅读系列活动，大力拓宽学生阅读面，提高阅读量以及阅读力和文学素养，逐步培养学生良好的阅读习惯和阅读态度；鼓励学生积极参与校内外举办的各类读书活动；引领学生积累经典优秀诗篇，学会运用多种阅读方法，初步理解、鉴赏文学作品，感受祖国语言文字的博大精深，积淀深厚的人文素养和文化底蕴。

4. 着力提升老师的素养，推进阅读课程开发和建设。在教师中间大力开展读专著、赏名著、诵经典、写反思系列读书实践活动；坚持写读书笔记、教学随笔，提高自身的文化品位；定期举行读书沙龙、师生美文诵读、演讲征文等比赛活动；积极开展系列阅读活动，不断提高学生的阅读力和文学素养。

5. 全体教师共同参与阅读课程研发和实践。鼓励教师大胆地、创造性地开展课程探索和研究，摸索并设计阅读课型，积极推进阅读课程建设和实践，共同构建学校阅读课程和评价体系。

6. 让书香洋溢在每一个家庭里。学校充分挖掘家长资源，通过“亲子阅读”，建设学习型家庭，营造孩子成长的理想环境。如：精心编制《幸福阅读手册》，给家长明确阅读指引；争取家校合力，在家庭中开展“小手拉大手，同读一本书”亲子共读活动；培养学生良好的阅读习惯和阅读态度；通过家长学校等途径，每学期组织家庭读书交流会，发动家长积极参与学校开展的各类家长沙龙、家长论坛以及学校“书香家庭”的评选，交流分享家庭读书经验。

（四）阅读课程的研发与设置

1. 韵文诵读——诵读传统经典以及优秀的现代儿童诗歌，感受它们的音韵节奏与趣味内涵之美，发展语言、丰富想象，获得积极的情感体验，涵养美好的心性。学校一至六年级晨会背诵内容有《我爱吟诵》《日有所诵》《声律启蒙》《论语》《中国古典诗词欣赏》。

2. 选文阅读——各年级以教科书以及其他优秀选文为阅读材料，以国际阅读素养进展研究（PIRLS）和国际学生评估项目（PISA）为理论指导，聚焦“阅读理解能力”，以阅读讨论为主要学习方式，构建提升学生阅读素养的阅读课模型。教学中，教师着力引导的是学生学习如何阅读以及通过阅读提高学生的阅读力，习得阅读策略，发展想象思维，养成良好的阅读习惯，提高学生的阅读素养。

3. 整本书阅读——引导学生阅读整本书，以扩大阅读空间，应用阅读方法，养成阅读习惯，同时发展语言、锻炼思维、丰富体验，促进阅读素养的全面发展。在新课标要求的阅读量的基础上，各年级老师确定共读和选读书目并向学生推荐，为学生提供丰富的阅读资源。各班每周开设 2 节课，教师有计划、有目的地进行整本书阅读的指导。在实践中，老师们积极探索阅读教法，现已逐步形成阅读指导课、读物推荐课、阅读欣赏课、读书汇报课等整本书阅读教学的基本课型。

4. 图书馆阅读——引导学生了解并学习使用图书馆设施，学习阅读不同类别图书的方法，激发学生阅读各种读物的兴趣，主动拓宽阅读视野。实施的方式主要有：情景活动体验、图书馆教师导读、学生自由阅读以及主题阅读活动等。

5. 写作课程——在周子房博士的指导下，开展功能性习作课题研究，把写作与阅读、写作与生活联结起来，强调学生在写作时的内动力和读者意识，通过设计写作任务以解决写作情境缺失的问题，确定学习元素以解决学习目标失当的问题，设计和运用学习支架以解决过程指导缺位的问题。

6. 专题阅读——引导学生发现真实生活中有价值的问题，并尝试通过阅读和实践解决。专题阅读从能激发学生兴趣的问题开始，引导学生在阅读中提升阅读能力，如检索并提取信息，整合并解释信息，反思并评价信息；专题阅读注重与生活的联结，引导学生走向生活，进行实地考察，调查访问，把得到的信息和数据进行整理和分析。

（五）阅读特色课程的开发与建设

根据学校阅读课程规划和学生学习需求，学校进行了创造性实践，通过课程补充、课程整合、课程拓展等方式对国家课程进行校本化实施。聚焦核心素养，以整合、融合、综合（学科、学习方式、资源）为基本途径，构建以阅读为目标的基础课程、拓展课程、选择课程、综合实践课程、德育活动课程等多元校本课程体系。

多元校本课程体系表

阅读特色课程	语言与阅读
基础性课程	语文　英语
拓展性课程	绘本阅读　整本书阅读　童诗欣赏创作
选择性课程	话剧　合唱　相声　主持　英语剧……
综合性课程	项目式学习（方案教学）

（六）阅读课程时间安排

学校各年级阅读课程时间表

年级	阅读课程及时间安排					
	韵文诵读	选文阅读	整本书阅读	图书馆阅读	写作课程	专题阅读
一年级	晨会2次	4节	2节	1节	1节	1节
二年级	晨会2次	4节	2节	1节	1节	1节
三年级	晨会2次	4节	2节	1节	1节	1节
四年级	晨会2次	4节	2节	1节	1节	1节
五年级	晨会2次	4节	2节	1节	1节	1节
六年级	晨会2次	4节	2节	1节	1节	1节

韵文诵读每周 2 次，每次 20 分钟；选文阅读（包括作业练习）4 课时；整本书阅读每周 2 或 3 课时；图书馆阅读每周 1 课时，场地固定在学校图书馆，有专门的阅读指导团队（由家长义工组成）组织指导；写作课程每两周 1 次，每次 2 课时，平均每周 1 课时；专题阅读是阶段性课程，学校把《道德与法治》《品德与社会》和项目式学习结合起来，在两个月的专题研究过程中，每周都有推进，结束阶段还会听课 3 天做最后的资料汇总分析、研究报告撰写、展板制作和展示，总共需要的课时近 30 节，平均花在专题阅读上的时间每周不少于 1 课时。需要说明的是，以上课时的安排并不是机械不变的，选文和整本书的阅读教学时间是可以动态调整的，如一年级花在整本书（图画书）上的教学时间，通常是多于选文的。

此外，为保障阅读时间，让学生坚持每天“四读”：清晨交流读、晨会积累读、午间休闲读、睡前放松读。

（七）阅读课程管理和教研活动安排

教研组利用校本研修平台，以“课例”为载体，努力探索校本课程实施的新范式。充分发挥“周重点研究课”这一平台，将教研组校本研修专题落实到备课组日常研修活动中。教师通过校本研修平台，研教材、说设计、写案例、谈反思，并自发努力，促进课堂教学的有序提升。教研组组长组织本组教师高质量完成教研任务，促使教研组逐步成为上课演练的培训基地，成为充满思维活力的学习组织，成为解决教学问题的优秀教研团队。

语文教师教研活动安排表

时间	教研活动组	教研活动地点
周一第 5 节—第 7 节	五—六年级集体备课	四楼教师阅览室
周二第 5 节—第 6 节	三—四年级集体备课	四楼教师阅览室
周三第 3 节—第 4 节	一—二年级集体备课	一楼会议室
周四 16：20—17：30	语文组教研活动	403 班教室
周五 15：45—17：30	教师业务学习与培训	学校音乐厅
周一至周五 16：30—17：30	各年级备课组自行安排	

三、积极开展丰富多彩的阅读活动

语文老师和英语老师一直注重有计划、有目的地进行阅读指导。语文老师每学期带学生共读 4 本书，提高课堂含金量的同时，努力营造浓郁的阅读氛围，保障学生每天充分的自由阅读时间，开展各类丰富的阅读活动，让学生充分享受阅读的快乐。

（一）阅读活动的策划与组织

1. 学校与图书馆积极开展各类精彩纷呈的阅读活动，培养了学生良好的阅读兴趣和阅读习惯，让他们在多姿多彩的活动中，感受阅读的快乐和幸福。

2017—2018 学年深圳百仕达小学学生年度阅读活动安排表

周次	各学期活动	
	第一学期	第二学期
第一周	好书乐分享	好书乐分享
第二周	班级成立图书角 启动每周五故事妈妈进教室活动 2017 年十大童书评选和讨论①	班级成立图书角 启动每周五故事妈妈进教室活动 中国民族风俗书籍导读①
第三周	“我喜欢的一本好书”演讲比赛 2017 年十大童书评选和讨论②	中国民族风俗书籍导读②
第四周	高年段现场作文大赛 2017 年十大童书评选和讨论③	中国民族风俗书籍导读③
第五周	2017 年十大童书评选和讨论④	经典诗歌美文朗诵：《童年·理想》 中国民族风俗书籍导读④
第六周	名人传记作品导读①	中国作家作品导读①
第七周	名人传记作品导读②	深圳少儿图书馆“图书馆之夜” 作家进校园：阿宝老师 中国作家作品导读②
第八周	名人传记作品导读③	中国作家作品导读 ③
第九周	名人传记作品导读④	中国作家作品导读④
第十周	英语阅读 英文新书导读①	国家主题——大洋洲 导读①
第十一周	英文新书导读②	端午节“粽”文化英文阅读活动 国家主题——大洋洲 导读②

续表

周次	各学期活动	
	第一学期	第二学期
第十二周	英文新书导读③	国家主题——大洋洲 导读③
第十三周	英文新书导读④	国家主题——大洋洲 导读④
第十四周	英文新书导读⑤	绘本展示理想:《长大后，我就成了……》 国家主题——大洋洲 导读⑤
第十五周	作家进校园:彭懿	华润怡宝杯“我最喜爱的童书”阅读推广活动进校园
第十六周	作家进校园:梅子涵	“诗词小博士”活动
第十七周	作家进校园:伊安	古诗文活动
第十八周	冬日图书馆阅读嘉年华 英语戏剧表演	英语阅读拓展活动
第十九周	学期“阅读之星”颁奖典礼	年度“阅读之星”颁奖典礼

2. 学校经常邀请国内外著名故事讲述人、作家和学生进行面对面的交流和分享。学校曾先后邀请儿童文学作家方素珍、阿宝、林哲璋、余治莹老师，《神奇校车》作者乔安娜·柯尔和布鲁斯·迪根、国际故事讲述人埃米·杨以及段立欣、商晓娜、郁雨君、梅子涵、彭懿、伊安、科学家潘文石等，和我校学生进行零距离的分享。学生浸润在丰富多彩的阅读活动中，阅读兴趣和阅读素养不断地提升。

3. 朗诵、小品、相声等兴趣小组课程深受学生喜爱，每个兴趣课程每学期会组织12—16名学生（自愿选择和报名参与）进行16次活动，每次（每周）活动时间为1.5小时。学期初指导老师会进行计划制订，有计划有组织地开展课程，在学期末，各兴趣课程要面向全校学生进行展示和汇报。学生参与积极性高，各类兴趣课程开展得有声有色。

4. 引导学生积极参加校外各级各类阅读活动，如：罗湖区现场作文大赛、深圳市“我最喜爱的一本书”演讲比赛、深圳读书月系列活动、《深圳晚报》征文活动、深圳少儿图书馆组织的“图书馆之夜”系列活动，等等，让学生享受阅读的乐趣，收获阅读的喜悦。

（二）阅读评价机制的建立与完善

为了激励学生持续阅读的热情和积极性，让学生继续与经典为友，与博览同行，把读书当作一种生活方式、一种生活习惯，学校建立了读书活动评价体系和激励机制，推动读书活动健康有序开展并不断向纵深持续。

1. 用阅读档案记录学生阅读足迹，了解学生的阅读量、阅读面和喜爱的阅读书目。

2. 举办古诗文过级过关活动，评选古诗文过级“优秀学生”，以激励学生积累经典古诗词，积淀深厚的人文素养和文化底蕴。

3. 进行阅读能力专项检测，每学期对学生进行阅读能力检测，考查学生的阅读理解能力。

4. 评选“阅读之星”“书香班级”。通过统计学生每学期的阅读状况，每班每年进行一次班级阅读颁奖典礼，表彰在阅读中表现出色的学生，学校则一学期评选一次“书香班级”，以持续关注学生阅读兴趣、价值取向以及学生阅读面、阅读量、选择阅读材料的能力等。在每学期结束前，全校24个班级分不同时段进行“阅读之星”的评比，隆重地举行一年一度的阅读颁奖典礼。各个班级根据本学年学生的中英文阅读量以及在阅读中的突出表现，设立了各类奖项，如“阅读小达人”“阅读小学士”“阅读小硕士”“阅读小博士”“阅读探花”“阅读榜眼”“阅读状元”“博览群书奖”“书海泛舟奖”“小书虫”“悦读之星”“朗读之星”“小作家”“金嗓子”“优秀阅读档案奖”“最具阅读潜力奖”等。老师们用富有个性和激励性的荣誉称号来表彰学生、激励学生。学校每年在庆祝六一之际会进行校级“书香家庭”的评比和表彰，在学期末进行“书香班级”的评比和表彰。

四、极力倡导老师成为阅读的先行者

“教育的本质意味着：一棵树摇动另一棵树，一朵云推动另一朵云，一个灵魂唤醒另一个灵魂。”作为肩负教育使命的教育者，百仕达的每一位教师都乐于学习，勤于钻研，勇于内省，主动参与阅读推广活动。老师们积极带头阅读，实现师生共进，形成了多读书、读好书，以及学习、思考、教学、提高的良性循环。

（一）主要措施

1. 学校每学期的工作计划中提出：每位教师每学期至少阅读 2 本教育专著和 4 本文学名著；教师读好四类书：读经典名著，增文化底蕴；读教学专著，强教学实践；读教育学，悟学生心理；读报纸杂志，解世事风情。

2. 学校成立了专门的读书小组，有计划地组织全校 60 余名老师进行各种形式的读书沙龙，如：好书乐分享活动、诗歌美文朗诵、讲故事比赛、读书交流（以主题探讨、共读分享为主）等。读书小组每年制订学年教师阅读计划，每月策划和组织一次读书沙龙活动，并及时进行活动的报道。到目前为止，学校读书小组已经举办了 18 次读书沙龙。读书沙龙的开展，充分调动了老师们阅读的积极性，学校老师之间的阅读氛围越来越浓，阅读已经成为老师们生活的一种方式。

3. 校本研究常态化，促进教师专业成长。每周安排多个时间段给老师进行业务学习，如：有各科教师年段集体备课时间；有语、数、英、技艺四大组集体教研时间；有全体教师集体校本培训时间；年级备课组则每天随时进行教育教学的交流和分享。

4. 鼓励参与继续教育，争做学习型老师。老师每学期都会积极参与深圳市中小学教师继续教育办公室、广东省第二师范学院等开设的远程教育，以及罗湖区培训中心举办的名师大讲堂和各类专题讲座。学校还经常鼓励老师利用寒暑假时间，参加各类教师教育教学培训，以提高老师的教学技能和个人素养。

5. 走出去引进来，汲取优秀经验注活力。学校多次派老师去台湾、香港等地名校或机构学习取经，派老师参加“亲近母语”以及“名师教研”“摆渡船”等年度阅读研讨活动等；学校先后邀请专家、学者来校给老师做讲座和授课，如：儿童文学专家朱自强教授、北大程郁缀教授、人教社小语室王林博士、儿童文学家梅子涵老师、著名阅读推广人袁晓峰校长以及台湾作家方素珍与阿宝、儿童文学编辑余治莹老师以及香港大学李辉博士等，使老师们接触更多的阅读理念，吸收更加丰富的阅读教育经验。

（二）教师的成长

近几年，学校、老师、学生在各项展示活动和比赛中取得了非常可喜和优异的成绩。校长熊佑平一直致力于阅读推广和阅读教育研究，他与全国专家合作，领导开发了百仕达小学阅读课程，把阅读教育全方位渗透到学生的学习生活中。他乐于分享阅读教育经验，多次应“爱阅基金”“真爱梦想”“担当者行动”等公益机构之邀请，面向全国兄弟学校的校长和老师分享阅读教育经验。2015 年熊佑平校长被评为“深圳市十大领读者”，荣获“书香岭南”全民阅读模范个人称号，还被聘请为深圳市阅读联合会第一届阅读指导专家组专家。学校校长、老师经常受邀去市、区级的名师讲堂以及各兄弟学校传经送课，分享我校阅读教育教学经验。

五、“书香校园”建设成果丰硕繁茂

（一）校园悄然变化，师生沐浴书香

我校通过开展创建“书香校园”系列活动，培养了全校师生多读书、读好书、读活书、活读书的良好习惯，扩大了读书的空间，形成了全方位、立体化、持续性的读书格局；师生养成良好的读书习惯，每天阅读时间不少于一小时；学生近三年的年人均阅读量不断提高，爱读书、乐读书成为了校园的主流文化。

近三年各年级学生年人均阅读量一览表

年级	年人均阅读量（千字）		
	2015—2016学年	2016—2017学年	2017—2018学年
一年级	952.5	2 863.85	4 120
二年级	5 319.12	9 615.04	8 322.25
三年级	7 234.4	12 330.33	12 601.25
四年级	8 154.65	11 126.05	10 052
五年级	11 537.03	16 078.55	15 330.25
六年级	9 326.7	10 030.74	11 924

（二）学校办学成果显著

2013 年，我校被评为深圳市“书香校园”；2014 年，我校成为青少年阅读指数平台的建立活动中的“种子学校”；2015 年获得深圳市“书香校园”称号；2016 年学生积极参与深圳少儿图书馆举办的系列活动，表现突出，学校荣获“最佳组织奖”； 2016 年获得“阅读改变中国·年度书香校园”称号……

（三）吸引媒体眼球，获得同人关注

如今，学校在社会上的口碑越来越好，中国教育电视台、深圳电视台、《南方都市报》《深圳商报》《深圳特区报》曾多次报道我校的阅读及教育教学活动。我校也不断吸引着国内众多教育团体和兄弟学校来参观学习。如：2015 年春季开始，我校作为“真爱梦想”校长培训基地，每学期接待三批校长培训班学员跟岗观摩学习；学校经常接待兄弟学校的老师来观摩学习等。

六、思考与展望

“书香校园”的创建是一个不断完善、不断积淀的过程。我校将进一步加大创建“书香校园”的力度，在课堂内外不断开阔学生阅读视野，丰富学生阅读内容，提高学生阅读能力，提升师生的精神境界，使“书香校园”创建活动再上新台阶，更好地推进学校整体发展。同时，以教师的读书带动学生的读书，以学生的读书联系家庭的读书，形成师生互动、家校联合、共同成长的读书氛围。

“为学生一生的发展奠基”是我们学校不懈的追求。我们将在原有的阅读教育经验基础上，继续脚踏实地地探索，积累更多的阅读教育经验，让读书成为师生的一种行为、一种时尚、一种信念，为师生终身发展打好坚实的基础。

8. 让阅读成为学生的第一爱好

——广东省深圳市翠茵学校

深圳市翠茵学校创办于 1993 年 9 月。学校现有教学班 38 个，学生 2 000 余人，其中非深户籍 1 800 余人，占学生总人数 85% 以上。现有教职工 120 人，专任教师 110 人，教师学历达标率 100%。学校位于深圳龙岗与罗湖两区交界处，占地 10 057.1 平方米，建筑面积 7 546.04 平方米。

我校曾是九年一贯制学校（2006 年 9 月—2010 年 7 月），由于基础教育的发展及附近中学的建设，2010 年 9 月初中停止招生，现为公办小学。学校地处原深圳特区二线关口的“插花地”，受地理位置、周边环境、生源素质等因素的影响，曾是罗湖区一所偏弱的插花地学校，走过了一条较为曲折的发展道路。办学二十多年来，四任校长先后提出以“养成教育、科技教育、发现教育”作为学校的办学理念和特色，着眼点都在学生发展上，为学校的长期发展打下了良好的基础。2013 年 9 月，我校继承和发扬学校文化积淀，践行“让阅读成为学生的第一爱好”办学理念，现已逐步成长为一所办学规范、阅读特色初显、家长满意度较高的“家门口的好学校”。

一、办学理念统领性强，阅读特色扎实推进

办学理念是学校发展的灵魂。办学内涵得到极大的充实与发展是近年翠茵学校发展进行曲中最动人的乐章。学校深入分析校情现状，作为一所“插花地”学校，底子较薄，基础较弱，如何迅速地在完善规范办学的基础上，找到一条符合本校师生、家长实际的特色发展道路，培育出有“翠茵烙印”个性鲜明的学生，是学校一直在思考的问题。2010 年 9 月，学校制订并实施《翠茵学校十二五发展规划》，迈出了学校快速发展的步伐；2014 年 1 月，学校在《翠茵学校十二五发展规划》的基础上，制订并通过了《翠茵学校特色建设规划》，以“让阅读成为学生的第一爱好”为办学理念引领学校发展。2017 年 10 月，学校在“十三五”期间通过《翠茵学校三年教育发展》，正式确立我校“阅读让校园‘静’下来，体育让学生‘动’起来，社团让学生‘丰富’起来”的办学思路，确定了学生的培育目标：经过六年的学校生活，让学生带走一个终身阅读的习惯，拥有一副强健的体魄和一项兴趣爱好。

学校提出“让阅读成为学生的第一爱好”这一办学理念，强调阅读是所有课程的核心和基础，学生的第一爱好就应当是读书。学校推进儿童阅读是学校进行课程整合的重要载体，知识、伦理道德、情感美学和理想人格都在里面呈现，学生通过阅读来获得综合素养的提高、人的全面发展，我们称它为“盐在汤中”。在“让阅读成为学生的第一爱好”办学理念引领下，学校遵循“让教师享受职业幸福，让学生感受学校生活的快乐与美好，把学校建设成师生成长的精神家园”办学宗旨，确立了未来学校的发展方向为“规范 + 特色”，学生的培育

目标为“合格＋特长”。通过一段较长时间的努力，把翠茵学校建设成为一所办学规范、阅读特色鲜明、师生身心健康、教育质量得到认可、家长满意度高的“家门口的好学校”。

我们坚持特色办校。在规范办学的基础上，以“儿童阅读推广”作为学校办学的切入点及特色，引导师生与书为友，让学校成为“书籍的王国”，以类型多样的阅读课程、师生读书社团丰富阅读特色学校的内涵，创建一个师生人人热爱书籍，人人享受阅读的学习型校园。

我们坚持健康育人。以体育、美术、音乐、科技为主线，开展丰富多彩的学生体艺社团活动，搭建学生发展平台，引导学生找到适合自己的爱好，主动去学习，自我发展，形成自己的兴趣和个性。开展“每天 1 000 米”跑操运动，围绕“篮球”特色项目，成立类型多样的学生体艺社团，发展学生特长，培养学生形成适合自己、终身受益的体艺爱好，塑造学生健康的体魄，让学生感受学校生活的快乐与美好。

我们希望当学生升入高一级的学校的时候，翠茵学校对他们来说还有一种吸引力，学校生活对他们来说还是一种内心需求，读书学习对他们来说还是充满趣味的。

二、打造一座图书馆里的学校，让儿童在书香中欢聚

让学校成为“书籍的王国”，为学生提供一个提倡读书、方便读书的环境，我们努力打造一所图书馆里的学校。

（一）建设学校图书馆

翠茵学校图书馆占地面积486.23平方米，目前总藏书量达到66 687册。图书馆全馆以《小王子》一书为设计元素，将书中经典场景还原到图书馆各个角落，猴面包树、飞鸟、沙漠中的飞机、点灯人、火车过道、玫瑰园……设计考究，书香弥漫；彩色阅读阶梯、绘本区、故事小舞台、

阅读教室等功能分区童趣温馨，让学生可以随时随处拿起书本，自在地阅读。同时，为了图书馆能够更好地运作，学校与家长委员会组织家长义工培训，让家长义工定时、定人参与图书馆管理，参与读书活动，在图书馆日常管理中注入家校合力。

8-1　彩色阅读阶梯

8-2　绘本区

8-3　阅读教室

8-4　故事小舞台

（二）升级班级图书角

学校给每个班级配置了400本左右的书籍充实班级图书角，每个班级俨然就是一座“小图书馆”。班级图书角是以班级为单位，具有班级特色，面向班级学生开放的图书馆，它的创建可满足学生随时随地阅读的需要，使阅读成为学生的一种自觉行为和习惯。各班的图书角藏书可谓琳琅满目，品种多样，有科普书，有小说，有历史故事，有文学经典，有人物传记，也有趣味幽默大全，等等。针对班级藏书量大的特点，各班选出了班级图书管理员负责班级图书借阅管理。

三、培养多元学习的阅读教师，构建多样化阅读课程体系

要让学生读书，教师必须读书。学校建立教师读书会，为教师阅读搭建平台，开展丰富的读书活动，激发教师学习内驱力，变被动为主动，希望最终让读书成为教师的生活方式。

（一）名家面对面，转变阅读理念

推动儿童阅读推广工作的关键在于教师阅读，因此我校积极开展教师与名家的读书交流活动，让教师与名家直接对话，使广大教师都能站在精神的高地，从而从观念上认可儿童阅读推广。我校邀请了深圳市教科院赵志祥老师，《凤凰周刊》出版事务部主任、“三叶草”故事家族创始人李迪女士，知名儿童阅读推广人周其星老师，致力于追梦教育的郑州市管城区教育文体局穆培华局长等来校交流，希望通过改变教师阅读观念，不断更新教育理念，推动教师阅读，充实、丰富教师的内在修养，使之不断转化为教师自己的工作能力和综合素质。

（二）教师读书会，搭建阅读平台

儿童阅读的关键在于教师，培育阅读教师是学校的努力方向，我们希望打造教育理念现代化、师德声誉好、阅读兴趣浓、雅趣健康的教师队伍。学校在原有“青年教师俱乐部”的基础上，于 2014 年专门成立了“青年教师读书会”，2016 年 2 月改名为“教师读书会”。教师读书会自成立以来，坚持“以读书为号召，以论坛为形式，以主题为特色”的宗旨，开展丰富多彩的读书活动，做到每周有读书、每月有活动、每年有亮点，聚拢了一群爱书人，架起平台，共研读书之道，静心阅读，以书养教。教师读书会设有章程，有完善的组织架构与组织形式，自 2016 年起采取“项目承包制”的做法，鼓励一个教师团队主动申请承包一年教师读书会的全部工作，在获得学校授权的前提

下开展读书活动。

教师读书会定期开展形式多样的阅读活动：一是以个人研读实践和小组讨论为主，以集体研读交流为辅。不定期组织集中阅读、主题阅读、讲座交流及素质拓展等活动。二是读书成果展示，通过写读书摘录或阅读心得，在全校范围内分享。三是学期成果展示，主要以读书论坛的形式展现，现今学校已成功举办了五届教师读书论坛，在区域教育产生了一定的影响。从第一届论坛老师们围炉畅谈教育的本意，谈青年教师的自身成长，到第二届论坛共同探讨如何将阅读的种子栽种在学生心中，让阅读成为学生的第一爱好，我们一路播撒阅读的种子，且思且行。第三届论坛，我们希望学生们能成为一颗神奇的阅读种子，在翠茵的土地上接受滋养。第四届读书论坛以“阅读让社区更美丽”为主题，积极探索与学校、社会公益组织、家庭的合作，构建阅读交流平台。第五届读书论坛以“阅读·发现”为主题，以“传播思想，传递情感，传承精神，形成良好的校园读书氛围”为活动目标。读书论坛走过四周年，在翠茵校园我们发现阅读的力量，发现阅读的温暖，通过阅读圆梦。四是鼓励教师参与多种形式的阅读交流，如我校青年教师刘博在“十万教师阅读在行动”高峰论坛上与一众知名阅读教师围绕《夏山学校》开展头脑风暴；又如青年教师张嘉琦积极参与阅读微信分享活动，在“十万教师阅读在行动‘正在读’”征文活动中，荣获积极参与奖。伴随着阅读，翠茵教师在迅速成长。

我们相信多元阅读能助推教师的成长。因此，学校积极为教师推荐阅读书目，有经典著作，有通俗读物，有教育理论书籍，有报纸杂志，如《朗读手册》《彩色阅读教室》《童年爱上一本书》等，鼓励教师撰写读书笔记，交流读书心得。三年来，学校共推荐阅读 50 多本书，举行教师交流活动 200 多次，撰写的读书心得超过 30 万字。同时，关注到教师工作量大、时间紧、很少有时间阅读的问题，学校在图书馆里设置了温馨舒适的教师阅览室，为教师们创造了一个轻松的读书环境，给教师一份阳光的阅读心情。

8-5　教师读书会活动

（三）阅读成体系，保证阅读质量

在阅读课程建设方面，学校将阅读课正式纳入课程，在课程表中，每周安排各班开展一节班级读书会及一节图书馆阅读课，师生进行形式多样的阅读知识分享与情感交流，以保证阅读时间，保证阅读质量。每周星期二第一节课，全校开展班级读书会，主要活动方式是组织学生对一本书进行讨论，鼓励学生有不同的见解。语文科组老师根据各自任教的年级特点，每学期分年级选定共读书 6 本，每本共读书由学校配齐 60 本，进行班级“共读一本书”及图书集体漂流活动，一学年下来每班学生可以共读 12 本书。实践中，教师不断地探索课外阅读指导的有效思路，逐步形成阅读课基本课型，并发展出了多种变式。利用阅读课这个平台，师生还开展了一些课堂延伸活动，如朗读、话剧、绘画等，完成后还在班级、学校开展成果展示会，分享彼此的学习成果。在开展丰富多彩的阅读课程的基础上，学校汇编了多期《班级读书会简报》校本实践成果。打造阅读课程体系是翠茵学校阅读推广的系列活动之一，共同阅读、交流、分享，极大地激发了学生阅读的兴趣，培养了学生的阅读能力。

8-6　图书馆阅读课

8-7　班级读书会

（四）名师进班级，指导阅读教学

为提高教师阅读指导能力，学校采取“请进来、走出去”的方式，开设专门的阅读指导课程，培训师资队伍。学校邀请了深圳市教科院赵志祥老师、深圳实验小学周其星老师对我校教师班级读书会分享课进行指导教学。2015 年 9 月至今，我校倪涵、陈艳秋、詹希、陈婷苑、陈媚、彭毅元等六位中青年教师在全校进行了班级读书会分享课示范教学，其中倪涵老师在罗湖区“名师大讲堂”执教《长袜子皮皮》班级读书会，深获好评。

四、培育热爱阅读的终身读者，让学校成为最美阅读校园

我们希望培养学生的阅读兴趣，让学生视阅读为一件乐事、趣事，使读书成为他们的生活方式。

（一）作家面对面，师生乐享阅读

为激发学生阅读热情，学校积极邀请众多知名作家走进校园，和学生们零距离面对面，搭建阅读的交流平台。我校已邀请了《彩色的阅读教室》作者周其星老师、儿童文学家子鱼、优秀儿童文学家陈诗哥、《亲爱的爱丽丝》系列作者程玮、《墙书》系列作者克里斯托弗·劳埃德走进翠茵开展活动。如，陈诗哥老师以一则关于“屁股”的故事

点燃了学生的热情，一个个天马行空、富有创意的故事带着学生来到了一个没有束缚、有趣又迷人的童话世界里。讲座现场气氛活跃，陈诗哥不时停下来和学生进行一番对话，还与他们一起即兴创作童话，并对学生的“金点子”进行点评。在学生的踊跃回答中不难看出，学生面对阅读和写作不再畏惧，而是有更多的信心和勇气。

（二）阅读主题庆典，成为校园节日

2015 年 11 月，翠茵学校图书馆正式开馆并投入使用，我校举行“我和图书馆有个约会”图书馆日主题活动，引得深圳卫视、《晶报》《南方都市报》等媒体争相报道。此后每年的这一天，都有五彩缤纷的活动等待着大家去体验。在立体书展区，小朋友们被眼前各种造型奇特的书籍吸引，多种类型的立体书籍让孩子们爱不释手，精美而富有创意的造型更让同学们大开眼界。不仅如此，学生参观图书馆后，还能在图书馆体验立体书的制作过程。这些书籍可翻、拉、摊、旋转、展开、聚合、延伸，各种小机关的设置让同学们充分地体会到了“玩”书的快乐。在故事妈妈家园里，许多学生围坐在一起，听“故事妈妈”们与大家分享童话、绘本故事。此外，我校还积极开办阅读社团。通过这些阅读社团，学生可以去开展丰富的读书交流活动，如学校成立星空文学社，编辑出版了社刊《绿光芒》来收录师生佳作。

8-8　图书馆日：开启奇幻之旅

8-9　立体书制作

（三）亲子共读，培育书香家庭

儿童的阅读，既是一种学习手段，也是一种生活方式，父母有责任教会他们如何热爱生活、享受生活。我们希望，父母与孩子一起享受阅读的快乐，通过爱的传导，让孩子热爱书籍，让快乐阅读的习惯陪伴孩子终生。学校通过召开不同年级的家长会，使家长了解孩子的在校生活，学校推广阅读的理念、做法，鼓励家长成为阅读伙伴；组织“故事妈妈”专项培训，开展故事妈妈进课堂活动，让父母与孩子共同学习，一同成长。亲子共读活动，可以为父母创造与孩子沟通的机会，分享读书的感动和乐趣，还带给孩子欢喜、智慧、希望、勇气、热情和信心。通过学校的努力，家长由起初的茫然到如今的关注参与，阅读让教育魅力尽显。

（四）“校园儿童阅读奖”引领方向

结合阅读特色，淡化分数评价概念，尝试建立阅读评价激励模式，过程评价和成果评价相结合，评选“校园儿童阅读奖”等激励措施，激发翠茵学生成为终身与书为友的人。下一阶段，学校将出台年度“校园儿童阅读奖”，由参评人自主提出申报，邀请第三方参与评审，旨在鼓励在儿童阅读推广上有突出贡献的老师、学生、家长和其他社会人士，评选出“年度阅读之星”“优秀故事爸妈”“年度阅读教师”等奖项。

五、阅读进社区，温情暖人心

为促进阅读助力从校内发展到社区，学校积极探索“阅读进社区”的有效措施，推进以家庭为单位的阅读，打造良好的家庭及社区阅读环境，希望通过努力使好的经验、做法在更多社区得到应用与提升，让社会重视对儿童阅读兴趣的培养与家庭阅读的推广。

（一）开展故事妈妈培训，组建图书馆义工团队

学校邀请深圳市著名阅读推广公益组织——“三叶草”故事家族，为热爱阅读、热爱学习的家长们举行了8期“故事妈妈”专项培训活动。此外，学校还开展“故事妈妈进课堂”活动，每周早读和下午放学时间，在教室或图书馆都有故事妈妈为学生带去丰富多彩的故事，故事妈妈们学以致用，走进课堂，给学生不一样的童年。这批故事妈妈，有30人成为图书馆义工，每学期都有280多人次走进图书馆、班级课堂为学生讲故事、导读，分享阅读经历。

（二）组建教师阅读志愿团队，阅读走进社区暖人心

以学校教师读书会为主体组成的“社区阅读志愿者”，定期与罗湖区东晓街道社区联合举办系列读书活动，如举行社区“亲子故事会”“阅读推广人”进社区活动；策划“真人图书馆”，让有故事的作者到社区做主题分享，等等。学校走进东晓街道绿景社区发起“亲子故事会”活动几十期，系列活动受到了社区的热烈欢迎，社区居民踊跃报名。活动中，学校教师读书会为社区展示了手偶剧、绘本剧，“故事妈妈”团队展演了许多故事，丰富的表情和动作，别出心裁的演绎，赢得了在场观众的阵阵喝彩。

这些活动是翠茵学校积极推进儿童阅读推广活动的举措之一，也是学校与社区联合持续推进全民阅读建设的有益尝试。“阅读进社区”系列活动的有效开展，使得社区阅读氛围日渐浓厚。

阅读是一擎温暖明亮的火把，是学生成长的精神沃土和智慧摇篮。翠茵学校全体教师不遗余力地播撒阅读的种子，点燃阅读的热情，让全校师生享受阅读，爱上阅读，获益于阅读。翠茵学校之所以能快速

发展，得到家长、社会的认可，校园里渐渐凝聚、逐步弥漫的阅读文化的力量至关重要。现在的翠茵学校，教师爱读书，教育在老师们眼中多了温暖，多了包容；学生与书为友，视阅读为一件乐事、趣事，读书成为学生的生活方式；校园在阅读文化的传承中演绎精彩，始终保持着蓬勃生机。教育是慢的艺术，教育理想的实现需要我们不断努力，躬身实践，潜心学习，静心育人。我们相信，只有将“让阅读成为学生的第一爱好”根植于师生心中，使之外延更加宽广，内涵更加丰富，我们的教育才能走向更理想的境界。

（钟少丽、杜燕英）

9. 百年甄贤，书香校园

——广东省珠海市甄贤小学

甄贤小学作为百年老校一直致力于让阅读走进学校。借助百年老校的文化积淀，加以特区敢为人先的创新精神，让书香浸润校园。为此，我校进行了课程改革，除整本书阅读外，引进绘本阅读、群文阅读等多种阅读方式，依托常规课堂、智慧课堂，整合多方资源，打破传统阅读局限，取得了一定成果，真正走向书香校园。

一、百年积淀　水到渠成

我校坐落于风景秀丽、环境清幽的将军山脚下，是一所由近代教育活动家、中国留学生之父——容闳先生于1871年捐资倡办的百年老校，是中国最早的侨校之一。学校取名“甄贤”意在“培养和造就德才兼备的贤明之才”。一百多年来，我校薪火相传，甄贤育才。在这积聚百年文化底蕴的校园里，甄贤学子秉承“立德启智，成贤为国”的校训，孜孜不倦，昼耕夜诵，刻苦攻读，最终成才报国。我校培养出了第一任甄贤学校的校长容星桥、首位乒乓球世界冠军容国团、香港著名学者容启贤等一批批德才兼备的优秀人才。从最初的“甄贤社学”到如今的甄贤小学，我校三迁校址，数易校名，已经走过一百四十七载悠悠岁月，风雨不倒，书香依旧。

建校百年来，我校一直致力于建设和传承书香文化，由内而外精心打造书香氛围。迁至今址的甄贤校园占地面积 19 498 平方米，建筑总面积 11 394.2 平方米，拥有 25 个教学班，在校学生 1 200 多人，教职工 70 多人。从青砖红瓦旧式学堂到如今钢筋水泥的教学大楼，改变的是建筑风格，不变的是那份延续百年的书香满溢。每周定期开放的图书馆馆藏图书 34 586 册，书类多达 15 135 种，库存还在逐年递增。

9-1　图书馆一角

我校充分利用每一处空间，精心设计，让建筑与文化共舞，让自然与书香一色。教学楼一楼为阅读专设尚贤厅，古色古香的书架上书籍琳琅满目，名著、绘本应有尽有。木桌石椅分布其间，学生纷纷在此间停驻流连，品味经典。我校四个楼层均设有红领巾书吧——图书阅览角，25 个教学班全都设立了班级图书角、图书漂流角，我校的每一个学生随时都能触摸经典，感受书香，浸润书海。

9-2　图书阅览角（1）

9-3　图书阅览角（2）

此外，在甄贤校园里，每一面屏幕会劝学，每一扇墙壁会说话，每一根柱子会推荐好书……学校正门，容闳铜像手持书卷，上方的电子屏幕每天更新读书名言，激励着入校的甄贤学子：以书为友，腹有诗书气自华。那一句句装饰于各楼层墙壁的励志名言——“书山有路勤为径，学海无涯苦作舟”“学而不思则罔，思而不学则殆”“读书破万卷，下笔如有神”等鞭策甄贤学子以梦为马，不负韶华。每一根石柱上都悬挂着手绘推荐书籍封面，无不闪烁着智慧的光芒。师生共同手绘扩大版的《校有校规》遍布校园，时刻催促着甄贤学子争做谦谦君子，人人知书达礼。

9-4　墙壁名言

9-5　师生手绘《校有校规》

二、百舸争流　共赴书海

我校中文科组的老师按照年级，选取 10—20 篇儿歌、古诗、诗歌、短文等，加上一首中国风歌曲，汇编成册，学生人手一本。早读、课前的朗读材料就变得丰富起来，除了朗读教材，还有诵读本。低年级的教室里传出天真质朴的儿歌，中年级的诗歌朗诵声声入耳，高年级的古诗、古文朗诵让我们沉浸在古韵之中。在一学期之中，学生对着课堂上学习的课文重复地读、重复地背，渐渐感到枯燥，失去了读书的兴趣。自从有了诵读本，学生每一天都接触到新鲜的事物，对语文学习产生了更多的兴趣。

当下，关于阅读的探索，如主题阅读、群文阅读、整本书阅读等如火如荼地展开。我校紧随时代潮流，积极投身阅读教学实践，推进书香校园建设，百年老校焕发朝气蓬勃的时代新风气。我校是全国“百社千校书香童年”阅读活动的基地学校之一。我校又是珠海首间进行群文阅读现场教学实践的学校，2018 年 5 月 19 日邀请了群文阅读课程设计师、著名特级教师蒋军晶亲临现场指导授课，对珠海、中山、深圳、云南怒江等多地进行群文教学示范引领。我校是珠海市香洲区“智慧校园”课题的首批实验学校，利用智慧校园云平台实现了跨越省、市、区的群文、绘本阅读交流。我校还是珠海市香洲区整本书阅读实施学校，在教研主任付雪莲老师的指导引领下已经形成《青蛙与蟾蜍》《没头脑和不高兴》《大头儿子小头爸爸》《手推车大作战》等成熟优秀的整本书阅读课例，一至六年级的孩子个个会使用可视化思维工具“拆”书，整本书阅读教学体系完善。我校也是珠海市香洲区主题阅读的实验学校，傅舒婷老师在区级主题阅读研讨活动中授课《临死前的严监生》，大受好评。

三、甄阅读　整本书——让思维可视化

甄贤小学在学生阅读规划中，将整本书阅读列入重点阅读项目，希望每一个孩子都成为灿烂而纯粹的读书人。

（一）具体建设

想成为灿烂而纯粹的读书人，并不是嘴上说说的，而是需要日复一日的坚持，让书成为生活中必不可少的一部分，让书成为良师益友，纵横古今，真正做到走遍天下书为侣。和书做伴，如冲泡一壶茗茶，在悠然间唇齿留香；和书做伴，如采摘一颗熟果，在甜蜜间食指大动；和书做伴，如触摸一缕清风，在两袖间微醺沉醉。我校是从以下四个方面开展整本书阅读工作的。

树立观念	师资培训	课堂常态	评价跟进
制度建设上学校领导树立正确的阅读观念，把整本书阅读列入学校三年发展规划，由校长牵头，教研主任把关，落实到学科组长、备课组长再到每位教师，由上而下重视整本书阅读，做到人人有责任，事事有人做。	每个学期开学初，教研主任都会面向语文老师进行分年级整本书教学培训，把该学期要求阅读的整本书“拆”了，从封面、封底等整本书导读知识到阅读指导都做了详细分析。除此之外，学校每学期都会购买书籍放到班级图书角中。	让理论落地才是实施阅读的真谛。我校六个年级的整本书阅读指导采取分级理念：低年段乐读互读、激发兴趣；中年段分享阅读，学习方法；高年段整体感知，品读语言，争取每本书都有优秀课例。现在，我们已经有整本书阅读优秀课例《青蛙与蟾蜍》《没头脑和不高兴》《绿野仙踪》《手推车大作战》等。	我校重视学生整本书阅读的评价与跟进。我们十分强调学生学会阅读监控，从阅读速度到阅读反馈。学生可以从“整本书阅读学习单”大超市中，选择自己喜欢的学习单去完成，去分享，通过和老师、同学交流完善自己的见解，真正促进自己的阅读能力。

9-6　学校整本书阅读工作模式

（二）整体成果

1. 立足整本书，复述故事

2011 年版的语文课程标准对小学生课外阅读的字数规定为小学段不少于 145 万字。要达成目标，就要指导学生读整本书。通过速读、跳读、精读等多种方式阅读整本书，可以增加学生的阅读量，也可以进行多种阅读能力的监控。我校比较侧重学生复述故事的能力。不过，复述是具有难度的，所以我校利用可视化思维工具帮助学生理解内容，从而复述内容。从一年级到六年级，学生均能够以可视化思维工具为抓手，复述故事。

2. 营造氛围，封面上墙

为更好地营造整本书阅读的氛围，我校每个学期都会更新校园文化墙，将整本书的封面由学生涂画，作为校园文化粘贴上墙。学生目之所及都有书籍，真正与书为伴，书香满园。

（三）突出特点

我校整本书阅读并不仅仅限于让学生自由读书，而是通过可视化工具为抓手，帮助学生理解主旨、提高阅读能力。情节绳、情节梯、情节环、情节格、情节泡等都是学生们喜闻乐见又易于掌握的可视化思维工具。可视化思维工具具有以下优点：

1. 主题可视化

比如在教授《丰碑》这篇文章时，按以往课堂，都是老师将主题告知学生。不过，在我们的课堂，是由学生自己画情节绳：

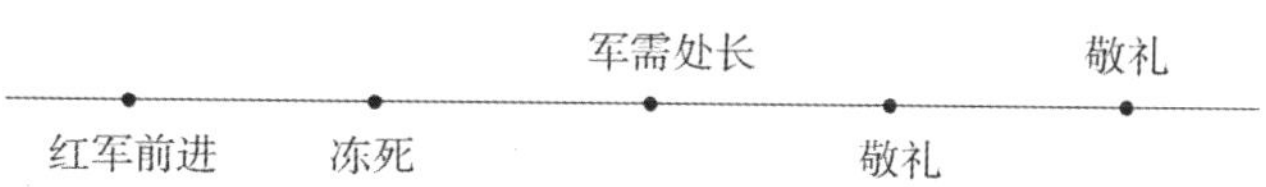

通过这一情节绳，学生复述课文内容，自己说出了“军需处长变成了一座永恒的丰碑”。以生为本，让学生自己主导课堂，体会主题，让主题可视化。

2. 结构可视化

语文课文应该起到模范作用，让学生明白文章的结构，用可视化思维工具，可以将文章结构简洁明了地展现在学生眼前。

3. 写作支架可视化

如我校老师房陈钰在教授《看电影学写作：可爱的毛虫》一课时，运用情节四宫格教授孩子们构建写作支架：

起:虫欲入茧	承:虫入不了茧
合:破茧成蝶	转:朋友相助

通过这一情节四宫格，老师很容易将起承转合说明白，学生也能够依此模仿构建写作支架。

可视化思维工具像一颗种子，在甄贤小学扎根，帮助学生们植下自己的阅读之树，涌现出一大批优秀的作品，以下为一部分作品展：

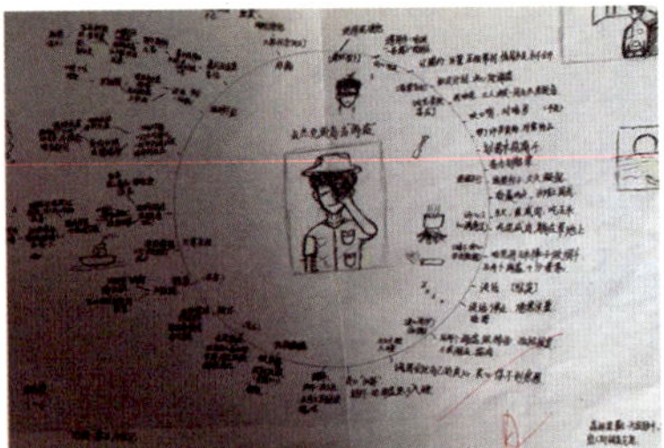

9-7　学生可视化思维作品（1）

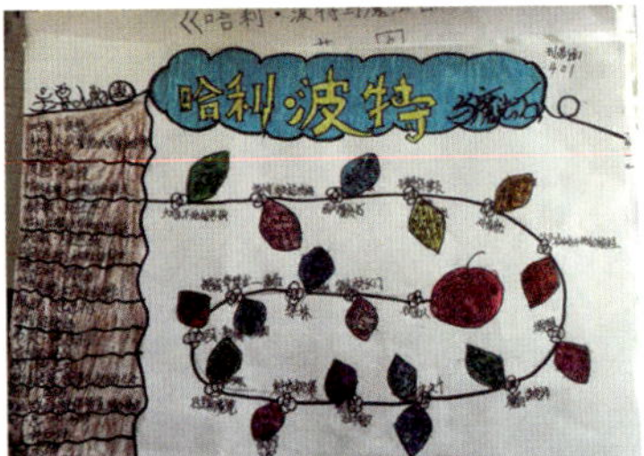

9-8　学生可视化思维作品（2）

9-9　学生可视化思维作品（3）

9-10　学生可视化思维作品（4）

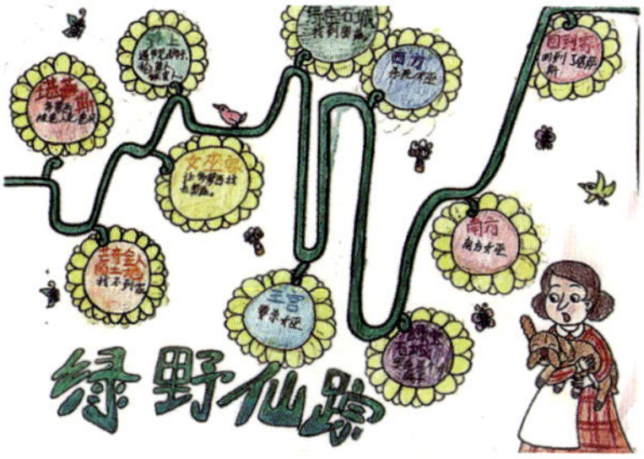

9-11　学生可视化思维作品（5）

四、甄阅读　群文——先做起来再说

随着时代进步，社会对阅读速度和阅读质量的要求都有所提高，同时，语文课程标准也提出，培养学生广泛的阅读兴趣，扩大阅读面，增加阅读量，提倡少做题，多读书，好读书，读好书，读整本的书。群文阅读这种新型的阅读模式悄然兴起，我校也注意到这一重要变化，于是在珠海市首先尝试群文阅读的教学方法。

（一）具体建设

正所谓“巧妇难为无米之炊”，运用群文阅读教学，应该有配套的资料，所以我校为每个年级、班级都准备了相应的群文读本，也为语文教师准备了《让学生学会阅读——群文阅读这样做》等参考书目。

有了“米”也还需“巧妇”。在师资培训方面，由教研室主任付雪莲老师牵头，带着所有语文老师开始进行群文探索。每周二的语文教研活动，设置专门的群文阅读教研环节。先从理论上、思想上去探索，解读《让学生学会阅读——群文阅读这样做》去了解群文阅读，如何实施群文阅读，制订群文阅读教学的阶段性目标：学会发现—善于思辨—领悟策略—自主阅读。接着是落实，每个教师充分理解后开始在班级开展群文阅读课，上完后进行教学反思，并在下一周的教研时间进行交流、探讨、改进。

（二）整体成果

群文阅读，做起来再说。理论是实践真理的标准，所以我校的群文阅读活动、课程遍地开花。

1. 注重学生理解，从发现到思辨

举行了“今日我为师”活动，活动分为三个板块：火眼金睛——我发现、多谋善虑——我思辨、运筹帷幄——懂策略，帮助学生由浅入深地去感受群文阅读的魅力。让学生自己去发现探寻规律，从阅读过的文章中自己选文，找到一组文本的规律，根据活动的三个板块出题。活动过程就像游园一样，把题目放在自己的小摊位上，让全校的同学互相发现、思考、解决问题。

2. 注重老师实践，从教研中成长

通过常规教研的提升，群文阅读课的常态化、趣味化，营造一个良好的群文阅读氛围，让学生了解群文阅读，学会群文阅读，喜欢群文阅读。在这种常态化的群文阅读氛围下，我校语文老师已经人人都懂群文阅读，人人能上群文课，并开展了以“百年甄贤 · 群文盛宴”为主题的群文阅读教研活动。教研活动不仅有我校的付雪莲主任和青年教师傅舒婷精彩的研讨课，还邀请了群文阅读推广人蒋军晶老师进行分享和指导。本次教研活动辐射范围广，吸引了线上线下全国各地5 000 多人观摩。通过本次教研活动，老师们更加深刻地理解了群文阅读的教学方法和思路，活动吸引了全区更多的老师加入群文阅读。这种群文阅读教育氛围已经辐射到 2017 年新入职的老师中，有两位兄弟学校的老师到我校尝试群诗阅读和群文阅读教学。

9-12 “百年甄贤 • 群文盛宴”活动（1）

9-13 “百年甄贤 • 群文盛宴”活动（2）

（三）突出特点

在群文阅读课程的实践中，我校不断地总结经验，以“提高阅读速度”“拓宽阅读广度”“多元阅读角度”为思路，不局限于单篇精读，通过阅读监控、一篇带多篇、课内多篇、课外多篇、对比阅读等方法，引导学生以新思路进行阅读。

1. 以阅读监控提高阅读速度。在文字信息量巨大的当今社会，人们的阅读量剧增，急需提高阅读的速度。在精读课文时一般对阅读速度要求不高。而在群文阅读时往往出现多篇文章，此时老师通过阅读监控就可提高学生的阅读速度。例如在我校组织的“珠海·怒江有智慧·共筑青春话未来”的青年教师活动上，梁颖老师的群文阅读课《民间爱情故事里的秘密》就通过要求学生按课标要求的阅读速度进行阅读，并告知哪些同学速度需要加快，以此提升学生的阅读速度。

2. 以“一带多”“课内多篇”“课外多篇”拓宽阅读广度。同样在“珠海·怒江有智慧·共筑青春话未来”的活动上，何继飞老师的群诗阅读课就很好地采取了课外多篇的方法，以“何为咏物诗”为议题，进行了编排，共出示了六首咏物诗。一节课下来学生不仅学懂了咏物诗，还发现了它们的一些规律和奥秘。

3. 以发现、对比拓展阅读角度。在“百年甄贤·群文盛宴”活动上，我校傅舒婷老师的《情节可视化·小房子变大房子》群文阅读课上，让学生自己去发现，大与小取决于自己的内心，而通过群文对比，让学生发现了，有时候大好有时候小好，其实做自己想要的就好。课程让学生去多角度地思考问题，拓展了阅读的角度。

现在我校高段学生基本已经能够自行发现、归类、对比进行自主群文阅读。中段学生也能在群文阅读中做到求同寻异，发现特点，理解特点。低段学生也能在老师的引导下，发现系列文章的特点。

五、甄阅读　绘本——从“拆”到“创”

绘本是非常容易激发学生的阅读兴趣，从而潜移默化地促进学生阅读的一种文本，还对认知能力、观察能力、沟通能力、想象力等都有非常大的作用。为此，我校语文学科特别重视绘本教学。

（一）具体建设

语文科目的校本课程研究就是围绕绘本展开的。为了更好地培养学生的阅读兴趣，我校在硬件上做了极多的工作，在一楼专门建设了尚贤厅，以供学生在课间或放学后阅读绘本。在每一层楼也都建立了书吧，让学生有更多地方可以读更多的绘本。第二课堂也开设了绘本的课程。

在师资培训方面，除了日常的教研，教研室付雪莲主任开设了绘本专题的交流微信群。群里面不仅有我校的老师，还有全国各地的骨干教师。通过这一方式，按时、按阶段地制订绘本教学的研究方向，并且由全国各地的老师共同进行课后反馈和交流。他们互相学习，互相探讨，从不同角度的教学、不同程度的讲授、不同方向的研究，对绘本进行多样化的解读，以“制订方向—上课—课后反馈—集体探讨—改进—分享成果”的方式，不断提高绘本教学质量。

（二）整体成果

1. 绘本课程引人入胜

在“甄贤杯”青年教师素养大赛中，我校李琛老师的绘本课《神奇种子店》首次进行全区直播，受到许多老师好评。而我校钟文丽老师的绘本课《我是一条鱼》也为远在泸水的老师带去了新的教学思路。校内的语文老师人人能上绘本课，人人会上绘本课。

2. 学生变成小作家

许多班级在教室开设了自创绘本作品交流角，让学生自己创编的绘本能够与班级的同学互相阅读、交流、提升，也让自己的作品能够给更多的人看到，因此涌现出不少精彩的绘本作品。学校将比较好的作品进行展示交流，老师也将学生的作品作为教材，进行绘本教学，还会帮助学生将自己创编的绘本向出版社投稿，让学生有可能拥有属于自己的绘本。从阅读到创作，一步一步地感受自己的成长，获得阅读中的成就感。

9-14　学生绘本作品（1）

9-15　学生绘本作品（2）

（三）突出特点

1. 从拆书去发现

根据绘本与其他书籍的差异性，引导学生学“老付拆书”。如我校钟文丽老师《我是一条鱼》的绘本课，通过对封面、封底、前后勒口、扉页等的拆解，让学生去发现和猜测绘本中可能出现的一些线索，激发学生的阅读兴趣。

2. 从观察去推测

通过颜色、形状、大小、强度等方式去观察绘本，猜测绘图者的意图，然后回归绘本去核对猜想。再运用“可视化思维工具”分析绘本的情节。从中找到绘本中图、文上的一些技巧和规律。最后让学生自己进行创编、改编、续编。以发现、猜想、创编，让学生在绘本教学中始终站在主要地位。

现在学生已经从“拆”走向了“创”，开始主动地去阅读绘本、创编绘本，并且越做越好。整间学校已经融入了一种爱绘本、爱阅读的氛围。

9-16　学生绘本作品（3）

9-17　学生绘本作品（4）

9-18　学生绘本作品（5）

六、多彩活动　书香校园

（一）智慧校园平台——书香更浓

“智慧校园”打破教学上的空间、时间限制，让教学资源得以最大化地共享和利用，提高教学效率，在思维的碰撞中，书香更浓。其中，协同课这一课堂形式是主要方式。我们打破老师讲授的课堂方式，翻转课堂，将阅读放在课后，将提出问题、解答问题、分享感受放在课堂，再利用协同课双方课堂合作竞争的关系，尝试开展两个班级、两个地方的读书交流会、辩论会，增强学生的批判、思辨能力。在硬件条件允许的情况下，可以定期性地，一个年级同时开展整本书教学活动。这样既能提高整本书教学效率，又能在合作中解决问题，在竞争中激发学生阅读和表达的热情。

微课是课堂教学的有效补充，不仅适合于移动学习时代知识的传播，也适合学生个性化、深度学习的需求。第一，我们尝试利用微课，传授阅读的方法，如提取信息，归纳整理信息等，计划形成一个阅读方法系列微课，学生可作为课后补充学习，接受程度较差的学生可重复学习。第二，我校学生在高年级已经掌握制作 PPT 技能，我们将尝试通过老师或家长的指导，高年级学生合作制作介绍书籍的 PPT，再由老师和学生共同完成一个微课，在本年级课件播放，这样能够提高学生阅读积极性，更能够吸引更多学生参与阅读。第三，微课可作为上述翻转课堂中，老师提供的课后学习资料，如针对一本书，提出一个议题，学生课后思考、收集资料，课上展开讨论。

（二）读写绘活动——书会开花

读书，就像是播下一颗种子。当读者与书中的灵魂碰撞交流，产生自己的体验和思考，并以文本的方式表达出来，书才真正开花结果，变成了读者的一笔财富。“写绘”便是表达自己阅读体验和思考。这项活动，本学期我们已经开始尝试了。读绘本、创编绘本就是读写绘的重要活动。以后我们会坚持下去。

除了绘本创编，接下来我们计划开展改编活动和书籍设计活动。第一，可将课文、小说、绘本等改编成剧本，并进行排练和表演。第二，将剧本或学生的作品装订成册，由学生自己设计书籍装帧，比如封面、封底、勒口、腰封等。为了设计好书籍，学生需要通读完这本书，再设计、绘画，分析如何吸引读者翻开它，这样设计出来书籍是学生自己完成的艺术品。美无处不在，在整个过程中，学生可以触摸它、感受它、创造它。

（三）舞台剧活动——书即生活

都说“人生如戏，戏如人生”。一本好书，蕴藏着生活的智慧和力量，经过读者的阅读和发现，与读者的生活经历融为一体。我们在营造“书香校园”的时候，融入老师们自身的阅读体验，希望学生在阅读中能够感受到一本好书中所写的就是我们本身，我们的过去、现在、将来，我们的外在、内在，我们的美好、丑陋……因此，老师们尝试开展这样一个活动，从“读写绘”活动学生改编的剧本中挑选优秀作品，加以排练、演绎，将舞台剧活动变成一年一度的盛会。

七、砥砺前行　阅伴终身

面向未来社会的挑战，我们的教育必须走一条以提升人的核心素养为指向的阅读之路。“百年甄贤，书香校园”也必定沿着这条路不断向前，力求让阅读在整合中超越，让学生热爱阅读——书不离手，身不离书，让阅读像呼吸一样自然。那么，甄贤小学的书香气也将会在一呼一吸间生根、发芽、长大。

（付雪莲、温蓉、朱楠、房陈钰、傅舒婷）

10. 文化童年，惠润天下

——广西柳州市文惠小学教育集团

柳州市文惠小学创建于 1945 年，为纪念有德于民的文惠侯柳宗元而命名。这里曾是桂北地下党组织在柳州的地下联络站。现隶属城中区教育局管辖的全日制公办学校。老师和孩子们喜欢称学校为“惠园”，说这样的称呼有家一样的感觉。2014 年成立文惠小学教育集团，现有 4 个校区。集团办学以培育人格健全，具有中国根基和未来视野的现代公民为育人目标，建构起独具特色的关注学生主体发展的学校文化；开发并实践着符合学校实际又深受学生喜欢的“文惠课程”，建构了以“6+2+1”儿童阅读和以 21 个科艺工作室支撑的科艺教育校本课程体系。惠园 4 个校区，有一位心中有诗意、眼中有远方的总校长，一支潜心研究的阅读师资队伍和热爱阅读的孩子们。在集团总校长陈意曼女士的带领下，学校在首届“阅读改变中国 · 年度书香校园”评选中获奖。惠园学子也在一众书香教师的带领下，通过丰富的阅读课程，养成良好的阅读习惯，得到精神的丰盈。

一、组建教师队伍，以课题研究推进书香校园构建

（一）领导重视

集团总校长陈意曼女士带领领导班子高屋建瓴，对文惠小学重新定位，制订发展战略，提升“书香惠园”教育品牌。惠园的老师们有这样一个教育梦想：希望孩子们能拥有书香的童年，不是文化的流浪者，而是具有中华民族传统根基的世界公民，是一个对国家有责任感的人，为学生的全面发展奠定坚实的精神基础。

（二）核心队伍

成为“亲近母语”子项目实验学校后，文惠小学积极构建了以全校 14 名语文老师为核心成员，其他各学科教师全部参与的项目实验队伍。为了让语文老师迅速成长起来，学校为整个教研组每一位成员配备了点灯人丛书——《班级阅读 ABC》《由图画书爱上阅读》《上读书课啦》《朗读手册》和《日有所诵》等。专题教研、阅读沙龙等，让语文老师掌握上好班级读书课的基本策略及方法，从而将其有效应用于全校各个班级当中。

（三）全员参与

“书香惠园”的另一项重点工作就是调动非语文学科教师参与的积极性，凝聚全校老师的合力。学校利用无限的网络空间，开办了“惠园点灯人”工作群，梅子涵先生的文章“做一个快乐的点灯人”像一股清甜的溪流淌入了老师们的心田。课题组负责人杨柳校长策划、组织的多次校本培训，让文惠教师从观念上认同并支持学校阅读工作的推进。从此，早读时分，惠园不仅有孩子们的“日有所诵”，还有老师们的“日有所诵”；午读时分，语文老师带领班级学生在班上静默阅读，非语文老师全部集中于校书吧进行阅读。

二、完善阅读环境，让书香浸润校园、师生随处可阅

文惠，从一所不足 5 亩地的校园开启阅读环境的打造。

（一）从一间惠园阅览室增扩为一座绘本馆

校长、书记率领全体教师为孩子们亲手打造了惠园阅览室，从尘封许久且种类庞杂的上万册书籍中重新整理出了适合孩子们阅读的书目。孩子们有了可以进行集中阅读的场地。紧接着，学校申报了“亲近母语”阅读项目，同时以其中的图画书阅读项目延伸出《柳州市少儿绘本科普基地的建设与示范》课题，分别在柳州市科技局和城中区科技局申报成功，得到专项研究资金，从而为孩子们选购了千余册经典图画书，打造了惠园绘本馆。结合课题研究，成功将学校打造成柳州市首个少儿绘本科普基地，已获授牌。

10-1　阅览室

（二）从诚信书廊发展到惠园书海

惠园充分相信每一个热爱阅读的孩子，为孩子们在校园中设置了诚信书廊，孩子们可以在课余的时候随时取书、借阅，看完书后再自动放回原处，不用做任何登记。之后，学校又充分结合水吧（科技船模场地），将较为狭窄的诚信书廊拓展为更宽阔的惠园书海，孩子们随时在可自由拼接的七巧板凳上阅读自己喜爱的书籍。这些书籍由学

校图书馆管理员定期更换与维护。多年来，惠园的诚信阅读之地，没有发生过丢失书籍的情况。孩子们在充分被信任的情况下自然而然地养成了良好的阅读习惯。

10-2　诚信书廊

10-3　惠园书海

（三）从绘本长廊到绘本科普长廊

学校因地制宜，把原有的思陶长廊，增加布置成绘本长廊。惠园把一本本经典的图画书内容喷绘出来，孩子们抬头即可看到。课余时候，常常看到孩子们聚集在绘本长廊，边阅读边交流读后感受，成为惠园里温暖的一幕。结合学校全国科技教育示范校的特点，此长廊会放置科普类的图画书，供孩子们阅读。

10-4　绘本科普长廊

（四）从校园阅读栏到班级读书角

惠园从原有的一块公共阅读栏，及时推荐好书，展示班级孩子的阅读作品，发展到给每个班级建立读书角。校园的书孩子们随时可以借阅，班级内的书更是随时可以“漂流”。用大的阅读磁场带动小的阅读磁场，让书籍和阅读活动时时吸引着孩子。

10-5　小脚丫宣传栏

10-6　班级图书角

（五）从纸质发展到兼有电子阅读

惠园倡导孩子们多进行纸质书籍的阅读。随着信息技术在生活、教育中的不断融入，电子书籍的阅读也进入校园中。例如，大量的经典书籍的电子版已输入 iPad 课堂，孩子们可以利用平板阅读到更多的书籍；再如阅读机的投放，又为孩子们在课余时间的阅读提供了一项新的选择。

三、设置书香课程，固定时间内容探究课型策略

（一）设置课程

开展儿童阅读，必须在课程上有所保证。学校首先在课程上大胆改革，设立了“6+2+1”的阅读课程。“6”是每周 6 节语文课内教学，老师们结合单元内容精心挑选适合儿童阅读的文本补充课堂，让课内教学变得更生动、更丰富。“2”是每周增设 2 节校本阅读课，一节专用于图画书的导读，这是惠园课堂最独特的风景，老师们用图画书引领孩子们一步一步爱上阅读；另一节专用于文字童书阅读，采取了丰富多彩的阅读形式，如大声读、读写互动、阅读前导读、阅读后思辨、

主题阅读、班级读书会等。两节阅读课的补充，极大程度上拓宽了师生的阅读视野，让阅读数量与品质得以提升。“1”是每学期由非语文学科教师结合自己的学科内容给学生进行好书推荐，并进行精心导读，制作阅读单。

（二）固定时间

学校倡导师生们要过上“晨诵午读暮享”的读书生活——清晨，惠园的教学生活在师生们的书声琅琅中开启；下午，全校师生潜心默读，一本本经典的文字童书，静静滋养着童心；傍晚，爸爸妈妈们与孩子进行亲子共读。让阅读的习惯从班级传递到家庭，从家庭扩展到社区，从社区延伸到全社会，让书香充盈着整座城市，这也是我们惠园人的梦想。

（三）探究策略

1. 图画书阅读课教学策略

图画书导读六步法：察—猜—读—复—填—创（拓）。

察：观察封面，说说所发现的信息（图画与文字）；

猜：根据封面，猜一猜是个怎样的故事；

读：教师大声读或学生人手一本 /iPad 读故事，注意故事的完整性；

复：故事读完后，围绕画面细节和故事主旨交流 2—3 个问题；

填：填写教师精心设计的阅读单，对图画书重点部分做个回顾；

创（拓）：根据图画书的特殊变现形式，恰当地进行创编，或者进行拓展阅读推荐。

2. 整本书阅读课教学策略

（1）导读，激起阅读期待。常用的导读方法有创设情境移情法、选择精彩故事讲述法、师生读后感推荐法、影视作品预热法、联系封面预测内容法等。

（2）共读，深化阅读感悟。在强调“自主阅读”“个性阅读”的同时，坚持让学生体验“阅读合群”“阅读交友”的理念，在班级营造适宜学生个性发挥的“阅读学习共同体”。教师指导学生将自己的阅读感受及时地记录下来也很重要，在共读时，可通过随时翻看同伴的读书笔记，达到互补交流的状态。

（3）交流，分享阅读成果。可以分别开阅读前导读、阅读中交流、阅读后讨论三种不同时段的班级读书会。班级读书会开展的方式方法不仅取决于不同的阅读材料，还取决于不同的阅读对象。课程可以有以低年级讲述、中年级体验、高年级思考为重心的图画书和童话阅读；可以有以低年级叙事、中年级想象、高年级启示为重心的“奇幻故事”阅读；也可以有以话题讨论为重心的“成长小说”的阅读等。

3. 主题阅读课教学策略

可以选用《全阅读》《群文阅读》作为材料。

（1）一般教学流程为：话题引入—学生默读或教师大声读文，抑或学生课前读文—读时围绕问题辅以批注—读后交流—整体回归，提升主旨，形成单元主题意识。

（2）一般分为以下三种教学形式。

形式一：打破《全阅读》丛书的结构，将其作为语文课本的拓展阅读材料。

形式二：按《全阅读》单元主题指导学生进行阅读，只是在教学的顺序上与语文教材的教学尽可能地相联系。

形式三：根据学校活动、社会活动、学生成长需要等，教师自由选题形成单元主题，指导学生进行主题阅读。

四、推进师资培养，固定时间内容探究课型策略

（一）固定教研时间

为推动阅读课程的发展，学校尤其重视核心教师的素质提升。为此，学校教师发展部带领语文团队重新规划了教研活动时间，单周进行教材块面的研究，双周进行阅读课型的研讨。固定的教研时间里，语文团队的老师们共读阅读指导书目，进行诵读、图画书、整本书、主题阅读课型的课例研讨，不断提升内在积累和执教水平。

（二）组织阅读沙龙

利用教师业务学习时间，举办读书沙龙活动，先后同读了薛瑞萍的《心平气和的一年级》、苏霍姆林斯基的《给教师的 100 条建议》、梅子涵的《绿光芒》等图书，举办了惠园朗读者美文朗诵会……

（三）定期外出培训

学校经费有限，但总是想方设法让老师们到先进地区学习经验。所有的惠园语文老师都参与过亲近母语主办的中国儿童阅读论坛、儿童母语教育论坛、种子教师研习营的学习。同时，学校也会选派老师参加儿童阅读大会等针对性较强的高品质培训。

（四）邀请专家指导

走出去，请进来。让更多的惠园教师受益，学校依托“亲近母语”项目实验基地校、接力出版社等多家出版社，把徐冬梅、梅子涵、彭懿、朱爱朝、余耀、刘颖、陆梅等一批国内顶尖的阅读推广人请到惠园老师们的身边，跟他们近距离地学习。

通过持之以恒的培训，惠园一位位书香教师拔节而生——

陈意曼，文惠小学教育集团总校长，获2014年度“中国课改杰出校长”。集团在她的掌舵下，坚定地推行“一体两翼”素质育人模式，即以素质教育为主体，坚持科技教育和儿童阅读并重发展的优质办学原则，让惠园成为柳州市，乃至广西素质教育的一面旗帜。

杨柳，文惠小学教育集团静兰校区执行校长，原惠园阅读课题负责人。一个数学老师着迷地流连于儿童文学的殿堂，在她的推动下，惠园登上了“亲近母语”的大船，并率先代表学校登上了“亲近母语”论坛的大舞台。

杨薇，文惠小学教育集团教学副校长，惠园阅读课题现任负责人。作为亲近母语飞翔计划阅读公益讲师，她参与编写的《我的写作课》现已出版，编写的18本经典童书的亲子阅读建议已在《小步读书》App上发布，现为点灯人大学图画书课程导师。

赵敏，文惠小学教育集团行政办公室主任，亲近母语飞翔计划阅读公益讲师，多次受到兄弟学校邀请，做诵读、图画书、亲子阅读的经验分享和培训。

马静，文惠小学教育集团教务处主任，惠园阅读核心组成员，多次到各校进行儿童阅读课程的分享。

还有惠园奋斗在最前线的语文老师们，都在阅读推广的事业里得到了成长。

五、丰富阅读活动，固定时间内容探究课型策略

（一）“文韵飘香　惠园书乐”诗歌节

每年3月21日（世界诗歌日），惠园都会进行主题诗歌诵读活动。孩子们以班级或个人为单位，进行诗歌诵读表演。

10-7　2017 年诗歌节活动

（二）“文韵飘香　惠园书乐”读书节

每年 4 月 23 日（世界读书日）前后，惠园都会进行读书节活动。活动分为：读书展演部分（经典童书角色扮演秀）、各项阅读比赛（美文诵读、讲故事、童手绘童心、亲子诵读、文学知识游园等）、阅读活动颁奖（书香学子、书香教师、书香家长）。

10-8　2017 年读书节活动（1）

10-9　2017 年读书节活动（2）

10-10　2017 年读书节活动（3）

（三）“文韵飘香　惠园书乐”汉字文化节

每年 12 月上中旬，惠园将进行汉字文化节。融合语文学科检测，以活动、比赛、游园等形式，让孩子们感受中国汉字文化的无穷魅力。

10-11　2017 年汉字文化节活动

（四）承办城区、全市、全国各类阅读公益推广活动

我校已经顺利举办的各类阅读公益推广活动有：2012 中国儿童阅读论坛走进柳州市城中区活动（面向全市开放）；2013 亲近母语总课题组专家走进城中区活动之诵读专场（面向全市开放）；2014 亲近母语总课题组专家走进基地校活动之图画书专场（面向全国开放）；2015 经典童书阅读分享活动（面向全市开放）；2016、2017 连续两年在柳州市五月花书吧举办多场亲子图画书阅读活动（面向全市开放）……

10-12　2018 年城中区读书活动

10-13　陈意曼校长和孩子们朗诵《点灯的人》

就是这样一所柳州市占地面积最小的普通公办小学，一所外来务工人员随迁子女占了三分之一的学校，因为与儿童阅读的相遇而一步步走向精致与美好。因为与科技教育、与儿童阅读的美好机遇，学校从一所学校壮大到四个校区，每个校区都惠风和畅，美美与共，各美其美。如何进一步深化提升惠园的阅读课程，引领孩子们走向更广阔的阅读，为惠园新老师做更为系统的阅读指导培训，继续扩大文惠小学教育集团公益阅读的辐射带动作用，让更多的大小朋友受益，是我们不懈努力的方向。

11. 润泽教育，适性扬长

——甘肃省兰州市水车园小学

黄河之滨，兰州水车的故乡，坐落着一所书香浓郁的小学——城关区水车园小学。学校以“铸润泽品牌，创陇原名校”为愿景，努力践行“让阅读成为一种习惯”的理念，播撒读书的种子，营造阅读的氛围，构建阅读课程，开展阅读活动……努力使阅读成为师生的生活方式，成为师生的自觉习惯。

一、建立组织，让阅读有引领

水车园小学创建于 1956 年，学校师资力量雄厚，在校学生 2 400 余人，是兰州市一级一类标准化学校。近年来，随着改革的深入，我校具有远见卓识、谦虚好学的金艳校长，确立了以校本教研和课程建设为重点的学校工作，其中整本书阅读成为学校的校本课程与特色之一。“书香校园”的建设也成为学校校园文化建设的重要组成部分。自 2011 年起，我校把师生阅读作为课程实施，进入常规化管理。时至今日，我校的书香校园建设已有了长足的发展。学校先后制订并实施了《水车园小学书香校园工程建设实施方案》《水车园小学教师读书活动计划》《水车园小学整本书阅读教学实施方案》《水车园小学整本书阅读交流主题月活动细则》，成立并创建了由金艳校长带头的水车园小学书香校园建设领导机构，副校长负责具体工作，语文教研组组长细化管理，所有语文教师认真带领学生阅读，有序地推进整本书阅读课程建设。

11-1　整本书阅读课程资料

二、设立课程，让阅读有质量

学校树立“以儿童发展为中心”的教育理念，以提速课内阅读教学的策略，将课外阅读“挤”进课堂。以整本书的课程实践为突破口，使儿童尽早“学会阅读”，继而获得“透过阅读学习”的能力。学校组织开展大量诵读童谣、儿歌、传统经典作品的活动，引导学生日有所诵，亲近经典。

（一）课程共研共享

在学生小学阶段课外阅读书库里，其中 36 种整本书是老师们精心筛选、反复论证的必读经典，老师与学生一同阅读、交流。

每学期每个年级都有共读的 6 种书，教师与学生同读每一本书，并根据学生的年龄与心理特点，组织读书推荐与交流，学生的阅读就有了引导与较深入的指导。老师研究出来的导读设计和分享会设计，能否收到预期的效果，需要实践检验。因此，老师们的整本书阅读展示课纳入常态教研，公开交流，共同评价课堂效果，修改预案，最后成为课外阅读指导课程教材可积累的第一手资料。截止到现在，学校的整本书阅读教学已在不同的层面连续五年进行了多方位的交流展示，在不断的研讨学习中取得进步。

（二）课程管理到位

整本书阅读课程的有效落实，依赖于学校的有效管理。

1. 时间管理，将课外阅读课纳入课程表

为了保障阅读时间，学校安排了晨诵、共读、阅读课。

晨诵（7：30—8：10）：每天早上上课前，语文教师带领学生进行经典诗文诵读活动。诵读内容以校本教材《经典诵读选编》为主，以各班个性化选择的《日有所诵》《新语文读本》为辅，让思维与晨光共舞。每周一晨会时间，安排一个班级为全校师生展示经典诵读；每逢大型活动，全校师生共同诵读与每个班级接龙诵读，成为活动开幕震撼人心的部分。

共读：每天全校师生在上午第二节课后、下午第一节课后，一起阅读半小时，有值周领导检查，每周晨会评选出读书好的班级进行表扬。

阅读课：为了保证学生课外阅读指导课程的有效执行，学校在各班设置了每周阅读课，该课时由语文老师专门用来上课外阅读专项内容，不得以任何原因随意挤占课时。每班每周有一节固定的阅读课，单双周轮流，一周在教室内自主阅读，另一周由语文老师带领去学校阅览室读书，现在又加了半节校本课程，有效保证了学生的阅读时间。在管理上，依照课程管理细则，对教师有效实施特色课程给予评价。

每周二晚上，全校不布置书面作业，统一为读书日。学校还充分利用假期，大力倡导学生课外阅读。

11-2　经典诵读

11-3　师生共读

11-4　自主阅读

2. 进度管理，将课外阅读放在明确的目标任务中

（1）必读书目安排

以学生每学期至少阅读 3 本经典儿童文学书籍为目标任务，每月必须完成 1 本的阅读，并把每月的阅读课分别定为导读课、推进课与交流课。在阅读中，学校既尊重学生的自主安排，又有序推动学生依时完成阅读任务，确保月底阅读交流的质量，实现阅读共享。

（2）选读书目安排

对于大部分学生来说，每月阅读远不止 1 本的量，在老师引导下，从班级书库里选择自己喜欢的书目进行海量阅读。这些选读，老师利用每月的第二节、第五节阅读课安排交流。选读图书，让阅读丰富。每班设立了图书角，保底的书是每班 70 本，涉猎科学、数学、动物、哲学等多方面的书籍。

（3）分级阅读安排

2015 年 1 月，水车园小学积极筹划，实行一、二年级绘本的分级阅读，为每个年级统一确定了 8 种绘本。每个年级的绘本选择以“亲近自然、感悟亲情、习惯培养、情绪管理”为主题，借助绘本开展各类阅读教学与实践活动。学生兴趣浓厚，参与阅读积极性很高。一、二年级的绘本又有纵向联系，在所选主题相似的情况下，阅读内容又螺旋上升，适合学生的年龄特征。

3. 研究管理，将整本书阅读教学纳入主题教研

刚开始，整本书阅读教学对学校来说是一个全新的课题，为了使教师快速入门，学校用多种方式带动教师进行主题研究。

（1）重视教师专业引领

近年来，学校不断邀请在小学生课外阅读研究方面的专家为教师们做培训，以提高教师专业素养。为了提升教师指导学生阅读的能力，学校还开展由年级组长带头的整本书阅读指导课的观摩研讨活动，推动整本书阅读的深入。活动展示了绘本阅读课、读书交流课、读书汇报课几种形式，开启了“整本书阅读”的教学研究之旅。自 2011 年至今，我校每学期的教学研究课都有整本书阅读教学。

（2）加速种子教师培养

自 2011 年起，学校不断外派教师参加亲近母语主办的中国儿童阅读论坛、种子教师研习营等阅读交流、培训活动，加速种子教师培养。学校参与中国教育发展基金会“互联创未来”小学语文项目研究，我校张靖、魏湘玲、魏蓉、白亚珺、周卫、雷蕾等多位教师，分别与山东淄博、山西运城等多地教师就整本书阅读教学进行远程合作备课，并有多人次获奖。2014 年 5 月，我校与云南省大理州博南镇第二完小建立了项目校合作关系。我校多位教师在整本书阅读教学、绘本教学的省级比赛中，均获得了很好的成绩。2015—2017 年，教师在课程实

践中，做课题研究，撰写论文，参加省级整本书阅读各种类型比赛，均获得了优秀的成绩。

（3）涌现出一批有较高阅读推广素养的教师

在整本书阅读课程的不断实践中，金艳校长成为城关区阅读推广的名人。她不断发挥领衔名师的引领辐射作用，带动兰州地区的名师团队，一同探索阅读的魅力。金艳名师工作室的每一次论坛研讨，都是一次很好的阅读推广的良机，越来越多的人因为参与而收获颇多。帮扶学校永登苦水镇小学，教育协作体大沙坪小学、九州小学在我校的带动下，成为整本书阅读合作备课项目学校。在项目的带动下，不仅教师不断提高专业素养，而且有更多的学校与学生会因为项目带动而真正感受到阅读的幸福与魅力。

我校语文教师在课程实施中也逐渐有了自己喜欢的阅读研究领域。我校的高卫欣、张靖、白亚珺、魏孔鹏老师等在持续五年为学生每天讲述绘本、带动阅读的过程中，积累了一定的带动儿童阅读的经验，他们成为我市城关区具有较高阅读推广素养的教师，深得同区教师、家长的信任。因为他们，更多的家长与学生爱上阅读。

4. 效能管理，将阅读课程作为学校长远发展的新途径

学校不断积累在课程建设方面的经验，通过不同形式与省内外专家、同行进行交流，推动了课程建设的不断发展。2011 年 11 月，金艳校长在济南全国校长发展学校第四届教育论坛上做了“学校因课程而精彩”的经验交流；2012 年《甘肃教育》第 6 期对我校整本书阅读课程做了介绍，《甘肃教育》第 7 期刊登了我校关于《学校课程开发的实践与探索》的文章；2012 年 4 月，我校被甘肃省教育厅确定为“学校课程示范校”；2013 年 3 月，国家级刊物《语文建设》刊登了《优秀的学校文化是品牌学校的灵魂》一文，以较大的篇幅介绍了水车园小学课程建设的经验成果。

作为学校为学生终身发展所做的“六年三项工程”之一——儿童阅读，推动了学校走内涵发展之路，五年的时间取得了跨越式进步，赢得了家长、社会、各级教育部门的认可和肯定，带动兰州地区各校，纷纷效仿，开启学生阅读之路。

学生们在阅读方面的出色表现总能赢得前来观摩的领导、专家、家长最热烈的掌声。学生通过大量阅读经典作品，在阅读中获得精神的愉悦，发展了语言能力。在阅读讨论中，学生通过与他人观点的比照，做出新的思考和判断，使思维更加深入。阅读促进学生不断成长，几年的阅读中，学生经典诗文脱口而出，与人交谈落落大方，说话做事有理有据，各类朗诵、演讲、写作比赛中他们自信出色的表现都是因为拥有了阅读的根基。阅读促进学生的发展，与教学相辅相成，学生在步入中学后，整体学习水平优于其他学校的学生。

在五年的时间里，学校对 36 种要求精读的整本书的教学设计不断修订完善，整理成册，成为教师轮流教学时可供参考的第一手资料。学校的网站也将这些宝贵的资料在教学平台分享，成为兰州地区各校教师借鉴的最好的教学资源包。校刊《森林水车》《阅读记录册》《学生阅读文集》，各种评价方案、表格等，都是整本书阅读课程建设中可供借鉴的经验材料。目前，水车园小学已出版《我们这样读整本书》《因为绘本爱上阅读》《阅读汇　慧阅读》等七本书，将汇集近五年来学校整本书阅读的研究成果。

11-5　整本书阅读研究成果

（三）课程评价科学

1. 对教师评价。对教师落实课外阅读课程的评价从三方面体现：其一，对课外阅读导读课和分享课的教学方式掌握情况，通过课例展示给予评价。其二，以学生阅读量和质的达标反馈情况给予评价。其三，把过程性评价纳入课程，以评价反馈分析修正方法。

2. 对学生评价。采用过程性评价与终结性评价相结合。过程性评价主要通过日常给学生搭建各种阅读交流平台，感受阅读成功的快乐。（1）借读书节展示阅读成果，每个学生可以选择以诵读擂台赛、好书推荐会、读书小抄报、读书笔记（读书心得）汇编等形式展示。学校给成果显著的家庭、班级、个人颁发“书香家庭”“书香班级”“阅读之星”荣誉证书和“好书奖品”。（2）通过填写《阅读交流手册》获得多元评价，学生将每天 40 分钟的阅读情况及时记录，然后一周自评，家长每天督查，一周一评，老师一周一收一评。《阅读交流手册》的日常反馈情况作为读书节评优的重要依据之一。终结性评价以每年 6 月达标考评为手段，成立由学生组成的考官团，两人一组统一时间分别到各班对每一个学生进行阅读考评，考生预先填好已阅清单，考官随机抽必读 1 本、选读 1 本，给考生 5 分钟即兴谈阅读体会，考评结果以星级记录，期末给家长发“阅读达标情况报告单”。

三、优化环境，让阅读有氛围

书香为伴，经典为伍，学校加大教育教学设施维护、改造和投入，体现“营造校园环境文化、班级文化、办公文化的鲜明特色，丰富师生的校园文化生活”。

（一）打造曲径通幽书香通道

我校位于黄河之滨市中心一条繁华的马路边，一条 50 多米长的小巷内，葱郁的爬山虎墙映照下的精致的墙体文化，引领学生读《论语》名言，受儒家之教。

（二）精建校园优雅阅读场所

步入学校大门，辘辘转动的水车，昭示着“润泽教育”的信念生生不息。依墙而建的“水车文化长廊”古色古香，介绍从四书五经、唐诗宋词到现代文学中与课本有关的名著名作及经典故事，引导学生亲近经典、储备经典，用中华传统文化为人生添彩。依楼而建的“细语亭”玲珑精致，学生书画、摄影作品琳琅满目。两处建筑，内设座椅，是学生读书交流的好地方。滚动播放的电子屏展现学生读书的自豪。每天，学校用电子屏播放一则则学生的读书宣言，让学生为有自己的读书宣言而自豪，让学校因为有学生的读书宣言而流露出“书香”。

（三）营造楼内浓郁的书卷气息

我校希望带领学生走进书的天地，感受书的魅力，所以充分利用学校的楼梯闲置空间，建立了温馨书吧，让学生生活在书的世界里，沉浸在书的氛围中。教学楼的五个楼层以独具特点的造型，配以精巧的装饰，创设了学生喜欢的读书氛围。沿楼梯墙面装饰的精美绘本墙、主题月活动展示墙，方便学生随时阅读，传递交流阅读的感悟。

（四）建设班级“润泽教育”文化

开展水车园小学“润泽教室”建设，设置简洁大气的班级图书角。学校 37 间“润泽教室”以阅读为核心，以班级为单位，请班级家委会添购了图文结合的精品图书 60 多本。学校给每个班配备了新书柜，建起了班级图书角，可供学生随时借阅。数目最多的班级藏书达到一百多本，最少的也有 60 多本，全校 37 个班级共有整本书 3 000 余册，绘本 2 000 余册。学校在教室的侧墙上开辟了“我爱读书”的栏目。上面有“新书介绍”“教你一招”“阅读快递”“优秀读后感”等。这扇阅读之窗给学生提供了交流阅读心得的机会，也给学生搭建了展示阅读成果的舞台。

（五）充实学校图书馆、校内藏书

为保证学生阅读量，学校重视图书的选择与购买，现学校图书馆藏书 4.5 万余册。学校 37 个班有供各年级阅读的整本书 3 000 余册，绘本 2 000 余册，37 间教室都有自己的图书角，藏书 7 000 多本，室外藏书 3 000 余册，可供学生随时翻阅。

走进校园就能举目见人文，放眼品经典，在浓浓的书香气氛中感受文化的浸润。

四、丰富的学校阅读文化活动，让学校书香四溢

水车园小学的整本书阅读主题月活动、图书漂流、图书义卖活动、文学作家进校园、儿童文学改编的电影鉴赏、改编的戏剧活动很好地推动了整本书的阅读，提升了“整本书阅读”的质量。

（一）读书交流月系列活动中感受乐趣

学校每年都有计划地开展主题月活动，一年中读书交流月独占两次。在读书交流月，学校开展“图书义卖”“图书漂流”“校园读书人物竞选”“美文大赛”“读书交流展示”等系列活动，学生与教师在主题月活动中像欢度盛会一样积极参与其中，感受着因读书带来的兴奋与幸福。2014 年 3 月，在金艳名师工作室“播撒书香的花种”绘本阅读接力活动中，老师们引导学生将一本本的绘本带入家庭，亲子共读，记录读书的心得与感悟，带动更多的家庭加入读书活动，引起了家长不小的反响。2015 年、2016 年 10 月学校举行的儿童文学改编的戏剧表演，又很好地推动了整本书阅读。

（二）文学作家进校园活动中得到提升

为提升我校“整本书阅读”的质量，我校承办了以图画书和整本书教学研讨为主的城关区“金艳名师论坛”。2013 年 5 月，论坛邀请了儿童文学作家、上海师范大学梅子涵教授做专题讲座。讲座吸引了许多老师，一本本图画书带给这些成年人别样的感动，一段段精彩的讲述又让渴望走进整本书阅读教学的老师们，更加清楚地懂得了“整本书阅读”的意义。

2013 年 11 月 20 日下午，著名作家、北京大学教授、博士生导师曹文轩应邀来我校与学生们零距离见面与交流。曹老师的讲座与答疑让学生在写作道路上重获信心，也给为学生写作而发愁的老师们指明了方向，同时校园内也掀起了一场“曹文轩读书热”的浪潮，为书香校园注入了一股新鲜的空气。

2015 年 6 月，兰州市“小学语文金艳名师工作室”承办的“一主两翼高效阅读”研讨会，在兰州三中礼堂火热举行。梅子涵先生再次莅临研讨会现场，为兰州地区教师做阅读引航，就“儿童的文学教育”为与会的教师与家长答疑解惑。他还就工作室教师展示的绘本讲述、整本书阅读课例、儿歌与儿童诗课例做点评指导，快速推进学校整本书阅读课程向深入迈进。

2016 年 10 月 10 日，金艳名师工作室组织召开了由兰州市三县五区的名师工作室成员、金艳名师工作室成员、水车园小学教育协作体参加的“思维的力量”金城名师大讲堂之金艳名师工作室论坛，论坛上工作室教师通过上阅读课《威尼斯的小艇》、绘本课《麻雀》，引发兰州地区教师积极反思当前的语文教学现状，并对通过思维导图教学有了更深入的思考。此次论坛还邀请了福建省教科院何捷做了关于《写作教学范式推演带来的启发》的报告及示范课“写说明性文章”。

（三）家校合作培训学习活动中共同进步

为了使学生养成良好的阅读习惯，共同引导学生喜欢阅读，寻求家长的支持与配合显得至关重要。2011 年，我校邀请亲近母语专家徐冬梅老师来我区为教师与家长做关于“整本书阅读”的专题论坛，激起了学校和家长对于开展阅读教学的意义和方法的反思，家校合作带动学生阅读由此展开。

2013 年 5 月，梅子涵教授也为我校的学生和家长进行了“亲子阅读”的讲座，在交流中梅老师对我校的亲子阅读的状况给予了肯定，激励学生与大人继续热爱阅读。

（四）与专家同台上课中历练提高

2013 年 5 月 11 日的金艳名师论坛还邀请了江苏省特级教师周益民老师，南京芳草园小学教师、亲近母语课题组核心成员刘颖老师，为老师们做整本书、图画书阅读教学的专题讲座，并观摩了周益民老师与刘颖老师的推荐课与图画书教学，金艳名师工作室成员也与专家同台上课，接受专家面对面的指导。教师在这次的活动中收获了很多“整本书阅读”教学的启迪，取得了巨大的进步。

学校通过书香校园建设，通过整本书阅读课程建设，提升了办学特色，赢得了良好的口碑。学校为学生终身发展所做的儿童阅读，推动了学校走内涵发展之路，几年的时间取得了跨越式进步，赢得家长、社会、各级教育部门的认可和肯定，并于 2017 年荣获“阅读改变中国·年度书香校园”称号，同时学校坚持带动教育协作学校一同走阅读发展之路。

“让读书成为习惯，让书香飘满校园。”读书已成为水车园小学校园里一道独特、亮丽的风景。是诵读滋润了师生底气，是读书给予了师生灵气。“为学生一生的发展奠基”是学校不懈的追求，让书香熏染每个学生，书香校园工程建设之路还在向远方延伸。我校坚信学生与书相伴一生，一定有质量，有生机。

12. 以课程推进阅读，让书香浸润生命

——甘肃省兰州市东郊学校

兰州市东郊学校是兰州市教育局直属小学，原为中国人民解放军西北军区于 1950 年 8 月 1 日创办的保育性质子弟学校，始名西北军区八一完小，后四易其名，屡改其制，现定名兰州市东郊学校。学校现有教学班 34 个，在校学生 1 500 余人，教职工 89 人。

学校占地 4.7 万平方米，建筑面积 1.9 万多平方米，绿化面积 1.4 万多平方米，植有花木近百种。学校大门建造古朴敦厚，恢宏新颖，两侧由古典游廊相连，校门上方悬挂教育家、书法大师欧阳中石先生题镌的校名匾牌。校园建筑群为仿古庭院式对称结构，由国家建筑设计大师任震英先生设计。整个建筑长廊连缀教室，青砖红瓦，红柱绿栏，雕梁画栋，廊阁回环，优雅恬静，古朴天成。回廊设计精巧，妙用屋檐，联通四周。连廊屋檐均饰以彩绘，内容有名山胜水、奇花异卉、经史典故、成语故事等，引人抬头驻足，流连忘返，宛若进入古典园林，浑忘身处校园之中。如遇雨天，师生沿长廊一周，可身无点雨进

入每间教室。园内树木葱茏，绿草如茵，百花竞艳，硕果飘香，充满了欣欣向荣、清新雅致的丽景，形成了“园中有校，校中有园”的格局。进入学校，伴着琅琅书声，诗情画意的书香气息扑面而来，颇有“曲径回廊通幽处，绿竹红花伴书声”的雅趣，因而被冠以了“花园学校”的美名。

校园内以中国雕塑大师、工艺美术大师何鄂创作的《开启智慧》《快乐成长》大型浮雕为文化主线，雕塑、文化长廊、校史室和雏鹰电视台等形成了浓郁的文化氛围。校园既古朴典雅，又富现代气息，处处洋溢着活泼向上的人文情趣。

六十年风雨历程，一甲子艰辛探索。学校积累了丰富的办学经验，形成了优良的校风，为各级各类学校培养输送了近两万名合格毕业生，校友遍及海内外，名人分布各战线，为兰州基础教育发展、民族振兴和国家富强做出了应有的贡献。

一、建立组织：目标明确，全员参与

为全力推动儿童阅读，全面打造书香学校，我校依托亲近母语实施“阅读地平线计划”。该计划以培育有中国根基的世界公民为根本目标，以学校“书香校园”建设为抓手，以儿童阅读课程化为载体，以构建学校阅读文化生态活动为落脚点，优化校园组织管理结构，构建阅读教师团队，改善整体阅读与教育生态。

为保障该计划全面有效实施，学校建立了“儿童阅读研究中心”，并构建了以儿童阅读研究中心为核心，以备课组组长为骨干的研究团队，形成了“专家指导—儿童阅读研究中心（核心教师团队）—各年级组”的阅读指导研究网络。以调研、督促、引领等形式推动该项工作的开展，并设立专门的领导小组，承担学校整体工作统筹、儿童阅读项目实施的制度保障、相关资源整合、全校教师团队发展整体规划等职责，以保证儿童阅读项目的整体实施。

全体语文教师全面实验四大阅读课程，着重深入学习和实验所属课程，注重记录课程实施中的事件、感受、反思及问题，并收集教学过程中的一些图片、文字记录，为课程的全面实施做好领航。

各年级备课组组长统筹本年级儿童诵读课程、主题阅读课程、图画书课程和整本书课程的日常教学教研工作，合理布局本年级核心教师和种子教师的不同角色定位及职责分工。

二、打造阅读环境：优化环境，丰富资源

读书浸润心灵，书香陪伴成长！学校结合文化建设，拓展学校资源，营造读书氛围，充实学校书籍，加强书籍的利用率和阅读率。在校园内形成一种“书声琅琅，书香满校园”的良好氛围。

（一）精心打造师生阅览室

为营造全新的阅读环境，丰富学生的阅读资源，学校精心设计建造了学生阅览室。阅览室占地近 700 平方米，现有藏书 5 万余本。按照学生的年龄特点及读书需求，划分为低中高三个阅读区域，图书的摆放也根据学生年段特点分类摆放，更方便学生找寻适合自己的图书。

12-1　宽敞的阅览室

室内还设有一间电子阅览室，供高年级学生自主阅读使用。学生的课程表中有阅读课的安排，每班每周由语文老师带领学生在阅览室上阅读课。另外，每天 16：30—17：30 为阅览室开放时间，学生可以自主到阅览室进行阅读。我们的目的就是让学生在舒适、温馨中享受阅读带来的美好。除此之外，学校还自主设计建造了教师阅览室，除摆放一些教育教学类的图书杂志外，还添加了许多各科名著。

学校每学期都会增购大量新书，从国内外优秀绘本、优秀儿童文学作品到国际大奖童书等青少年读物，充实更新图书，以满足全体师生的阅读需求。学校充分利用阅览室引领学生走进阅读世界，让他们享有丰富的阅读资源，让阅读真正成为他们的生活习惯和生活方式。

（二）营造楼内浓郁书香氛围

我们希望带领孩子走进书的天地，感受书的魅力，因此充分利用学校宽敞明亮的楼厅，建设了风格不同的书吧，让我们的孩子生活在书的世界，沉浸在书的海洋中。志远楼和博慧楼的四个书吧，根据书吧的位置及不同主题，分别以“绘本馆”“名人堂”等命名，以独具特点的造型，配以或现代或古典的装饰，创设了孩子们喜欢的读书氛围。楼道的墙面也营造着浓浓的读书氛围，《三字经》《弟子规》这些精美的国学文化墙，各个年级的阅读展示墙，既方便学生随时阅读，又能传递交流阅读的感悟。

12-2　舒适的阅读吧（1）

12-3　舒适的阅读吧（2）

（三）让每一个班级充满书香

全校 34 个班级，班班都设有图书角。我们引导学生将家中的优秀图书带到班级中成立班级图书角，与同学、老师分享；同时每班都会专门配备 1—2 名学生作为班级图书管理员，负责班级图书的借阅、登记、归还等工作；一些班级还通过制作“读书小报”，充分展示了学生的读书收获及优秀作业和作品；各班在学校教研室的带动下，每周开展图书漂流活动，同一本书籍，同一本笔记，一学期下来记录了每个班级共同阅读的美好与温暖；班与班之间也定期交换图书角的书，实现阅读资源的充分共享，每一间教室都被浓浓的书香包裹着。

（四）让校园因阅读更加雅致

我校建于 1950 年，由著名建筑设计大师任震英先生设计。校园为仿古式北方庭院设计。古香古色的红柱绿栏，朴实典雅的中心花园，无不见证着学校厚重的历史与人文。一年前，学校四处走访，反复斟酌，邀请书画界专家及当地文学界名人，为学校量身创作了楹联，精心装裱刻制后悬挂于长廊和门厅，学生、老师每每经过都会不经意地读起，渐渐地这些楹联诗句便内化于心了。学校还精心打造了创意井盖，井盖选择四方形大理石做材料，每个井盖上都刻有一首唐诗，学生漫步校园，也便与这些唐诗结下了不解之缘。在这花园式的美丽校园中，我们引导学生亲近经典，储备经典，用中华传统文化为人生添彩，我们的校园也因阅读而更加雅致。

三、课程设置：针对特点，统筹安排

针对我校学生的整体特点，我们选择“亲近母语”课程中的儿童诵读课程、主题阅读课程、图画书阅读课程、整本书阅读课程四大儿童阅读课程为学校阅读课程，进入学校课程表。

儿童诵读课程——以《日有所诵》为诵本，伴随着全校学生每一周的学习，每天早晨开展 20 分钟的诵读。每日不间断地记诵，就是炼心的过程。水滴石穿，绳锯木断，天长日久，积累的是语言，培养的是诗性，也是定力和静气。我们用诗的语言和诗的律动唤醒孩子们，为他们一天的学习打开一扇门，点燃阅读的心灯。

主题阅读课程——这是以儿童的精神发展为“经”，以文学体裁的阅读为“纬”，从儿童学习母语的心理出发，以主题架构单元，通过高效的略读指导，实施儿童文学教育的一门课程。以《全阅读》为阅读文本，每个年级均开展，每周安排一节主题阅读课。教师带领孩子围绕阅读的一个目的，选择一组相关的文章或多部作品，进行功能性的阅读，从而给孩子们充分的母语文字的熏陶、丰富的母语文学的滋养。教学中我们或轻轻地读给孩子们听，或一起演故事，或补充更多相关的课外知识来拓宽他们的视野，或让他们自己大声读给自己听，读给同伴和老师听，抑或是对照我们的国标课文一起品读。孩子们读着形式多样的母语，那种热爱母语的情感便油然而生！

图画书阅读课程——每周讲述一本图画书。让孩子享受一个有趣的故事，懂得一种认知的方法，学会一些有用的知识，掌握一项思考的窍门，了解一类生活的情趣，体验一次好玩的游戏……让孩子由图画书爱上阅读。它是我们以中外优秀的经典的图画书作为阅读材料（参照“亲近母语”书目），通过对图画和文字的阅读指导而实施文学教育的一门课程。六个年级都有阅读的书目要求。低年级以老师读讲的形式为主，教学中老师们会根据书本的内容和主题引出话题，和孩子们进行话题交流，也会让孩子们完成自己的图画书创作。到了中高年级，我们更多地会选择一些比较深入的话题和孩子们聊，或是挫折，或是成长；或是战争，或是生命。我们也会把图画书作为高年级的习作素材来运用。这门课程是孩子们最为喜欢的课程。

整本书阅读课程——根据学生年龄特点，我们在二至六年级开展。每月至少共读一本整本书。教学中以儿童文学书为阅读材料，书目主要来自亲近母语书箱和老师自主推荐两个途径，通过有效的略读指导和班级读书会这一组织形态实施，从而给予孩子们文学的滋养。教学形式主要有导读课、推进交流课、分享课等课型。从教学中我们可以看到孩子们如饥似渴的读书热情。在我们一次又一次的读书分享中，在我们一本又一本的读书成果里，孩子们渐渐地爱上了阅读，爱上了读一个又一个故事。我们都乐意做一个读故事的人，做一个讲故事的人。最终你可以看到，在我们学校的书吧、教室、花园里，有很多孩子都会在课间拿着书读；写完作业，有孩子会拿着一本书来读，一听到要上一节读书课，孩子们的欢呼声会响彻整间教室，当故事声响起，再吵闹的教室都会瞬间安静下来。这不是老师的魅力，不是书本身的魅力，而是母语的魅力。

四、阅读活动的开展：丰富多彩，趣味盎然

（一）作家进校园

在一系列儿童阅读课程的推进下，孩子们收获了阅读的无限快乐。在东郊美丽的校园里，随处可听到孩子们的朗朗书声，随处可见到孩子们读书的身影。校园见证了孩子们的阅读之旅，也迎来了一位位著名的儿童作家。“辫子姐姐”郁雨君告诉孩子们要“随时随地记录灵感的火花”，安徒生奖获得者曹文轩为孩子们讲述了他的成长经历，“中国动物小说大王”沈石溪与孩子们亲切地互动交流，梅子涵爷爷为孩子们讲阅读的意义，作家黑鹤为孩子们带来了大草原上的故事……在学校精心组织的各项阅读活动中，孩子们能近距离地接触这些原本只

在书中见过名字的作家，与他们进行文学的对话。这将成为孩子们受益一生的宝贵财富。

12-4　和作家曹文轩在一起

12-5　和作家黑鹤在一起

（二）读书节

每一年春意盎然的 4 月，世界读书日到来之际，学校都会开展为期一个月的“校园读书节”活动。读书节开幕式上，由学生发出阅读倡议，学校推荐阅读书目，鼓励全校师生参与阅读。读书节由校内阅读和家庭阅读两部分构成。校内进行某一类书籍的导读、交流活动，家中进行父母与孩子之间的亲子阅读。孩子们读书的收获以《亲子悦读手记》、校报选文、读后感、朗诵会、故事会等形式展示，各班评选“阅读之星”“写作之星”，学校再评选出“书香班级”。校园读书节营造了学生、教师、家长共同阅读的良好氛围，为学生们提供了展示自我的平台。

（三）亲子悦读分享——与书的吉光片羽

“一年级的时候，我家小丫在阳台上侍弄她的小盆景时轻轻念叨‘苔花如米小，也学牡丹开’。我当时有些惊讶，问她这是从哪里看到的。小丫说《日有所诵》。回头查了查，这首诗是清代诗人袁枚创作的，名叫《苔》。原谅身为吃货的我只知道有《随园食单》，却没有听到过这么好听的一首小诗。”

“对我来说，最幸福的时刻就是每天晚上拥小家伙入怀，给她读《亲近母语·我的写作课》，然后分析一下这篇文章为什么好看，从头到尾去把它剖析开来，觉得这样做非常有益于提高她的阅读质量。”

读着这些文字，我们感受到了“润物细无声”的温柔，也感受到了阅读的无穷力量。这些“故事爸爸”“故事妈妈”每学期都义务走进校园、走进课堂，为孩子们带来精彩的故事分享，成为孩子们最欢迎的大朋友们。

（四）《亲子悦读手记》

怀着温柔的心，拿起书与孩子共读吧！您会和孩子一起“靠近最高级的想象力、最高级的美，以及生命的真相”！

翻开一本本《亲子悦读手记》，里面的图文无不让人觉得亲子间的互动交流使人欣慰，更让人感受到亲子阅读给人带来的无限美好与收获。《亲子悦读手记》是学校专为每个孩子与家长准备的阅读记录册，是以书为媒，以阅读为纽带，让孩子和家长在《亲子悦读手记》里共同分享多种形式的阅读感受。悦读手记中有家长对于学校提供亲子阅读机会的支持与感激之言，有亲子共同的阅读感受，图文并茂，精彩纷呈。其中，低年级学生主要以图画和简短的文字来表达自己与父母阅读一本书后的感受，那稚嫩有趣的图文无不让人感受到他们的欢喜和认真。中年级的同学所呈现出的大多是与父母共同阅读后的体会，透过那些真诚的图文让人体会到亲子阅读碰撞出的耀眼火花。高年级同学大多是通过阅读后以积累字词句为主，字里行间能真切地感受到阅读给予他们的无限能量。《亲子悦读手记》就像是孩子与父母种在自己心田的种子，用彼此的耐心浇灌着，小小的种子终将爆发出勃勃生机，长成参天大树。

（五）教师读书分享会——“阅读，遇见更好的自己”

为了更好地引领全体教师的读书生活，进一步培养教师的读书习惯，加强教师队伍建设，走内涵发展之路，奠定教师厚重的文化底蕴，形成全员学习、团队学习的良好氛围，构建书香校园和创建学习型和谐校园，我校全体教师共读了《静悄悄的革命》一书。学期末，我们开展了一次以“阅读，遇见更好的自己”为主题的教师读书分享会。分享活动分两个阶段举行。第一阶段是教研组内进行分享交流，组内每位教师都积极地分享交流了自己的读书感悟。第二阶段，在分组交流的基础上，各组选派一名教师代表在全校进行读书分享。在阅读中寻找灵感，启迪智慧；在交流中反思超越，收获成长与感动！每个组都认真准备并做了PPT，图文并茂地将本组教师的集体智慧展示出来。全体东郊教师将做学生阅读的领航者，让阅读、让浓郁的书香充盈校园的每一个角落，让师生共读成为学校一道永恒而亮丽的风景线。

五、教师队伍的发展：学校引领，不断提升

东郊学校与亲近母语于2015年9月开始合作实施“阅读地平线计划”。其间，亲近母语的徐冬梅亲临调研，专家与东郊老师共同研发《儿童阅读解决方案》，东郊学校由省特级教师、金城名师徐世赟老师领衔主持，全体语文老师多次研训，构建了“一主四翼”的儿童阅读课程，即立足于国标《语文课程》，辅之以儿童诵读课程、主题阅读课程、图画书阅读课程和整本书阅读课程，致力于推进儿童文学阅读，在孩子的心中根植阅读的种子，让他们的一生从此充满阳光。

亲近母语专家先后三次来东郊指导，主要围绕儿童诵读课程和主题阅读课程开展了观摩研讨。种子教师的诵读展示和曹林、巢庆泉老

师的共话儿童阅读教学，为老师们做了示范和指导，进一步明确儿童阅读课程如何具体地实施。

12-6　教师研讨（1）

12-7　教师研讨（2）

在各位专家的指导下，我校教研活动也得以顺利、有效地展开。全体语文教师确立了明确的教研目标，力求以“准确把握文体特点，落实语言文字运用”为教研主题，通过个人自学、课堂观摩、集中研讨、专题讲座等形式，认真研讨语文教学新理念，在教学实践中反思总结，提高教学实效，提升学生的语文核心素养。

近几年来，我校每个年级分别以不同主题开展教研活动，一年级的绘本阅读，二年级的同课异构，三年级的经典阅读，四、五年级的整本书阅读等，都以异彩纷呈的形式展示出阅读的巨大魅力。在教研过程中，也产生了许多值得反复观摩借鉴的优质课，如徐世赟老师执教的《时代广场的蟋蟀》、颜如玉老师执教的《老师同学都爱我》、张燕老师执教的《小黑鱼》等。

儿童阅读课程的开展与实施，每周的业务学习和网络教研培训以及教育教学实践活动，不但提高了老师们的教学技能和个人素养，而且拓宽了老师的视野，更新了老师的教育教学理念，我校学习型老师在不断成长之中。教师巢庆泉的主题阅读课给了学生们充分的母语文字的熏陶和母语文学的滋养，在甘肃省青年教师课堂大赛中脱颖而出，荣获第一名，并代表甘肃省参加全国教师课堂教学比赛；教师赵莹莹将每个周二定为班级读书日，两年来，她带领着学生们读了一本本书：《戴小桥和他的哥们儿》《滑雪场的狗》《夏洛的网》《草房子》《小王子》《长袜子皮皮》……从导读课到分享交流课，孩子们读得越来越轻松愉快。“当读书成为生活的一部分，上课自然水到渠成，课程内容也更加夯实有力。”赵莹莹说。她还在网络音频分享平台上申请了账号，每天读书给孩子们听，截至目前播放总次数已超过 2 000 次。张燕老师被吸收为亲近母语团队的种子教师……

两年时间，这种依托专业领域成熟的科研成果，积极搭建全国性平台，培养种子教师，全力推动课程改革的做法，通过《亲子悦读手记》、全阅读及日有所诵等活动，在东郊学校这片土地上生长开花，为儿童阅读课程的实施提供了成功范例，也给了其他兄弟学校有益的启迪，其辐射带动作用已日益凸显。母语教育润泽儿童心灵，儿童阅读在全面提升学生的汉语阅读能力及人格涵养方面，起着越来越重要的作用。

金城黄河之滨，古韵今风，木映花承，我们每一个东郊人就浸润在文学里、诗意里。为了文学与童年的欢聚，为了阅读一生的照亮，带孩子走进一本本书里，与孩子融入一节节课堂里，我们已彼此温暖而浪漫地生活在文学里。

13. 播撒书香的种子，静候花开的声音

——黑龙江省黑河市实验小学

黑河市实验小学创建于1910年，是黑河市城区内最具影响力的百年老校。学校现有教学班39个，2 000多名学生，教职工119人。2015年学校携手农校和老校成立实验教育集团，共有69个教学班，3 000余名学生，成为领跑一方的教育品牌。校长孙艳红是一位具有远见卓识的阅读推广人，坚持从儿童立场出发，办学生喜欢的学校。围绕“开实验之风，育多元人才”的办学理念，构建以诵读、整本书阅读以及读写互动在内的阅读课程，并由此衍生出具有实验特色的国学课程，为学生营造丰富的阅读文化。申请立项了以读写互动为主要内容的黑龙江省规划办“十三五”重点课题，立足课堂，潜心研究，以读写为支撑开展大语文教学研究活动，从而提高学生的语文综合素养。

一、建立组织，引领阅读建设优质高效发展

“腹有诗书气自华。”为了培养师生良好的阅读习惯，全面提升

师生的语文综合素养，为师生的终身发展奠基，学校努力打造书香校园，塑造内涵丰富、特色鲜明的校园文化。2014 年，学校实现阅读课程化。依托“读好书，写好字，习好文”进行大语文教学研究活动，学校先后制订并实施《黑河市实验小学阅读课程评价标准》《黑河市实验小学国学艺术节活动方案》《黑河市实验小学校园读书节活动方案》《黑河市实验小学教师读书活动方案》，目前研究活动已渐入佳境。校长向全体师生发出倡议：做爱阅读的中国人，做善于阅读的黑河人，做最有文化内涵的实验人。学校成立并创建由孙艳红校长带头的黑河市实验小学书香校园建设领导机构，副校长负责具体工作，教导处带领语文教研组组长细化管理，所有语文教师陪伴学生潜心阅读、积极练笔，以师生共读、亲子共读推进全民阅读。

二、阅读环境，打造润物无声的精神家园

学校历经百年沧桑，拥有厚重的文化底蕴。随着时代的发展，校园环境不断更新，但始终不变的是儒雅的书香氛围。学校围绕“国学立人，多元发展”的办学特色，设计出具有中国品味的校园文化。楼前电子屏，随时滚动播出经典名句；走进一楼大厅，首先映入眼帘的是宋代大儒张载的“四为句”，它作为读书人的最高境界，激励着学生们修身立志、发奋读书；大厅正上方高悬着写有实验校训——和、雅、勤、诚的四个灯箱，让广大师生俯仰之间牢记于心。每一层教学楼分别以校训内容为主题进行了精心的布置；“百学图”“实验赋”“国学经典名句集萃”“成语墙”“名家书法作品”等富有浓郁国学色彩的内容随处可见，对学生进行潜移默化的熏陶和感染，陶冶学生性情。每天中午伴随着优美的音乐，“红领巾广播站”送来的“好书分享”“美文欣赏”等内容成为同学们的精神享受。

（一）打造“流动”阅览室

为满足师生的阅读需求，学校分别针对低、高年段安排了两间学生阅览室、一间教师阅览室，现存图书 5 万余册，从国内外优秀绘本、优秀儿童文学作品，到中外经典名著、科普读物一应俱全，并随时更新。每天中午、课间，阅览室面向全校开放，学生随时可以惬意地坐在这里阅读。与此同时，学校用各种方式让阅览室里几万册图书流动起来，丰富学生的阅读资源。学校为每位学生制作了一张借阅卡，不仅可以随时阅读自己喜欢的图书，还可以把书借回家阅读。阅览室设预约课表，语文教师进行课内整合，节约时间，每班自主选择隔周到阅览室上一节自由阅读课。阅览室设流动书箱，每箱 50 本，借到班级，由班级图书管理员负责借阅、管理、更新，让这些优秀图书真正成为学生健康成长不可或缺的丰富给养。

（二）创设班级个性文化

班级是学生的又一个家，各位班主任总是独具匠心地布置班级环境。每个班级都设有“班级读书角”或“好书漂流吧”。由各班家委会发出号召，每个学生从家里自愿带来一两本自己喜欢的好书，放到班级读书角进行好书共享，由班级图书管理员管理借阅。每读完一本同学分享的图书，学生们都会主动在书后签名并写一句感恩的话。每升高一年级，再更新下一批。每年度结束，根据书末的签名记录，评选年度受欢迎的好书。每个班级的读书角无论是装饰还是使用的方法都有自己班的个性特点，保证让学生们对这个角落情有独钟。同时，各班还用学生的读书心得、诗画作品、阅读评比记录单来装点墙壁，营造浓厚的书香气息。

（三）营造自由阅读空间

各个楼层因地制宜设置了许多别致的书架，并配备了统一的读书凳，便于孩子们随时阅读。设在每一个楼梯间的“读书吧”，是孩子自主管理、自由阅读的快乐空间。每一层教学楼的走廊墙壁都是阅读文化展示墙。上方是学校为班级统一订制的展板，由各班级自主设计，多以班级小课题成果展示为主，随时更新图文作品；下方是全校学生阅读作品展示区。一楼是邮票设计展；二楼是原创绘本；三楼是手绘经典；四楼是“我的藏书章”。展示的作品定期更换。每个课间，都有许多孩子津津有味地翻看同伴或自己的作品，用自己的智慧装点自己的空间，孩子们的自豪感可想而知。

（四）建设精品图书馆

百年实验，薪火相传。为了给爱阅读的实验人，打造一座求知问道、潜心阅读的主阵地，一座具有古典气质的现代化图书馆正在建设中。学校斥资200多万元，占地400多平方米，包括藏书区、阅览区、交流区，还有一间国学馆，下学期开学将正式投入使用。届时将面向实验教育集团3个校区的3 000多名孩子全面开放。传业讲习，晨诵暮享，传承实验深厚底蕴，成为实验师生心目中可亲可爱的精神归宿。传统与现代相融，共同滋养实验人。

13-1　校园图书馆——博雅书院（1）

13-1　校园图书馆——博雅书院（2）

（五）构建多元读书网络

从每个家庭的亲子阅读小书橱到班级的共享读书角，从学校阅览室到升级后的现代化图书馆，丰富的阅读资源在孩子的生活中触手可及；学校微信公众号开辟阅读专栏，既有“读万卷书，行万里路”分享专栏，又有读写互动展示专栏；学校与黑河市普希金书店开展联谊活动，每个学期每班都有一下午书店阅读的时光，每个假期每班都会到书店，由电视台录制一期书香学堂节目；班级的假日小队活动由家长组织、班主任配合，利用周末开展个性化的阅读活动。家庭、学校、网络、社会联结成一个多元化的读书网络，让每一个孩子都能与好书为伴，与经典同行，在浓郁的书香氛围中养成儒雅的品行。

三、阅读课程，赋予阅读广阔的生命价值

（一）课程内容

学校鼓励学生自由阅读，大量阅读，让丰富的阅读活动伴随孩子们的小学时光。2012 年，学校把阅读课列入课表，开放学校阅览室。2013 年，着手实施儿童诵读课程，选取亲近母语编写的《日有所诵》作为诵读文本，用规范的语言为学生提供健康的母语营养。2014 年，又将整本书阅读纳入语文课程体系。由此，学校构建了以儿童为本位，以阅读为核心，以文学教育为路径的小学语文课程改革体系，实现了阅读课程化。我校采用 1+2 课程模块，依托传统的语文课程，辅以新增的诵读课程、整本书阅读课程，通过大量的阅读、诵读、分享、表达和体验，让儿童在亲近母语的学习实践中拓展阅读量，积累语言，学会表达。2016 年，学校成为“亲近母语”项目实验学校，跟随总课题组开展更为丰富的阅读课程探索之路。

黑河市实验小学三年级 1 班课程表

诵读课程：8：05—8：15　　14：00—14：10

节次		星期一	星期二	星期三	星期四	星期五
上午	1	数学	数学	语文	语文	数学
	2	语文	语文	数学	数学	语文
	3	男足女舞	阅读	语文	英语	英语
	4	美术	美术	信息技术	科学	综合实践
下午	1	国学	品社		班队 / 生命	人文 / 技术
	2	体育	科学		综合实践	品社
	3	音乐	体育		信息技术	音乐

1. 诵读课程——背诵积累，培养语感

我们的诵读课程以 6 本《日有所诵》为诵本，不占用课时，各班利用每天 10—15 分钟的晨读时间，采用分组接力读、变换节奏读、范读、慢吟急诵等丰富的诵读形式，将语言内化为语感。每天诵读一首，周末回顾。每个学生每学期都有一张专门的诵读积累卡，每天以家长与同伴配合的方式进行检测，以积分卡作为礼物，期末换取心爱的书籍或实现一个迫切的心愿。班级采取阶段展示的方式进行检测。背诵的多少并不重要，关键是以这样一种方式激励孩子的诵读热情，为孩子搭建一个展示平台。6—12 岁，是孩子阅读力、背诵能力发展的黄金期。孩子们喜欢《日有所诵》中的内容，每天暮省时间读给爸爸妈妈听，晨读时间全班同学变换方式齐诵，有诵读卡做记录，每个班级还有自己个性化的奖励方式，所以学生诵读背诵的积极性非常高，每学期期末，学校都要组织“课内朗读，课外背诵抽测”，每个学生每学期都能够背诵三四十篇《日有所诵》中的优秀诗文。在熟读成诵的过程中，学生养成了仿写诗歌的好习惯，每个班级都有自己个性化的学生文集。

2. 整本书课程——习得方法，爱上阅读

学校向全体师生推荐分级阅读目录。每月师生保底共读一本书。师生提前共同商定本班本学期整本书共读书单，每学年共读 8 本整本书。对购书有困难的学生，采取领导、老师一对一资助或社会爱心企业捐助的形式，助力阅读。每个年级有 6—7 个平行班，班级之间、生与生之间自愿进行整本书漂流。中高年级每生每学期花 4 本书的费用，可读近 20 本书，一学年就是 40 本左右。利用每周 1 课时的阅读课进行整本书的共读。每月一本 4 课时，分别以导读课、自由阅读课和交流课形式推进阅读。每一本整本书至少要读两遍。导读课重点进行好书推荐，激发学生阅读整本书的欲望。先让学生以自己的节奏、自己喜欢的方式全身心地走进文本，不带任何问题快速读完，满足学生关注故事情节的阅读心理。通过浅层快速阅读，完成整体感知以后，下发教师精心制作的阅读学习单，引领学生带着话题，重新深入自读全书，进入两三周的个性化阅读，与文本对话、与作者对话，进行深层的思考，为后期讨论交流做充分的准备。每月最后一节，以班级读书会的形式深入交流，分享彼此不同的观点，提升对文本的理解。在整本书阅读结束后，引导学生展开多维度的拓展延伸，既有阅读方面的拓展，又可以有写的训练。

教师利用阅读课教给学生读书方法：如何读绘本，如何读整本书、画思维导图；如何做标记、补白；怎样浏览，怎样摘抄，养成不动笔墨不读书的好习惯，尤为重要的是培养学生阅读中思考的习惯。

3. 国学课程——传承经典，涵养天性

中国优秀的国学经典意存高远，能培养孩子们深厚的文化底蕴和优雅的气质。为了让经典的国学作品为学生的人生打上厚实的底色，我们决定在学生阅读力不断提升的基础上，使大语文教学实践向纵深发展，为学生初中、高中，乃至一生的语文学习打下坚实的基础。

2013 年 9 月，借鉴北京名校的经验，我校将国学经典教育作为校本课程引进学校。每班每周安排 1 课时的国学课，选用专业的国学教材，从语文教师中选取底蕴深厚、热爱国学经典的教师担任专职国学教师，开展了国学经典的诵读和积累。

少年若天性，习惯成自然。为了激发兴趣，学校积极为学生搭建展示的平台：国学小讲堂、国学考级、国学展示周、国学达人赛……孩子们在活动中体验着参与和成功的快乐。我校的经典背诵一直坚持“奖勤不罚懒”的自愿原则。为了表彰诵读热情高的同学，树立身边榜样，每学期初，学校根据学生的年龄特点制订标准，以国学教材为背诵的主要内容，组织国学考级活动。对这些名篇佳句，孩子们都能流利背诵，并粗知大意。参加考级的孩子也由最初的一二百人增加到现在的上千人。国学课程在我校开设已近五年，国学经典学习贵在坚持，聚沙成塔。几年来，我们感受着经典诵读带给孩子们的变化。优秀的传统文化经典润泽着孩子的心灵，启迪着孩子的智慧，深受师生家长的喜爱。在近几年的实践中，我们结合校情和学生实际研发了 5 本国学校本教材，《唐诗》《宋词》《道德经》等作为现行国学教材的辅助与补充，并推广到其他学校使用。国学课程已经成为我校的品牌特色校本课程，2015 年 7 月，《中国教育报》整版刊载了黑河市实验小学“国学立人”专访文章——《传承国学经典　培育儒雅少年》。

4. 读写互动——课题引领，相得益彰

语文学科的基础是阅读，读是写的基础，写是读的延续，两者相辅相成，相得益彰，是一对和谐共同体，彼此可以通过对方吸收营养。为了避免以往为读而读、雁过不留痕式的浅层次阅读，我们在开阔学生阅读视野，养成良好阅读习惯的基础上，以积累、理解、运用为前提，引导学生从阅读材料中学习规范语言，学习表达方式，学习布局谋篇的基本方法，积累语言，循序渐进。采用微仿写、记读书笔记、写接力日记、记班级日志等形式，实现读写互动。2016 年 3 月，我们启动了《以读写互动提升学生语文综合素养的实践研究》的课题实验，该课题已立项为黑龙江省“十三五”规划办重点课题。学校通过实施课题牵动，在实践中逐步积累经验，解决阅读与表达比例失衡的问题。以学校的大课题作引领，辐射到每个班级、每个家庭，家校合作重视阅读积累。同时作为“亲近母语”项目实验学校，我们可以实时分享总课题组的线上线下资源，指导我们将“亲近母语”大语文教学研究活动做实做强，提高学生的语文综合素养。

在学校核心课题基础上，由师生共读整本书启迪灵感，激发了中高段师生的研究兴趣，师生们自主研发了各具特色的班本课程。乐观达人苏东坡、诗仙李白、《道德经》《论语》等都成为学生的研究主题，并形成具有个性化的班本课程实施策略。以“古代文化名人研究班本课程”为例，形成了五大操作模块：模块一——了解生平；模块二——吟诵作品；模块三——主题研究；模块四——成果展示；模块五——拓展延伸。

通过班本课程的研发，师生在共同研究中历练成长。

（二）课程评价

学校采取多元的评价方式，促进阅读活动有序深入开展。

1. 阅读能力专项测试。我们改变以往的期中综合测评的传统，取而代之的是各种单项测评。语文学科进行阅读和作文的专项测试。以阅读文章、书面作答的形式，对学生的阅读能力从整体感知、提取信息、推断预测、评价赏析、联结运用等几方面加以测评，以习作、征文的形式对书面表达能力进行测评。测评后进行必要的测评分析，及时反馈并迅速整改。

2. 用阅读存折记录学生阅读足迹。了解学生的阅读量、阅读面。既有学生的个人阅读存折，存放到学生档案袋中；又有班级个性化的阅读记录单，通常以小组为单位，记录、检测、评比，期末根据记录进行奖励。

3. 举办过关考级、抽测活动。国学考级是我校的又一项品牌活动，本着“奖勤不罚懒”的原则，学校鼓励师生们积累背诵，树立身边的榜样。每学期开学初，教导处根据学生的年龄特点制订标准，组织国学考级活动。参加考级的学生以年组为单位进行评比，共分五个等级。仅在本学期的国学考级活动中，就评出国学小新星 1 200 余人、国学小明星 400 余人，国学小达人 92 人、国学小博士 79 人。学期末，教师发展中心组织全校的课内朗读、课外背诵抽测，通过聊天的形式，检测孩子们对《日有所诵》及必备古诗文的积累情况。

4. 评选“阅读之星”。学校从学生、教师、班级以及家庭四个层面树立阅读榜样，统称为“阅读之星”。其中以学期为周期评选班级“书香少年”，以学年为周期评选“书香教师”“书香班级”“书香家庭”。“阅读之星”采取自主申报与民主评议结合的形式产生并予以奖励，通过校报、微信平台公示，并以海报形式展出，激励全校师生潜心阅读，快乐阅读。

（三）校本教研

黑河市实验小学 2017—2018 学年度下学期

（周）阅读教研安排表

时间		内容	责任人
星期一	上午	—	
	下午	第六、七节：一、三年组阅读教研	语文组长
星期二	上午	—	
	下午	第六、七节：二、四年组阅读教研	语文组长

续表

时间		内容	责任人
星期三	上午	—	
	下午	语文学科集中研讨	教导处
星期四	上午	—	
	下午	16：00—17：00 语文教师“亲近母语”课题组网络研修（每月倒数第二周周四下午）	课题组
星期五	上午	第一、二节：五、六年组阅读教研	语文组长
	下午	—	

1. 实验讲坛提供平台。教而不研则浅，研而不教则空。教师的专业成长离不开有效的教研。“实验讲坛”是实验小学传统的校本研修方式，也是教师互相交流学习的平台，让一线教师走上讲坛，展示教师在阅读课程实践中自我发展的个性魅力，使教师在专业发展中积淀足够的学习力和理解力。因为读童书，走进儿童的世界，老师们会自然从儿童的角度思考问题。课堂上，教师以平等的身份与学生交流；绘本课、整本书导读、诵读展示、读书交流课……越来越多的尝试成为课堂教学的常态。

2. 网络教研开阔视野。集团三校区教导处在排课表时统一协调，为每一个教研组留出统一平行年组大教研时间，让教师们有机会以教研组为单位进行个性化学习。每周三下午，是学科培训时间，负责语文学科的业务领导、科研办主任带领全体语文教师进行网络学习，观摩名家整本书教学实录等；本学期开始，每月倒数第二个周四下午有一个小时的“亲近母语”课题组网络教研，由于选题精准，能够真正解决教学实践中具体的困惑，教师们都特别期待，教研结束后还会主动通过学校课题实验教师微信群进一步开展交流和研讨。

3. 主题教研借鉴成长。从 2015 年开始，学校教师发展中心每一年度都会组织一届阅读课程主题教研活动。整本书、诵读、吟诵、绘本、读写互动等各种课型自主选择。集团 69 位语文教师一起观课议课、交流研讨，在借鉴与实践中不断成长。

学校鼓励并引领教师们成为终身学习者、职业读书人，通过培训、教研促进个人的专业化成长。每学期根据具体情况制订《实验小学教师读书方案》，教师们以书友会为单位读书、考级，教学相长。在连续三届教育部组织的“一师一优课　一课一名师”活动中，学校先后有 13 名语文教师获部优奖。

四、阅读活动，打造师生成长的缤纷舞台

学校的阅读活动丰富多彩，是书香校园建设的重要载体。活动既有传统的读书节、国学节令人期待，又鼓励不同校区不同年级和而不同的小个性，深受学生和家长的喜爱。

（一）快乐读书节，张扬个性

从 2000 年开始，学生们每年的阅读生活里都会有一个如约而至的读书节，这是师生、家长共享阅读快乐的生命历程。读书节上，课本剧大赛、书签、藏书票制作大赛、低年级的“故事大王比赛”、“年度最受欢迎的十大好书”、校园“阅读之星”评选、“我是朗读者”亲子朗读活动、主题征文大赛等内容丰富的阅读活动为学生搭建了张扬个性、展示自我的平台。从 2018 年开始，我们将活动升级为“阅读嘉年华”，手绘经典、原创绘本、“我的藏书章”等丰富的活动为学生提供了展示的舞台；以年级为单位举办的诗文知识竞赛、童话剧展演、课本剧表演等大型综合性节目更是师生家长智慧的结晶。活动

把家长请进校园，展示亲子阅读成果，请家长和孩子一起参与阅读争章活动，体验陪伴孩子成长的快乐。

13-3　2018 读书节之二年级古诗词大赛

（二）小书虫超市，快乐换购

一年一度的“小书虫超市”已经成为学校的一项品牌读书活动。

此项活动在操场进行。学校以班级为单位划分固定的场地，由班主任组织本班同学合理设置摊位，将家中闲置的绘本、经典书籍、手工小物件带来，可以买卖，可以交换。这种自主的形式深受孩子和家长的欢迎，已经成为孩子们最盼望的节日。“小书虫超市”品牌活动，营造了浓厚的校园读书氛围，激发了读书兴趣，拓宽了图书借阅和交流的范围，培养了学生的合作意识和社会实践能力，让同学们与图书相约，在阅读中快乐成长。

13-4　2018 读书节之小书虫超市（1）

13-5　2018 读书节之小书虫超市（2）

（三）国学文化节，涵养性情

从 2014 年起，学校开展每年一届的“国学立人　诗润童心”国学文化节活动，使各种国学比赛、展示活动系列化、规范化。每次活动历时一个多月，安排了丰富多彩的比赛内容，演国学、诵国学、唱国学、画国学，同学们全员参与，乐在其中；排微剧、练舞蹈、绘创意书签、编写对联……同学们在快乐的活动中张扬个性，显露才华。2018 年新年来临之际，我校大型国学文艺展演《和风雅韵贺新春》，通过“爱奇艺”“梨视频”进行网络直播，全国各地共有 40 000 多人点击观看，这场传统文化盛宴得到社会各界盛赞。活动通过黑河电视台在春节档播出，《美哉，诗经》《乐观达人苏东坡》等节目广受好评，使学校的知名度进一步提高。

13-6　舞台剧《孔子爷爷》

13-7　诗经《硕鼠》

（四）领航者书友会，领航阅读

教师是学生的榜样，领导是教师的榜样。校长读书，教师才会读书；教师读书，学生才会读书；校园读书，整个社会才会读书。学校领导者读书，才能聚教育智慧，筑学校灵魂。所以，集团领导班子首先成立了“领航者书友会”，率先开展读书交流活动。三个校区的教师们纷纷行动起来，组成近 20 个教师书友会，在会长的带领下，开展了各具特色的阅读分享活动。在教师的带动下，各个班级的书友会如雨后春笋，各具特色。亲子共读，微信打卡，班级诗词大会，将书友会的作用发挥得淋漓尽致。

13-8　书友会活动展示（1）

13-9　书友会活动展示（2）

（五）活动个性化，创意无限

班级是孩子成长的乐园，良好的氛围决定孩子成长的良好状态。老师们有无限的创意，组织适合本班学情的个性化阅读活动，丰富孩子的童年生活。低年级的老师每天利用放学前的 10 分钟时间，声情并茂地为学生读讲故事，成为孩子们最期盼的快乐时光。老师在班级设置诵读评比栏，每背诵一单元，就贴一张笑脸；开展学期诵读擂台赛；开展阅读闯关争章；写接力日记……中、高年级则通过开展班级阅读小课题研究，团队写接力小说，制作“我的手迹”原生态佳作塑封文集，师生一起制作读书存折，记录阅读的足迹等方式调动学生阅读、表达的积极性。

（六）亲子共悦读，事半功倍

家长是孩子的第一任老师，我们向家长发起亲子阅读倡议，调动家长参与阅读推广，创建“书香家庭”。采用阅读习惯好的家长做示范的方式，鼓励家长带头阅读，每天与孩子一起享受 30 分钟的暮享时间，通过亲子共读，为孩子树立榜样，和谐亲子关系。开展“属于我的一平方米”“二十一天阅读习惯养成”“微信晒娃”“故事妈妈进课堂”“喜马拉雅朗读打卡”等家庭读书活动。请家长为孩子创建一个一二平方米的家庭读书的温馨小天地，满足孩子买书、读书的欲望，同时让自己成为孩子读书的榜样。学校的每一项阅读活动都有家长参与的身影。家校教育形成合力，是我们所期待的最佳教育效果。

有效的阅读让母语的营养如涓涓细流润物无声，潜移默化地促使孩子爱上语文，爱上阅读。全校学生每年的课外阅读量在逐年攀升，由课内单篇到整本书；由一本书到全套书；每年师生共读八本书；假期推荐阅读；平行班漂流阅读、阅览室漂流阅读、班级读书角共享；亲子阅读；课外自主阅读……孩子时时刻刻与好书为伴，与经典为友，并养成积累背诵的好习惯。到小学毕业，每个学生的古诗背诵量保底达到150余首；《三百千》《论语》《大学》《中庸》《道德经》《古代经典散文》等国学经典背诵达200余篇；童诗、散文等背诵达到300余篇。在读写互动研究中，丰富的练笔形式见证着孩子的成长。低年级的绘画日记、儿童诗、思维导图，高年级的专题日记、微小说连载等都写得有模有样。为了记录写作成长过程，各班级都装订出自己的作品集：《织梦集》《童真童趣诗集》《岁月不蒙生》《笔尖上的回忆》……各种充满童真童趣的原生态作品令人惊喜不已。得益于丰富的阅读积累、勤耕不辍的练笔，在历年的小升初毕业联考中，我校学生的语文成绩一直遥遥领先。《“传承经典 亲近母语”大语文教学实践研究》获黑龙江省2018年优秀教学成果一等奖。2018年世界读书日，黑河实验教育集团师生光荣地参与了第四届“书香中国龙江读书月暨2018年书香黑河”全民阅读的各项活动，由国家、省、市领导组成的考察团来到黑河市实验小学，视察参观书香校园建设。领导们实地感受了学校书香满溢的国学文化和儒雅氛围，深入了解学校推动儿童阅读的各项举措，对班级的读书开放课、师生作品展都赞赏有加，并提出了一些合理的建议。

开卷有益，益己、益人、益民族；读书有利，利民、利国、利天下。我们会继续不遗余力地推动校园阅读建设，努力打造最具边城特质的书香校园。在孩子生命成长的最宝贵的年华里，日不间断地做一件简单的事——日有所诵、潜心阅读，一路播撒阅读与表达并进的美好的种子，守望岁月，静候花开。

14. 由衷地尊重每一个生命破茧而出的过程

——湖南省长沙市育才学校

长沙市芙蓉区育才学校位于长沙市解放中路南元宫 8 号，建于 1950 年，现有在校学生 1 300 余人，25 个教学班。前身是一所革命干部子弟学校，首任校长是前国家领导人王首道同志的夫人易纪钧女士。育才学校秉承老一辈革命人无私奉献的崇高精神与担当，将爱的教育传承并延续至今。2017 年，育才“全人教育”的实践和探索全面开启，这是朱爱朝校长二十八年教育职业生涯的沉淀与思考。“全人教育”提出了“阅读、二十四节气、自然”三大主线，跨越学科之间的壁垒，亲近传统文化，建立中国根基，让每一个儿童得到完整的滋养。以阅读为主线，促进儿童的言语发展和精神发育。阅读，是育才“全人教育”体系中的重要组成部分，它与二十四节气、自然三线并进、融会贯通，成为书香校园建设的核心内涵。

一、明确目标，让阅读理念深入人心

我校朱爱朝校长全盘统筹书香校园建设规划，明确分工、层层推进、确保落实。办公室负责校园阅读氛围的整体规划与布置；教研室负责教师全员阅读培训、“全人教育”课程实施；教导处负责阅读课程设置，保障全校阅读课有序有效进行；大队部负责学生阅读活动的策划与组织；各个学科教研组组长根据本学科的特点制订阅读活动方案；全体教师都是阅读课程、阅读活动的参与者。

2017年，学校中英文阅读双线并进，让孩子们在中国经典和外国经典著作的阅读中，建立中国根基，拥有世界的胸襟和眼光。2018年，育才学校“全人教育”课程全面启动。循着二十四节气的时间，我们将自然观察和阅读融合在时间的序列中。二十四节气为时间轴，自然为空间轴，全员参与，全课程渗透。朱爱朝校长出版的3本专著——《朱爱朝母语课堂》《我的自然笔记》《时节之美——朱爱朝给孩子讲二十四节气》，均获得《中国教育报》、中国教育新闻网全国十佳好书，这是她在教育第一线，身体力行以传统文化为抓手，把儿童阅读、儿童吟诵、二十四节气、自然笔记、中国故事、民俗童谣等带进儿童世界的研究成果。

二、营造氛围，让书香环境处处体现

历史与精神的传承，让校园底蕴深厚；书香与文化的融合，让校园丰富而沉静。书香环境的打造，隐藏在校园的每一处细节里，抬头低语间，悄无声息、潜移默化。

（一）无声的环境

从踏进校园那一刻开始，书香文化便在每一面墙上散发阵阵幽香。

校门口电子显示屏，跟随二十四节气更换节气习俗、经典诗词，孩子们一入校园便知晓节气，大批孩子饶有兴致地驻足其下，一边品味一边朗读，日复一日，关注节气电子屏已成为每个孩子不自觉的习惯；二十四节气楼梯文化遍布教学楼、科技楼，儿歌、童谣、诗词，朗朗上口、趣味横生，让孩子们随时随地被熏染与内化；绿色通道 6 块橱窗、教学楼走廊数百块宣传板、小操场外墙 12 块墙面大型宣传栏，分年级分板块进行中外经典图书导读介绍，图书内容简明扼要，适合不同年龄段的经典图书尽收眼底，一学期一更换，打开了孩子们的阅读视野，成为全校孩子的阅读风向标；班级外墙设立二十四节气展示区，孩子们自己收集制作的二十四节气小报，内容丰富；教室后墙设立“自然物语”专栏，粘贴班级节气活动图片与作品。

14-1　楼梯文化

14-2　墙壁文化

14-3　班级图书

（二）有声的环境

吟诵大课堂。每周一，全体师生齐聚操场，首先是一个班级的所有孩子上台诵读《日有所诵》中的童诗童谣，然后，吟诵大课堂跟随二十四节气拉开帷幕，朱爱朝校长带领全体师生吟诵与节气相关的诗歌，诵读与节气相关的诗词。吟诵大课堂用艺术的方式，让孩子们感受每一个节气，各种的天气状况下大自然带给人生命的欣喜与抚慰。吟诵，让孩子们与自然连接，与天地万物连接。大声朗读。每个早自习，孩子们都会诵读《日有所诵》，日复一日大声朗读。每天早晨和夕会，老师们拿起书本，开始为孩子朗读。大量的经典诗词、童诗童谣、经典图书慢慢浸润孩子的生命。节气广播。每个节气，学校广播站定期为全校孩子送上有关节气的主题播音。内容包括节气音乐欣赏、诗词朗读、习俗由来、古汉字演变等内容，让阅读跟随时间的节奏融合并沉淀。

三、内外兼修，让书香气质层层渗透

书香气质的内化重在精神文化的引领，一位位热爱阅读的教师成就一个个热爱阅读的孩子，一间间书香满溢的教室带动起一群群热爱阅读的家长。从教师到学生的心灵浸润，从班级到家长的辐射引领，阅读打开了学生的成长之门。

（一）书香教师

要让孩子爱上阅读，首先要培养爱阅读的教师。

1. “诗意和远方”育才读书会

读好书，读经典教育文集，是“育才读书会”的起点。没有经典好书撼动心灵的理念支撑，不足以打开精神世界的风帆。2016 年寒假，学校为每一位老师购买了吉姆·崔利斯的《朗读手册》，新学期开学后，各个教研组在组内分享自己的阅读感悟。老师们说，书中具体、可操作而又通俗易懂的方法与案例，彻底颠覆了自己以往的阅读观，育才读书会由此启航。2017 年暑假，学校又为每一位老师精心挑选《陶行知教育文集》并配上一本优秀儿童文学。耳濡目染书香气质，教师们的阅读习惯逐渐形成。

2017 年，育才读书会由“诵读会”和“分享会”两部分组成。全体教师参与，人人都是诵读和分享的候选人。每一位教师均认真准备，事先写稿，谦恭之心，溢于言表。“诵读会”内容选自《日有所诵》，读书会当天，领诵教师诵读诗歌一遍，并简短讲述对诗歌的理解，之后带领全体教师齐诵诗歌两到三遍。全体教师在经典诗词、童谣的诵读中沉浸，用朗朗书声感受中国文字的韵律。“分享会”内容选自《朗读手册》《陶行知教育文集》、儿童文学及经典教育书籍。分享教师提前一周写好感悟，做好分享课件。教师们有的分享自己对本书最大的收获，有的分享阅读后自己在生活和工作中身体力行的实践。对同一本书不同人带来的分享，让全体教师得到不同面向的体悟，也从多角度获得更多的信息与经验。分享会中加入原文重点段落的朗读，让教师们在原文朗读里亲近作者的教育智慧，身临其境感受儿童的世界。

14-4　育才读书会（1）

14-5　育才读书会（2）

每周的读书会，全程录音、摄像，并将读书会音频资料和文字资料整理编辑成公众号推文，面向社会发布。好书分享感悟可以通过公众号不断重温与学习、交流与提升。在每一次的读书会前，学校会加入“阅读节气”部分，记录在二十四节气里，校园植物随时光的流转变化，它象征着天地万物的坚韧不屈、生生不息，也象征着每个生命的拔节生长与勃勃生机。读书会推动了老师们教育理念的更新和提升，也让阅读成了老师们进步的阶梯。

2. 线上培训、外出学习

校内培训持之以恒，名师引领必不可少。2017 年，学校利用亲近母语网站，根据学校“全人教育”发展目标，为教师精心挑选线上培训项目，学校共计 40 人次参与培训，培训内容包括点灯人大学课程、整本书阅读课程、儿童诵读课程、《论语》课程、图画书阅读课程等。学校统一付款，并为参加培训的教师统一购置相关阅读书目，发放培训学习记录本。这些网络培训课程，名师荟萃，性价比高，可以随时随地点击视频课程，不但针对性强，而且省时高效。学校建立课程微信群，在群内组织学习和讨论，要求每一位参与的教师认真做好学习记录。

学校选派骨干教师每年三次参加中国儿童阅读论坛、种子教师研习营、母语教育论坛，提升教育理念，拓宽教育视野。参加学习的教师返校后，再将自己的学习心得与全体教师一起分享，将学习后的收获运用在教育教学之中，引领教研组进行切实可行的教学分析和研究，推动教研组的同步发展。骨干教师成长迅速，他们的成长带动了学校的发展。

new 点灯人大学第一季课程 ¥380

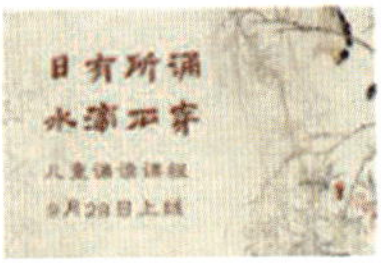

儿童诵读课程

整本书阅读课程

主题阅读课程

图画书阅读课程

序号	育才学校线上学习培训购买书目名称	数量
1	《教育的目的》	30
2	《过去的中学》	30
3	《过去的小学》	30
4	《美与幼童——从婴幼儿看审美发生》	30
5	《孩子的宇宙》	30
6	《人类简史》	30
7	《四书章句集注》	10
8	《论语新识》	10

14-6　教师学习的部分内容

（二）书香班级、书香学生

1. 图书漂流。随着校园阅读氛围日渐浓厚，教师阅读理念逐步提升，越来越多的教师将班级阅读列入学生在校评价机制中的重要项目。每个班级设立图书角，进行班级学生之间和年级之间的图书漂流活动。学生轮流担任图书管理员，每天不定期进行图书借阅，每周自行登记阅读量，周周评选阅读之星。六年时光，阅读的习惯烙印在每一个孩子身上。

2. 幸福教室。晨诵午读、朗朗书声、静静阅读是校园的主打色。老师们将课堂上的书香故事用教育叙事的方式记录下来，配合案例、学生作品、图片，发布在学校公众号“幸福教室”栏目。它关注的是真实的阅读生活，展现的是有意义的阅读体验，教师在相互交流中获得更多的阅读智慧。

3. 育才电台。教师、孩子和家长一起发声，共同担任主播，为孩子们讲述故事，诵读中外儿童文学经典。活动经由一个故事的聆听，一段文字的诵读，带动孩子们对整本书阅读的兴趣，让更多的孩子亲近阅读、亲近经典。截至 2018 年 7 月，“育才电台”已经发布了 78 期播音，为无数孩子带去了成长中温暖的书香陪伴。

（三）书香家长

孩子阅读习惯的养成离不开家长的理解和支持。为了让阅读成为连通家长和学校，共同为孩子成长助力的平台，我们在家长群体中征稿，在公众号开辟“亲读会”专栏，由家长分享阅读感悟，讲述与孩子进行亲子阅读的点点滴滴，让阅读带动家校教育理念的共同提升。截至 2018 年 7 月，“亲读会”已经发布了 19 期，越来越多的家长开始关注孩子的阅读体验，越来越多的孩子开始受益于亲子阅读。

四、“全人教育”课程，让阅读体验与万物连接

“全人教育”理念的落地，需要课程来进行支撑。在 2017 年课程实践的基础上，2018 年，我们借助二十四节气这一主题，联通过去、现在和未来，实现学科之间的融合、交叉、连接。学校已经推出了“全人教育”课程惊蛰篇、春分篇、清明篇、谷雨篇、立夏篇、小满篇、芒种篇、夏至篇八个篇章，整合了学校所有课程门类，将阅读、自然观察、实践体验融合在不同门类的学科中。以二十四节气为经，以自然为纬，全员参与，全课程渗透。

（一）全学科阅读课程

学校每班每周开设一节儿童阅读课、一节英文阅读课，大力倡导教师带领学生进行班级整本书阅读。学校购置了 3 000 册中英文经典书籍。《时节之美》《大自然系列丛书》《这就是二十四节气》《鹅妈妈童谣》等经典中英文书籍走入课堂。给孩子们讲述四季、二十四节气和七十二候，让孩子们深入了解节气的内涵，并将古汉字的演变融入其中。惊蛰时，当孩子们听到第一声春雷，再读到“惊蛰至，雷声起”时，便自然而然将学到的知识与自己的体验联系起来，由衷地感叹古人对节气的精准把握；当读到“清明时节雨纷纷”时，孩子们不仅感受到了节气物候变化，同时还感受到了缅怀先人、祭奠亡人的悲切；当读到“小满一候苦菜秀”时，才知道青黄不接的时节，人们会想办法食苦菜为生，内心既有对古人的敬佩之情，也有对今天美好生活的珍惜之心；每个节气的第一天通过老师的讲解，孩子们体验观星、观气象、观太阳，将天象、星象与物候变化与节气紧密关联。随着日复一日的浸润与熏陶，孩子们了解了越来越多有关二十四节气与自然、与生活的联系，也越来越多地了解到二十四节气对生活的影响以及对农耕生活的重要性。

（二）综合节气课堂

利用语文、数学、英语、美术、科学、综合实践等课堂，学校带领孩子们观察每一个节气中自然的变化，和孩子在不同的节气节点开展民俗生活体验活动。

春分时，诵读古诗词，赏析名作中优美的节气文字。随科学老师测量春分节气温度、湿度的变化，去探究为什么春分白天和夜晚一样长，如何通过观星了解节气的变化，为什么春分这一天能竖蛋。美术课上将春天的自然笔记画在蛋上，并且欢天喜地跑向室外开展竖蛋活动。清明节气，在诗词里体验离别、缅怀、哀伤，到郊外体验踏春、放风筝的喜悦，通过拔河、吃蒿子粑粑、赏析《清明上河图》等方式来了解与体验清明的习俗。芒种节气过端午，综合实践课堂上探究了解屈原生平以及端午节的习俗和由来；到校园对菖蒲进行自然观察并做自然笔记，了解艾叶与菖蒲对我们生活的重要性；自己动手做艾叶香包，辟邪、驱蚊。美术课上，观看端午赛龙舟视频，在课堂上自己动手设计龙舟。美食课上，食堂师傅手把手教授孩子们包粽子，孩子们专注倾听、认真钻研、兴致勃勃、反复尝试，每一个孩子都学会了包粽子，满满都是成就感。当三年级孩子学过《年月日》之后，数学组进行了“二十四节气里的数学”教学研讨。结合二十四节气的来历，从数学层面为孩子们讲述历法、二十四节气产生的原因。从春夏秋冬的起始，计算四季的天数，比较 2017 年和 2018 年春季天数的不同，发现了每个节气相差 14—16 天的规律。同时，根据周期规律，孩子们知道了春、夏、秋、冬四季的起始日期，写出春季后，孩子们自然能快速迁移，准确写出其他季节的起始日期。

通过丰富的知识统整课堂，孩子们深刻感受到中华文化之所以博大精深，不是朝夕之事，是深厚的文化底蕴造就了伟大的民族。

中华民族二十四节气独有的传统文化标识让孩子们的自豪感在心中油然而生。

14-7　综合节气课堂

（三）自然阅读课堂

信息化的时代，越来越快的生活节奏，让我们很难放慢脚步，享受自然带给我们的美好体验。在每个节气，我们都会带领孩子在校园这方小小的天地里，看风吹草动、云卷云舒、一草一木、一花一虫，体验大自然蕴藏的丰富而生动的内涵。

谷雨时，孩子与雨对话。听雨、看雨、触雨，静静聆听雨滴滴落在大地上的声音，体验雨滴落在皮肤上的感觉，观察雨滴飘落在植物上的形状……无声无形的雨，从此在孩子们心中拥有了生命的灵动，从此与生活有了艺术的连接。立夏时，孩子们带上装备，带上好奇心，开展观鸟活动。轻步止语加上十足的耐心，孩子们看到成群的鸟儿在桑树上啄食桑椹，看到接连几只觅食成功的鸟儿飞上枝头、欢喜雀跃、忘我歌唱，看到一对鸟儿夫妻成双成对、形影不离……通过查阅《观鸟手册》，孩子们知晓了校园里最多的鸟儿朋友是白头翁。小满时，孩子们在校园里找到了牵牛花，观察到了蜜蜂采蜜，意外发现八哥的鸟巢，拥抱了百年大栾树，躺倒在栾树下看天空、打滚、听鸟鸣，寻找树丛间的小虫……孩子们收获到大自然无声的馈赠。芒种时，孩子们寻找丰富的果实，紫藤、腊梅、石榴、无花果、茶树、鸢尾、美人蕉、夏橙，校园丰富的物种让孩子们大开眼界。夏至节气，孩子们聆听知了长鸣，找寻蝉蜕的踪迹，感叹知了传奇的一生。

孩子们在自然观察笔记里，记录下了越来越多对自然万物的体验、观察与感受，自然观察打开了孩子们一扇窗，让孩子们的生命慢慢舒展。行走于校园，孩子们开始放慢脚步，每一次的观察和凝视，都是孩子与自然的对话。

（四）种植体验课堂

二十四节气来源于古老的农耕社会，是中国古代订立的一种用来指导农事的补充历法，是中华民族劳动人民长期经验积累的成果和智慧的结晶。学校开辟百草园种植课堂，带领孩子们通过种植植物，切身感受天气变化与植物生长的关联，收获生命成长的喜悦。

绿豆、芸豆、凤仙花、艾叶、鱼腥草在百草园陆续播种移苗。养护植物，不仅需要科学的护理知识，更重要的是耐心、恒心和毅力。祈盼种子发芽时的煎熬，每天除草、浇水或无所事事时的枯燥，长时间的守望，发现自己的小苗不如别人长得好时的沮丧……当然也会体会到小苗蓬勃生长时的喜悦，终于等到花开满枝时的得意，枝枝蔓蔓攀爬得越来越高时的惊叹，收获果实时的满足与敬畏……植物们安安静静，但其勃勃生机却带给人无穷的力量。种植课堂，让孩子们的心灵跟随自然的韵律生长与拔节。所有的体验，最终汇聚成生命的咏叹，高低起伏、曲折遗憾、喜悦收获、爱和尊重。

（五）阅读之外的生命体验

“全人教育”课程打开了孩子们生命的另一扇窗。当孩子们与自然的连接越来越紧密时，他们对天地万物升起越来越多的敬畏之心。它点燃了孩子们对万物的想象力和好奇心，让孩子们拥有了更广博的人生观和世界观，也让孩子们开始关注全人类共同的环境和命运。

小满节气时的一场暴雨，将学校栾树上八哥的鸟巢打落地面，4只雏鸟奄奄一息，路过的孩子将小鸟救起并收养，可惜鸟儿伤势太重最终夭折。孩子柔软、善良的心，久久感动和温暖着我们。在日记里学生写道：“恶劣的天气越来越多，大自然的生灵们得发展出更强大的适应能力才能活下去啊。”种植课堂里，凤仙花育苗时，一部分种在了花盆里，一部分种在了泥土中。刚开始，它们没有区别，然而随着时间推移，变化越来越明显，孩子们看到种在泥土中的凤仙花越来越粗壮和神气，而花盆里的凤仙花长到一定的高度便不再生长。立夏节气，北斗星的斗柄由东指向了南，孩子们在家里进行观星。然而，孩子们有的来到了郊外，有的来到楼顶，即便借助器具，仍然很难观测到北斗七星。有孩子在观测日记中写道：“城市的夜晚，灯火通明，天空却灰蒙蒙的。新买的天文望远镜捣鼓了半天啥也没有看到。”小满节气，孩子们到乡下寻找成熟的水稻，亲身体验收割与插秧，之后孩子感叹：“难怪农村的田地越来越少了，种田这么辛苦！”芒种一候螳螂生，孩子们到郊外寻找螳螂，能找到蟋蟀和蚂蚱已经算很幸运了，大部分的孩子一无所获。有孩子在体验日记中写道：“我们还是得保护环境，在城里找不到螳螂就算了，就连乡下都没发现几只。而且大街上都没几点绿化，土地都用来盖房子了。你说螳螂住哪儿呀？”

越来越多的孩子开始为自然发声和思考，这是社会公民意识与责任的种子在他们的心里逐渐生根发芽的过程。“全人教育”课程是基于真实生活情境的课程，以多元的教学方式、丰富的教学内容、开放的实践空间，以持续不断、持之以恒的连贯式教学打开学生的感官，丰富学生的体验，激励、引导、支持和推动学生展开独立自主的研究和探索。

五、阅读活动，让学习生活灵动丰富

（一）阅城·长沙

读万卷书，行万里路，育才学校“阅城·长沙”计划，让研学旅行，从脚下的土地开始，从阅读我们的校园开始，从阅读社区开始，从阅读我们的家乡长沙开始。科学组研发“草木志”公众号栏目，阅读校园花草树木，一期一种校园植物介绍，配上有关植物的民俗故事和传说，引导孩子在自然中感受美、发现美。烈士公园开启“阅城·长沙”第一站，阅读革命先烈的崇高精神。全体师生徒步前行、磨炼意志，烈士塔下光荣入队。第二站黑麋峰垃圾填埋厂，阅读近在咫尺的环境生态，实地探寻走访，撰写研学报告。孩子们将亲身体验写成“保护地球妈妈”倡议书在升旗仪式上发布，倡导全体师生为城市洁净尽一份力量。第三站长沙规划展示馆，孩子们以各种方式阅读家乡长沙，在自然和社会这个大课堂里，将自我与周围紧密相连。第四站岳麓书院，阅读先人智慧，感悟千年文化。第五站橘洲公园，阅读伟人胸怀，开展“古诗词诵读”“传统游戏”“中国故事会”“草木志”“自然笔记”“绘制活动地平面地图”“自制便当分享会”等活动，收获实践的快乐。

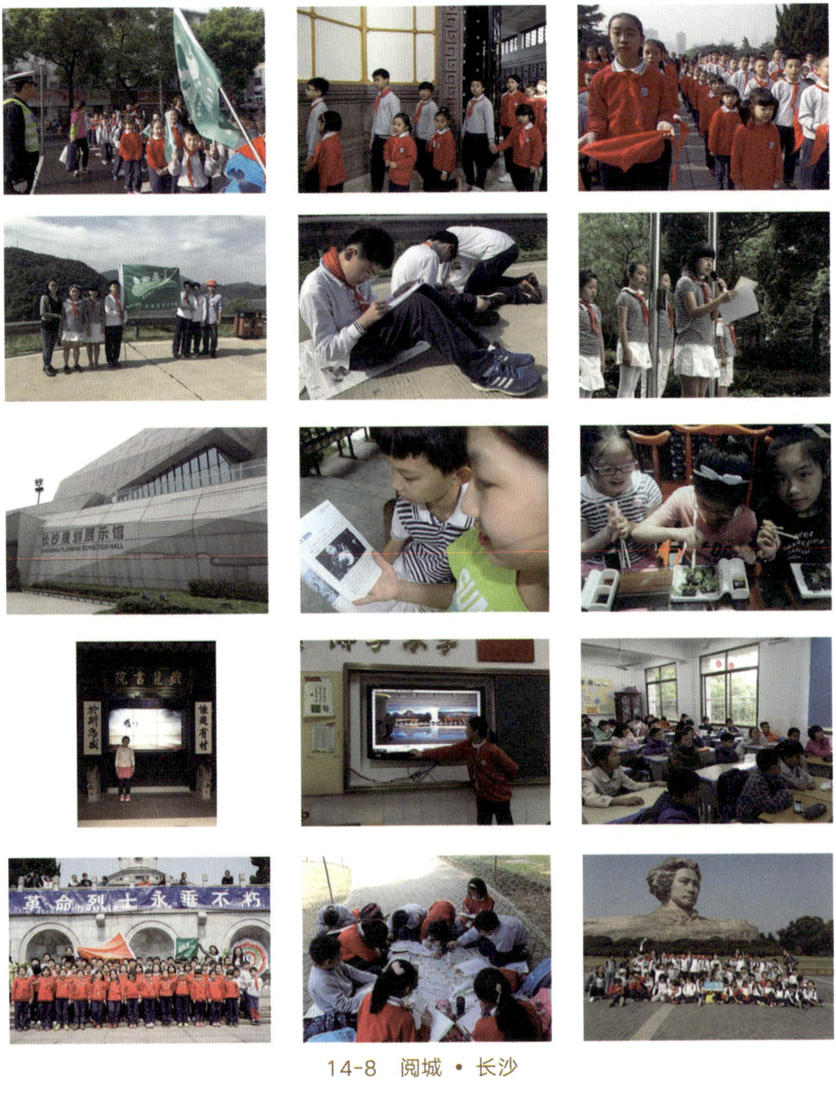

14-8 阅城 • 长沙

（二）二十四节气里的歌唱

“二十四节气里的歌唱”大型展示活动，全员参与，打破班级之间的界限。以四季为主线，孩子们选取诗词、童谣，用诵读、吟诵、舞蹈、弹奏、武术等方式诠释传统文化的自然韵律，谱写完整的自然之歌，让孩子们感受节气的魅力，亲近中国文化。

14-9　二十四节气里的歌唱

（三）书香弥漫星城

以书香为名片，是作为教育者的我们，为儿童友好型城市建设，所能做出的最好贡献。书香弥漫星城活动中，家长、孩子和老师一起行动，来到长沙标志性的建筑地铁里、爱晚亭前、天心阁下、岳麓书院、烈士公园、黄兴路上“寻找爱读书的你”。孩子们手捧书本、诵读诗词、专注阅读，与手捧手机的低头族形成鲜明对比。我们用行动诠释阅读之美，用行动播撒更多热爱阅读的火种。

14-10　书香弥漫星城（1）

14-11　书香弥漫星城（2）

六、辐射引领，让优质阅读资源共享

（一）阅读主题大型研讨开放活动

1. 中国儿童阅读论坛走进育才

2013 年 5 月 25 日上午，“中国儿童阅读论坛走进长沙 · 芙蓉”在育才学校举行。参与盛会的代表 1 000 人，分别来自长沙市十个区县，湖南省各地市，以及上海等外省市。育才学校凭借多年来在儿童阅读推广中做出的积极探索成为 2013 年全国仅有的 4 所“亲近母语全国实验基地学校”之一。此次论坛活动历时一天半，涵盖儿童吟诵、主题阅读、儿童文学、图画书阅读、儿童母语教育以及华德福家庭学校等 6 个主题，讲学专家有梅子涵、薛瑞萍、徐冬梅等。此次活动是湖南省规格最高的儿童阅读盛会，更是芙蓉教育儿童阅读启航的盛会。

2. 亲近母语基地校研讨活动暨长沙市朱爱朝语文名师工作室活动

2015 年 6 月 3 日，育才学校“亲近母语基地校研讨活动暨长沙市朱爱朝语文名师工作室活动”隆重举行。我校刘力老师执教童谣教学《什么尖尖尖上天》，朱爱朝校长执教《犟龟》，著名儿童阅读推广人徐冬梅老师进行专题阅读讲座。整场活动包括主题交流、讲座、儿童诵读课、文学阅读课和座谈交流等环节，活动既展示了育才学校儿童阅读推广与母语教育改革的成果，同时又是儿童阅读更深层地扎根进语文课堂里的一次全新尝试。

3. 芙蓉区中小学“全员阅读”活动启动暨试点校授牌仪式，“全员阅读联盟校”授牌仪式

2017 年 4 月 21 日上午，芙蓉区中小学“全员阅读”活动启动暨试点校授牌仪式在育才举行，启动仪式上，孩子们带来的《晨光里的诵读》表演是育才每天清晨开展学生诵读活动的缩影；数学教师陈凡为孩子们讲述图画书，英语教师王科文和孩子们一起进行英文童谣诵读，这是学校开展全学科阅读并将阅读课程化的真实体现；教师代表现场再现“诗意和远方”育才读书会现场，手捧《日有所诵》，齐诵中外诗歌经典，分享读书感悟的生动情景；朱爱朝校长邀请全场嘉宾一起吟诵《蒹葭》，用最中国的方式体悟中国传统文化给身心带来的震撼和洗礼。2018 年 4 月 23 日上午，“书香校园，友好同行”芙蓉区创建儿童友好型城区暨中小学阅读联盟成立仪式在育才学校举行，育才少年交响乐团及合唱团合作演绎经典《苔》；育才读书会、育才亲读会、中英文阅读课程纷纷亮相。育才学校成为芙蓉区阅读联盟校盟主，学校丰富而深刻的阅读活动在全区起到了引领和示范作用。

（二）名师工作室

1. 朱爱朝名师工作室

2009 年至 2016 年，朱爱朝是两届长沙市小学语文工作室的首席名师。在她的带领下，工作室坚持以阅读为核心，以建设书香班级、书香校园为基点，以主题研究为依托，探索从儿童出发的母语教育，致力于儿童阅读的课程化，推动儿童文学阅读进入课程表。从 2009 年到 2016 年，工作室开展“开启儿童阅读之门”系列公益活动 60 多次，足迹遍及长沙市 10 个区县。工作室 5 次面向长沙市千余名教师开展大型公益读书研讨活动。首席名师和团队成员每年都参与长沙市

名师送课下乡活动，积极发挥名师工作室示范、引领和辐射作用，朱爱朝个人为乡村学生累计捐赠图书500册。从一本教材教语文到带领儿童进行高品位阅读，长沙地区的很多教师在工作室的活动启迪之下，正成为儿童阅读的点灯人。

2. 长沙市中小学名师工作站浏阳完小工作站

长沙市中小学名师工作站浏阳完小工作站于2015年10月启动，工作站站长朱爱朝老师和优秀名师团队每月一次与浏阳市永和完小开展手拉手活动。工作站以诵读作为切入口，开启乡村孩子的阅读之声、心灵之门；为学员购买书籍，开展读书活动，丰厚教师底蕴；还积极创造机会，提供经费支持，让学员外出学习。三年来，工作站共开展了15次分学科主题研课活动、15次专家讲座、15次总结反思和6次前往长沙的校际交流活动。在名师的引领下，永和完小经典诵读已进课表、进课堂，整本书阅读的研究已经迈开步伐，班级图书角建设给农村孩子打开了连接世界的新窗口。工作站对周边的浏阳市永和镇李贞完小、永和镇新实完小、永和镇澄潭初小、古港镇古港完小、古港镇古坳完小、官渡镇官渡完小、官渡镇田郊完小、七宝山乡铁山完小、金刚镇金刚完小等9所乡镇学校起到辐射引领作用，实现了优质资源的共享。

踏踏实实地去做，一步一个脚印地坚持，育才学校书香校园建设立足儿童本位，尊重儿童发展，让每一个教师站在学校中央，让每一个儿童站在课程中央。阅读，为孩子的生命打上醇厚的书香底色；阅读，为教师的成长辅以丰厚的书香底蕴。

在未来的实践和研究中，如何将阅读课程与国家课程紧密结合，既不增加老师们的负担，同时又让孩子们真正受益，是我们努力和思考的方向。我们将始终如一，夯实书香文化，打造书香课程，丰富书香活动，在阅读里相互照亮，相互温暖，回归自我，发现梦想。

15. 传统文化铸底色，文墨书香溢校园

——湖南省长沙市麓谷第二小学

湖南省长沙市高新区麓谷第二小学（以下简称麓谷二小）是由长沙高新区管委会投资 1.2 亿元兴建的一所全日制公办小学，占地面积约 27 673 平方米，最大办学规模 36 个教学班，可容纳 1 600 多名学生。“办一所安静的学校”是麓谷二小的办学愿景。自 2017 年下半年办学以来，“湖南省未来教育家”培养对象何如校长就将“书香校园建设”作为学校的立校之本。她带领团队以中华传统文化教育为根基，以自编国学读物《中华最美诗文选》为蓝本，深挖各项活动内涵，创新活动形式，让师生、家长还有街道社区积极参与书香校园建设，接受中华传统文化的滋养，争做最美中华文化的学习者和传播者。

一、学校管理——“上善若水顺势为”

（一）指导方针

《长沙高新区麓谷第二小学五年发展规划（2017—2021）》中明

确指出：办一所安静的学校，让学校处处充满安全、自由、专注、创新的文化氛围。要丰富学校内涵，创设全新的校园文化氛围，提升师生的文化底蕴，就应着力营造书香校园，打造适合师生发展的育人环境，开展书香校园建设。

（二）基本思路

学校制订了书香校园建设三维目标：培养学生的阅读兴趣与阅读习惯，让经典滋养童心；让阅读成为教师的自觉需求，阅读与生命同行；创设学习化、人文化、潜移默化的校园阅读生态环境。为达成该目标体系，学校主要从以下几个方面来加以落实：一是加大物质基础建设的投入；二是以传统文化为抓手，锻造内涵书香；三是有序规划，开展系列“读书活动”；四是完善课程设置，建立高效多样的阅读评价机制；五是紧跟“互联网+”时代，共建“学校、家庭、社会”的“学习共同体”，共同推进书香文化建设。

（三）领导小组

为有效推进书香校园建设，学校成立了以校长为组长，书记和副校长为副组长，教学教研中心主任具体指导，语文教研组组长具体负责实施，全体教师参与的书香校园工作小组。各人员分工明确，职责明晰，人人都是书香校园的建设者与推广人。

二、阅读环境——“春风化雨润无声”

（一）校园“书香”，流光溢彩

1. 校徽校训渗透“书香”。理念先行，行动为基。学校开办伊始，校徽的设计以蓝绿色为主打。“绿色代表地，寓指老师；蓝色代表天，寓指学生。”整个设计渗透了“天行健，地势坤”这一世人公认的中国传统文化理念。学校的校训“诚勤博雅”同样寓意深远。“诚”指诚以至善，“勤”指勤以修身，“博”指博以广志，“雅”指雅以远俗。校徽常出现在学校的各种学习物品上，时刻提醒师生要实现至善、修身、广志、远俗的目标。

2.“文化”窗口，“书香”扑面。校园宣传窗口主要借助硬件设施以文图方式展示。如：学校利用传统节日为契机，在校园内开展学生、家长、老师书写对联活动，再张贴在文化墙上；教学楼前坪设有体现“梅兰竹菊”君子文化的镀铜展示墙；走廊上粘贴各年级推荐书目，让每一面墙都吐露文化芬芳；还有每月更新的“阅读推广”展板，等等。每一个细节都能让孩子在耳濡目染中，感受阅读的无穷魅力。

15-1 “梅兰竹菊”君子文化展示墙

3. 厕所文化彰显“书香”。以文明、整洁为主题，学生亲自绘制了个性鲜明的厕所文化图案，既彰显了学校书香校园的气息，又提升了学生节约的环保意识。

15-2 学生设计的厕所文化墙图

4. 电子班牌展示“书香”。我校在每个班级的走廊外墙设立了可视化电子班牌，电子班牌里面除了显示班级信息、校内新闻，还向学生推荐优秀读物、名人故事，成为一个流动的电子藏书柜。

5. 井盖画特色流淌“书香”。漫步校园，地上一个个精美的讲述着传统故事的井盖画不时出现在我们的视野中，从小处着手，让阅读的熏陶随时随地发生，使学生移步换景，沉浸在书香的氛围中。

15-3　井盖画《精卫填海》

6. 广播平台荡漾“书香”。学校充分利用小鹿广播站，每周五13：00—13：20开播“小鹿广播”“书香有约”，孩子们吟诵古诗文，推荐国内外优秀好书，谈读书心得，聊观影感受，等等。每天中午12：30—12：50“校园之声”播放《经典咏流传》《新学堂歌》等朗朗上口的歌曲，让校园传统文化如水般在孩子身边静静流淌。

7. 校园诗社“书香”绽放。雅鹿声声童诗社是长沙高新区麓谷第二小学的一张文化名片。诗社自成立起便在传承和诵读经典诗歌文化的同时，生动活泼地开展新时期的儿童诗创作与分享。诗社成员在何如校长的“办一所安静的学校”办学思想的引领下，以“诚勤博雅”的校训为指导，张扬个性，敞亮心灵，大胆地去发现生活的真善美，用诗的语言积极地讴歌劳动、讴歌自然、讴歌奉献……营造出了诗意的校园文化气息，为践行社会主义核心价值观注入了新的活力。诗社及作品先后被《湖南教育》《十几岁》杂志社等媒体做过专栏报道。

15-4　学校雅鹿声声童诗社展示栏

（二）班级“书香”，润泽童心

为了进一步细化校园文化建设，营造积极向上、富有特色的班级文化氛围，优化育人环境，学校从多渠道多角度来打造书香文化。

1. 书香之门大放异彩。我校将每个班级的门打造成富有特色的书香之门，一扇门传递一个故事，一扇门渗透一种文化。老师、学生的彩绘，让班级门成为绽放书香、流光溢彩的风景线。

15-5　书香走廊

2. 文化之墙五彩斑斓。班级黑板报以书香校园、阅读相伴为主题，师生们整体布局，穿插灵活多样的传统文化元素，使版面美观大方、图文并茂，达到了很好的宣传展示效果；在班级风采栏上贴上孩子们制作的阅读手抄报、阅读卡、阅读小标语，等等，丰富了书香班级的文化内涵；各班级还以“阅读好伙伴”“阅读之星”为主题进行评比，以图文并茂的方式附上孩子们阅读的照片及主要事例或者读后感，在班级内形成你争我赶的阅读氛围。

15-6　班级内的阅读展板

3. 盆栽点点环境静雅。围绕绿色书香班级的主题，各班级组织学生从家里带来植物花草装点教室。每班设立植物管理员，专门管理班级花草，制作植物名片。学生在欣赏花花草草的同时，也了解到了有关花草的奇闻趣事。

15-7　富有书香气息的植物角

4. 图书乐园其乐无穷。学校的多功能班级图书角，设计了一排组合书柜，书柜边设计了可翻盖、舒适的阅读凳。学生在课间可以随时坐下来静心阅读。这是学生捐赠好图书、交换阅读的好地方。每个学期根据学生年级的不同特点，学校也要求每位学生带 2—3 本书籍放在班级图书角，学校还会在各项活动中以书籍作为奖励，充实班级藏书量，现在每个班级藏书量至少达 300 多本。每个班级设置了一位班级图书管理员，负责班级图书的借阅、登记、归还等工作。班级图书柜摆放整齐，分类明确，学生阅读其乐无穷。

15-8　班级图书角

（三）藏书丰富，随心所“享”

我校图书馆内设有学生阅览室、教师阅览室 3 间，图书馆藏书 1.3 万余册，汇集了国内外优秀绘本、儿童文学作品、名人传记等青少年读物，生均图书量达 30 本以上。每年我校还不断丰富图书馆藏书量和种类，让校园图书馆成为学生的心灵乐园。为营造美好的阅读环境，丰富学生的阅读体验，我校对图书馆的通风、采光和照明进行了精心设计。每一张书桌铺有典雅的桌布，摆满了清新的绿萝，温馨浪漫。为了保证学生的阅读时间，除了合理安排各班每周一次的图书馆阅读课程，图书馆规定每周一、三、五中午为自由开放时间。现在学生基本上已经养成了饭后到图书馆阅读或者借阅书籍的好习惯。

15-9　校园图书馆的阅览室一角（1）

15-10　校园图书馆的阅览室一角（2）

三、课程设置——“问渠哪得清如许”

为使学校的书香校园建设更具特色，更成系统，学校把目光聚焦到儿童阅读课程的建构上来，经过一年的不懈努力，学校在书香校园课程建设方面取得了一定的成就。

（一）核心理念

儿童阅读课程是学校推广、推进儿童有效阅读的标准与体系，在儿童阅读课程这样一个立体系统当中，可以观照学校特色发展的整体规划，可以打造专业教师队伍，从而把建构和推广阅读理念的种子播撒到教师心中、孩子心中。

（二）课程安排

儿童阅读课程表

课程	时间	责任人	备注
晨诵	8:10—8:25	语文老师	《最美诗文》系列
图书馆阅读	每周一、三、五 12:30-13:00	图书馆管理员	自主阅读交流
午读	13:30—13:45	任教老师	班级图书角书籍
暮写	一至二年级 15:20—15:35	语文老师	写绘、一句话读书体会等
	三至六年级 15:55—16:10	语文老师	读书笔记、体会、日记等
小鹿影院观影	每周四中午 12:30—13:50	少先队辅导员	分年级开展观影及系列活动

学校对课程进行改革，从课程设置上保证“阅读课堂”能够落实到位。我们根据阅读课程开展的需要，在保证课时总量不变的情况下，对课时进行合理的分配。除开设国家规定节数的语文课外，还开设了晨诵课、午读课、暮写课，以及图书馆阅览时段。

每天的“晨诵”“午读”和“暮写”为小课时，都为15分钟。图书馆阅读时段为每周3次，学生进入学校图书馆阅读或者进行分享交流，教师适时指导，学生自主管理。“暮写”安排在下午放学前，在教师的指导下，以个人或者小组合作的方式完成简单的日记、读书体会或者写绘活动。“小鹿影院”安排在每周四的中午，学生分年级观看由经典的国内外名著改编而成的电影，由少先队辅导员及语文老师组织学生开展电影海报设计、电影人物评述、故事模仿秀或者续编等系列活动，让学生在电影旅程中，打造出麓谷二小独特的精神文化。

15-11　“小鹿影院”第三期（1）

15-12　“小鹿影院”第三期（2）

（三）课程内容及评价

阅读课堂要达到效果，除了课程设置及课时安排的变革，根本途径还在于向课堂教学要质量。我们围绕课外阅读，开展了系列主题研究活动。

1. 选择经典书目，引导阅读行为。全体语文教师广泛阅读儿童书籍，组织集体讨论，推出各类儿童阅读书籍目录。在“全国书香百校联盟”的有关专家指导下，学校根据不同阶段孩子身心发展的特点，采取分级阅读的方式综合整理制订出“长沙市高新区麓谷第二小学各年级阅读推荐书目”。阅读书目共分 12 个阶段，每个阶段推荐必读书籍 3—5 本，选读书籍 3—5 本。

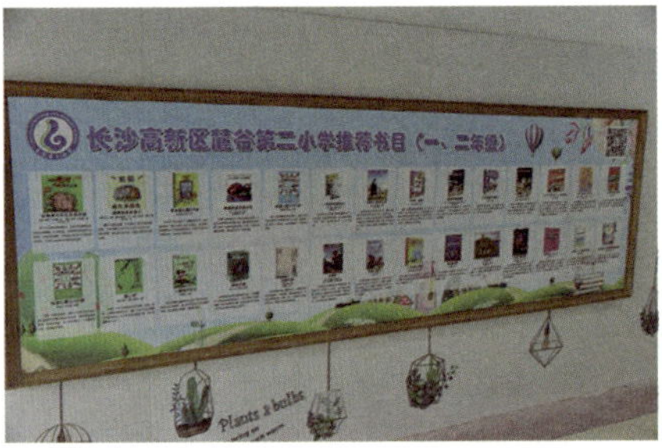

15-13　学校个性化阅读书目展板

其中必读书目都是在学校图书馆中收藏，建议精读的书籍，旨在通过精读，培养学生良好的阅读习惯，并着力构建学生课外阅读的自发自主性。我们还在课程设置上非常注重对学生进行传统文化的熏陶。每天早自习，各年级都会集中吟诵《最美诗文》系列国学经典，学校还根据学生的实际需要在低年级补充了一些大家所熟知的经典诗文，中高年级班级坚持开展“每日一诗”的积累背诵活动。学生们在诵读与积累中，不仅感受到祖国优秀传统文化的丰厚博大，还吸收了民族文化的优秀智慧。

15-14　课间自由阅读

2. 教授阅读方法，一课一得积淀。我们通过教学大赛、主题研讨、专题辩课等活动，帮助教师们提高自身对阅读教学的认识，引导从阅读推荐课、阅读方法指导课、阅读汇报课、阅读欣赏课等课型展开研究，利用不同的阅读课型给孩子们以不同的指导。

如：在我校“青蓝杯”教师素养大赛中，呈现了 3 节优质的阅读指导研讨课。何如老师的《有趣的问答歌》侧重阅读后的交流；李红玉老师的《嚓嘭》侧重书籍的推荐；陈鑫老师的英文绘本阅读课《Top Cat》则重在与孩子们感悟文本，展示绘本阅读的戏剧教学范式。

15-15　教师阅读教学研讨

3. 制作学生阅读手册与阅读打卡本，进行阅读反馈与评价。一是利用学生阅读手册，邀请家长和孩子们共同阅读，及时追踪孩子的阅读情况；另一方面，利用学生阅读手册，根据孩子的阅读水平和阅读兴趣的不同，提供课外阅读的专门指导。二是为强化学生的阅读习惯，进一步培养学生的自主阅读能力，各班级开展为期一个月的阅读打卡活动。阅读打卡本详细记录学生的朗读内容或阅读内容、时间、书目标题及阅读感受（可以选取手绘等形式）及评价方式。同时充分发挥互联网作用，录制“诵读视频、音频”在班级群发布，并在网上组织孩子和家长进行评价。

阅读打卡评价表

姓名________ ____年级____班　　阅读时间________

<table>
<tr><td>书名</td><td></td><td>作者</td><td></td><td colspan="2">阅读章节：</td></tr>
<tr><td>主要内容</td><td colspan="5"></td></tr>
<tr><td rowspan="2">优美词句或精彩片段摘录</td><td colspan="5">优美词句：</td></tr>
<tr><td colspan="5">精彩片段：</td></tr>
<tr><td>分享我的感想与收获</td><td colspan="5"></td></tr>
<tr><td rowspan="3">自我评价（打钩）</td><td>阅读认真（　　）</td><td rowspan="3" colspan="2">家长评价（打钩）</td><td colspan="2">能主动阅读（　　）</td></tr>
<tr><td>基本认真（　　）</td><td colspan="2">督促下阅读（　　）</td></tr>
<tr><td>还需努力（　　）</td><td colspan="2">还需努力（　　）</td></tr>
<tr><td>同学互评</td><td></td><td colspan="2">教师评价</td><td colspan="2"></td></tr>
</table>

（四）开展多形式的教研活动，保障阅读指导的有效性

我们围绕“真实、有效的阅读”这一教研主题，以研促教，立足课堂，努力实现“扎实、有效”的教学，培养学生的阅读兴趣和自主阅读能力，全面提高学生的综合素质。同时结合语文教研组全体教师的教研实际，全面提高教师们的课堂阅读指导能力，为教师营造良好的教研氛围和展示舞台。

教研活动安排表

时间	活动内容	负责人	备注
3月	制订阅读交流计划与组内老师讨论	肖勇胜	
4月	群文阅读下的童诗教学	何如	
5月	绘本阅读与教材内容融合课例研讨	李红玉	
6月	走近名家课例研讨	孙贤松	
7月	课外阅读指导策略	李红玉	
9月	整本书阅读指导课例观摩与研讨	肖勇胜	
10月	参加“亲近母语”阅读推广活动	张蓉	
11月	邀请知名阅读推广人到校讲学	徐善华	
12月	古诗文教学研讨	肖勇胜	
1月	共读一本书交流展示课	徐善华	

四、 师资培养——“泉眼无声惜细流”

麓谷二小在建校之初的规划中，就着眼于书香校园的建设。在教师的专业成长之路上，学校更是把指导教师阅读与写作当作提升教师素养的重要途径。

（一）书山有路，好书相伴

有书可读，是学校在书香校园建设中最基本的原则。途径有二：其一，倡导“图书漂流”活动，让老师自己的藏书价值最大化。其二，由老师们推荐，购置老师们最想阅读的书籍。每个教研组都上报老师们推荐的书籍，数量不限，由教学教研中心统一购置，作为图书馆藏书供老师们借阅。

（二）“麓鸣”书社，“阅”享生活

好书，要细细品味。学校成立了麓鸣社读书会，定期举行读书活动，开展同读一本书的活动。或分享读书感悟，或一起朗诵相关篇章，或分享喜爱的片段，在每次一两个小时的活动中，老师们享受着阅读。自2018年1月麓鸣社成立以来，已经举行了5期非常扎实的读书活动，所有老师共同读过了《窗边的小豆豆》《怎样说孩子才会听　如何听孩子才肯说》《〈论语〉译注》《佐贺的超级阿嬷》，还举行了一次“生如夏花之绚烂”的诗歌朗读分享活动。徐善华老师还做了讲座《浅谈诗歌的创作与赏析》，倡导老师们创作诗歌。

15-16　读书会

（三）无问西东，写我所思

读书和写作紧密相关，学校对教师在写作方面做了很高的要求，主要体现在三个方面：第一，任何的征文、论文比赛，学校都要求教师参加。第二，学校培训或者活动后，都会收集教师的活动感言，有的编辑成册，作为学校的文集收藏，《安之若素静待花开》便是其中一本。第三，倡导教师们进行自由创作，好的作品通过学校的公众号进行发布。

（四）博雅课程，着力打造

学校的教师培训系列课程中，关于阅读的培训是最重要的部分。

万事皆有法。就阅读而言，读什么书？怎样读书？怎样指导学生读书？这是每个教师都面临的问题。向阅读指导专家学习，不失为一条好的途径。学校派送教师参加各种阅读指导及阅读教学培训，加入“书香百校联盟”，在联盟的安排之下，定期开展教师培训活动。加入联盟半年以来，已经派送40余人次参加系列培训活动，教师们获益匪浅。

15-17　教师指导学生阅读

当然，培养“书香型教师”，远不止阅读和写作两个方面。文字的外在表现形式，也是我们非常关注的。书法成为教师培训课程中重要的一个课程。湖南省教育书法家李再湘老师多次亲临学校进行指导和培训。在寒假和暑假，学校都要求教师每天至少练习半个小时的硬笔或者软笔书法，上交一幅作品。学校不定期举行粉笔字比赛，督促教师写好中国字。

（五）“思享碰撞”，博采众长

学校每月的工作总结会议，加设了一个新的议程，叫作“思享汇”。顾名思义，就是分享大家不同的所思所想，以“微讲座”的形式开展。至今，已经有7位老师在“思享汇”上分享了涵盖专业成长、心理健康、教育技术等多方面的内容。老师们在这样的微学习中，获益匪浅。

通过这样的一些活动，我校教师的阅读氛围日益浓厚，阅读使人深厚，使人睿智，老师们展现出不一样的气质。

五、阅读活动——“水光潋滟晴方好”

为让孩子们养成阅读习惯，以经典滋养童心，激发教师读书的兴趣，促使教师主动学习，不断提升，从而为“书香校园”建设奠定良好的基础，学校以一年为周期，开展系列读书活动。

（一）规划有序，有的放矢

长沙市高新区麓谷第二小学全年阅读规划

年度工作目标	1. 通过开展活动，激发学生读书热情，使学生养成多读书、乐读书、读好书、会读书的习惯
	2. 使广大学生借经典阅读展示的平台，更新知识，启迪智慧，彰显个性，开阔视野，践行社会主义核心价值观，为终身学习发展奠基
	3. 通过活动，大力推进书香班级、书香校园建设，营造和谐文明充满书香的校园文化氛围，彰显学校办学特色
活动类型及设计理念	开放校图书馆和阅览室，完善班级图书角。　设计理念：为孩子的阅读提供有力保障，随时随处有书可读
	常态诵读、阅写课程：晨诵、午读、暮写。　设计理念：把读写当成一种常规课程，在学习常态中培养良好的诵读、静读、悦写习惯
	校园、班级书香营造：班级黑板报、教室布置、学校厕所文化、井盖画等。设计理念：营造良好环境，让孩子在氤氲着书香的氛围中爱上读书
	教师读书会。　设计理念：做学生的榜样，引领带动孩子爱上阅读
	红领巾广播站专栏。　设计理念：利用广播让书香充盈校园的每个角落，在潜移默化中影响孩子
	校园阅读节。　设计理念：以多样的活动让阅读成为习惯，让书香浸润灵魂
	以赛促读：青春诗词大赛、“清玄杯”朗读比赛、书写大赛、“书香伴我成长”征文大赛。　设计理念：与上面各级赛事相结合，给孩子提供展示自我的机会，从而更促进学生在书香中徜徉
	电影课程。　设计理念：在有声有色的电影里，“阅读”名著经典，学生的积极性是极高的，这种非同一般的阅读形式，在老师的引导下，学生的思辨能力进一步提高

续表

活动类型及设计理念	名家进校园。　设计理念：与大家所喜爱的作家见面，分享读书体会，更容易激发孩子的阅读兴趣
	图书共享："好书分享市场""班级图书漂流""与留守儿童共享阅读之乐"。设计理念：让图书真正漂流起来，扩充学生的读书量，孩子们也有了更多交流。特别是在与留守儿童的实践交流中，学生的认知与思维得到拓展，身心都得到"善"的洗礼
	读书交流总结会：评选"书香班级""爱书家长""最美书屋""阅读之星"。设计理念：争先创优，以读书为乐，最美好的自己就在读书里
月度活动安排	2月：筹备成立"书香校园"建设小组、研讨制订阅读规划和具体实施方案
	3月：健全学校图书馆和阅览室、班级图书角建设；举行"读书活动"启动仪式；利用各类平台宣传读书活动的重要性，获得家长的支持；向家长和孩子征集活动建议；营造校园读书氛围
	4月：班级书香文化建设；校园井盖画创意启动；校园阅读节系列活动；开设"小鹿影院"
	5月：校园阅读节系列活动；"青春诗词大会"；"清玄杯"朗读大赛
	6月：校园阅读节系列活动；"青春诗词大会"团体赛节目选拔；"共享阅读"
	7月：以"麓谷二小阅读推荐书目"为主开展打卡阅读；自主开展阅读实践活动
	8月：以"麓谷二小阅读推荐书目"为主开展打卡阅读；自主开展阅读实践活动
	9月："书写大赛"
	10月："名家进校园"
	11月：以"我与好书""书香伴我成长"等为主题举办征文比赛
	12月："好书分享市场"活动；"读书交流总结会"
常规活动安排	每天的晨诵、午读、暮写；每月一次的教师读书会和班级"听爸爸（妈妈）讲读书故事"活动；每周一、三、五中午的图书馆阅读时光；每周五至周日的"亲子共读日"活动；每周四开放的"小鹿影院"；每周五的小鹿广播站"经典诵读"栏目；每天课前5分钟"爱·善表达"活动
班级特色活动	低年级"日有所诵"和高年级的"每日一诗"

（二）校阅读节，精彩纷呈

每年3月下旬至6月份，学校开展丰富多彩的阅读节展评活动，让学生在主题活动中像欢度盛会一样积极参与其中，感受着由书带来的兴奋与幸福。

1. 创造书香氛围，分享阅读体会。学校有计划地开展书香班级评比、阅读书签制作比赛、绘本写绘或诗配画比赛、阅读记录卡展示、“我最喜欢的古诗词”手抄报比赛、好书推荐卡展示等活动，通过形式多样、精彩纷呈的读书活动，让学生感受阅读的快乐和幸福。

2. 参与竞赛活动，收获阅读乐趣。引导学生积极参加国家级、省级、市级和区级的各类阅读活动，如青春诗词会、全国中小学生语文素养大赛、“清玄杯”公益朗读比赛，让学生享受阅读的乐趣，收获阅读的喜悦。

3. 主题汇报展演，吟咏传统诗词。在阅读节尾声开展以“书香浸润童年”为主题的“六一儿童节诵读展演”活动。活动以“经典阅读”为主题，创作编排文艺节目进行舞台展示，节目内容都与古文化相关。诵读展演中低年级学生的节目以集体诗歌朗诵为主。中高年级的节目将古诗吟诵与歌舞表演完美结合。学生在诵读展演活动过程中感受到了中华民族传统文化的魅力，增进了他们学习传统文化、亲近母语、积极阅读的兴趣。

（三）家校互动，擦亮星星

阅读是开启孩子智慧的窗，是打开孩子心灵的门，是一个人精神成长的重要渠道。而阅读习惯养成、阅读能力培养的关键时期，正是在5至12岁期间。错过了这一黄金时期，导致读写困难，将使孩子成年后难以应对现代社会的需求。如何抓住这个关键期，让孩子早日踏上阅读的快车道呢？亲子阅读是最佳的选择。

亲子阅读，是指父亲或母亲陪伴孩子一起读书，小一点的孩子则需要父亲或母亲念书给他听。亲子共读能营造良好的家庭学习气氛，也是亲子间最好的沟通桥梁。为了亲子阅读能更有效地开展，我校特制订了以下方案，并向全校师生与家长发出了倡议，得到了他们的大力支持。

1. 家庭每日固定亲子阅读时间。每周定期开展“亲子共读日”——一个美好的周末之夜；每日阅读半小时，家长在家庭阅读时间关闭电视，远离手机，静心陪孩子阅读。一二年级孩子，亲子共读一本书，记录在“阅读银行”中。其他年级的孩子，家长和孩子可一起阅读不同书籍，读后交流，并记录在自己的阅读卡上。美好的阅读之夜则是周五或周六、周日晚上。关闭电视一小时，远离手机，父母与孩子在温馨安静的氛围里享受阅读的快乐，营造良好的家庭读书环境，并在“智慧校园”及微信平台以图文或者微视频的方式展示亲子阅读的美好时刻。倡议发出后，家长们都积极响应，《智慧校园》App 班级圈里，家长们竞相打卡，热闹非凡。有了家长的陪伴，孩子的阅读积极性和兴趣得到了极大的提高。

2. 定期买书。每月或者每两个月陪孩子逛一次书店，并在每年的世界读书日——4 月 23 日当天，购买一本有益于孩子成长的书籍，家长也可为自己买些家庭教育方面的书籍，从而不断调整自己的教育方法。今年的世界读书日，家长们也纷纷在“智慧校园”中晒出了自家购买的书籍，孩子们也非常开心地将新书带来学校和同学们分享，班级读书氛围浓厚，即便是低年级的孩子，也开始给同伴讲故事。

3. 多元形式展示读书体会。如交流读书心得，举办家庭故事会，或者表演家庭故事剧等。很多阅读氛围浓厚的家庭，不仅坚持阅读打卡，还自主举办家庭故事会或者表演家庭故事剧。更是有很多家庭来到学校在班级展示家庭剧，受到了同学们的热烈欢迎，同时也带动了其他家庭的表演。

4. 听爸爸妈妈讲读书故事。学校从 4 月份起每月开展一次“听爸（妈）讲读书故事”活动。每个班级的家长都踊跃报名，积极参与，孩子们非常乐于和大人一起上台表演故事，共享这美好的故事时光。通过这种活动的开展，孩子们参与阅读的积极性更高了，而且对其他家庭亲子阅读的开展有非常大的促进作用。亲子阅读现已逐渐成为麓谷二小孩子与家长的一种习惯。

15-18　听爸（妈）讲读书故事

（四）图书漂流，快乐共享

图书漂流，共享阅读乐，建立班级图书漂流制度，各班按制度制作图书漂流名单（50 本）一份，并在全校公示。每月最后一周的星期五，组织各班图书漂流。漂流的规则是，同年级内各班之间依次循环漂流，原则上不跨年级，漂流的图书为名单（50 本）上的图书。学校要求各班举行交接仪式，并承诺爱护图书。同时教师也把自己最喜欢的书籍分享给大家，实现资源同享。每次漂流的时间为一个月。

读书俱乐部，分享的乐园。成立以各班队干为主的校园读书俱乐部，每周二中午组织进行 40 分钟的读书俱乐部活动，大队活动室即是读书俱乐部活动地点。每期俱乐部活动上，采取自我推荐和轮流推荐相结合的方式，以班级为单位由两名学生为大家推荐最爱的一本书，并说出推荐理由。俱乐部各班成员积极准备，精心制作推荐海报，听取班上同学意见，齐心协力做好书籍推荐展示。所推荐书目，在俱乐部活动上分享后，不仅推荐者所在的班级对此书有了极大的阅读兴趣，还让在场的成员也充满了阅读期待，继而把此书分享到本班级，从而带动了全校性的分享阅读。

2018 年下学期，学校组织师生积极为贫困农村学校捐赠书籍 400 多本，书籍以麓谷二小读书俱乐部的名义送到了窝山小学校园。学生在自己捐赠的书籍上留下了温馨的祝福，并与那些留守的孩子们开展书信交流活动。阅读这盏明灯，不仅照亮了我们学校师生的心灵，还将这种光明传递到了远方。

六、创造性探索实践：中华传统文化——“生生不息永流传”

（一）行拜孔尊师礼，扬传统美德风

孝是传统文化的经典内容之一，学生应懂得孝敬父母，回报亲情，把对长辈的爱付诸行动。传统文明礼仪是我们书香校园建设的一部分，我校举行过“行拜孔尊师礼　扬传统美德风”纪念孔子诞辰的教育活动；学习并编排演绎过《二小十礼》，做文明安静的儒雅学子；师生齐诵《论语》《中华最美诗文》重温经典。这些活动的开展，点燃了孩子们争做“诚、勤、博、雅”美德少年的激情，弘扬了中华民族尊师重教的传统美德。同时在现实生活中，学生与家长、老师之间的相处也更加融洽了。

（二）学传统剪纸艺，做骄傲中国人

“越是民族的就越是世界的。”剪纸艺术，是我国非物质文化艺

术宝库中一种具有特色的民间艺术奇葩，已有六七千年的历史。一张彩纸、一把剪刀，就可以活灵活现地表现千变万化的自然形态，随心所欲地表达内心世界的美感。

通过剪纸作品的学习欣赏，学生尝试使用剪纸工具、材料，遵循制作过程，体验剪纸学习的乐趣、方法，促进他们艺术的感知与欣赏能力、艺术表现与创作能力，形成基本的美术素养，培养学生热爱民间传统工艺的热情。

为将传统艺术代代相传下去，建设更好的书香校园，我们开展剪纸活动。以“学传统剪纸艺　做骄傲中国人”为主题，迎来世界剪字第一人——洪源老师为我们教授剪字。每学期学校都会邀请社区剪纸工艺达人黎阿姨，进行剪纸技艺的传授。

（三）创意井盖绘画，弘扬传统文化

为教育学生爱护环境，打赢蓝天保卫战，建设书香校园，我校老师带领学生着手作井盖画。井盖画的内容为传统文化中的二十四节气、神话故事、传统节日。所有井盖画内容都是由学生设计而成，先在学生中征集，再选取优秀的作品，然后安排人清洗井盖，最后由设计者作画并署名。在井盖上作画既美化了环境，又丰富了校园文化。其内容还成为弘扬传统文化，传播城市文明的新载体，学生从中学习到了更多的传统文化知识。同时，学生的创新思维在此得到了发展，有学生这样给学校提意见：“我发现画井盖画好玩又好看，我们学校还可以画墙壁画，让每面墙都可以‘说话’”。

（四）社团超市进校园，博雅课程润心田

2018 年上学期，我校把围棋、书法、古筝、美术等传统文化课程引入校园，其中恰好包含了古代文人的四大雅好——琴、棋、书、画，

也是校园文化建设中“博”“雅”文化的体现。同时学校还积极组织开设了书法课，教师的优秀书法作品还推送到市里参加比赛。学生在这些课上，感受到了传统文化的博大精深。

（五）“爸爸讲坛”大家讲，家校协同记心上

我校“爸爸讲坛”致力于加强家校联系，促进学校、家庭和社会三位一体教育的深化。同时为了得到家长的支持与配合，使学生养成良好的阅读习惯，我们通过每月一次的“爸爸讲坛”活动，引导家长亲近经典，带领家长一起吟诵国学经典，如齐诵《大学》《论语》等，通过储备经典，给人生抹上丰厚的底色。这样的活动，也使越来越多的家庭充满了浓浓的书香氛围。

七、结语——“百川归海齐筑梦”

读书丰富人生，书香润泽校园。麓谷第二小学虽办学只有几年，但在“故事妈妈”何如校长的带领下，学校师生逐渐展现出“诚勤博雅”的“书香气质”，校园处处弥漫着浓郁的书香，获得了家长与社会的一致赞誉。

未来，我校将秉承“以中华传统文化为根基，立足儿童特点，大力推广多元性阅读”之方针，着力通过线上线下、校内校外、课内课外等方式，推动经典阅读活动、家校互动阅读活动、主题阅读活动，致力于打造全方位立体化书香校园，逐步形成系统化、常态化、特色化的书香校园建设模式。“只拣儿童多处行”，相信在我们的积极带动和引导下，“传承经典文化精髓，培养终身阅读习惯，打造安静书香校园”的目标定能早日实现。

16. 被阅读滋润的童年

——湖南省邵阳市武邵学校

让阅读成为习惯，让书香伴我成长。阅读可以丰富生活，增长知识，愉悦身心。教育家苏霍姆林斯基说过：“让孩子变聪明的方法，不是补课，不是增加作业量，而是阅读、阅读、再阅读。”著名学者朱永新说过：“在一定意义上说，一个人的精神发育史就是一个人的阅读史，而一个民族的精神发育水平，在很大程度上就是取决于这个民族的阅读史。”以阅读为教学特色，以书香追求卓越，让书籍点亮人生，让书香溢满校园是武邵学校全体师生的一个美好的理想和追求。

武邵学校于 2014 年创建，位于湖南省隆回县南岳庙镇武邵村，是一所农村寄宿制民办学校。学校主要生源为周边留守儿童，这些孩子长年没有父母的陪伴，亲情缺失，心灵封闭，情感脆弱，学习基础薄弱，各个班单科成绩 10 分以下的学生达 30% 以上。为改变现有局面，武邵学校这两年来积极引进了诸多公益教育资源，并踏踏实实地发挥它们应有的作用，孩子们顺理成章爱上了这所小而美的书香校园。穷则变，变则通，武邵学校的实践证明，农村学校的突围之路并没有想象的那么难。这是泉蒙公益对武邵学校最精准的评价。

一、优质书籍时时开放

武邵学校是在夹缝中求生存，生源差、学校收费低、经费紧张，可以说举步维艰。为了促进孩子们进步，一方面，学校开展了一系列关爱活动，在理解这些孩子的行为模式的前提下，逐步引导他们走上健康的生活轨迹。另一方面，学校引进了社会公益资源，先后有多家公益组织，如隆回县大部公益、伊顿纪德、麦田基金、女童基金会等组织给我校一些贫困孩子捐钱、捐物，解决孩子们的基本生活需求。

我校校长卿喜萍女士是隆回县大部公益一名深资志愿者，以助学为主体，主导留守儿童的关爱活动。2016 年一次偶然的机会，学校申请到了上海泉蒙阅读文化交流中心（简称“泉蒙”）的第一个班级图书角，当时隆回县一共申请到五个班级图书角，分布在五所学校。第一次拿到这些精神食粮，学校便决定要用阅读来改变一切，用故事来滋润孩子。校长卿喜萍一次性把二年级的 70 本书全部看完，并全面推动师生阅读，把阅读提上了日程议题，跟老师们聊书，跟同学们聊书、谈感想，总之那时学校的话题都是围绕这些图书展开的。慢慢地老师们也都看完了全套书，这个班级图书角在无形中也漂流了，各班的同学都争相来借书看。紧接着泉蒙为武邵学校捐赠了七个班的班级图书角，也就是每个班都有了班级图书角，并且积极为学校引进其他公益教育资源。对于每份资源，学校备加珍惜，并由校长亲自实施落地，确保每份资源都能得到充分利用，真正起到其应有的作用。

16-1　班级图书角

除了班级图书角，2018 年 10 月，泉蒙为武邵学校募捐了爱心图书 1 000 多本，用一间教室，经简单装修布置后，建成了“爱心书屋”。

16-2　爱心书屋（1）

16-3　爱心书屋（2）

二、全校教师是阅读的引领者

学校共有教师 17 人，其中大专生 6 人，中专生（含师范类和非师范类）8 人，高中生 3 人。阅读要推广，首先推广的对象不是孩子，而是教师和家长。教师和家长重视了、有方法了，孩子的阅读才会走在正确的路上。在留守儿童占大比例的武邵学校，教师队伍建设更是重中之重。

1. 成立“书香校园”领导小组。这是学校唯一跟行政没有关联的领导小组，以教师对阅读的参与积极性作为评定标准，分为组长、副组长、成员、协助者，让每个老师都能找到属于自己的位置。

2. 引领成长，榜样作用。老师都是有责任心的，只要有好的环境、好的榜样，他们都会做得更好更多。要想老师爱阅读，必须创设好的阅读环境，校长为第一责任人，要以身作则，做好带头作用，除了增加阅读量，更需要掌握阅读技巧。

3. 制订老师可参与的阅读计划，不以成绩为衡量老师的标准。计划落地让每个老师都可参与，如刚开始不给老师任何阅读任务，不要求写阅读心得，只需要陪同孩子一起阅读；慢慢成立故事老师，定期给孩子们讲故事；再到开展教师读书会、班级读书会；现在是培训阅读讲师，去周边一些学校、社区、书屋分享阅读，给其他老师做阅读培训，等等。

阅读计划表

时间段	阅读计划	目标1：全员参与	目标2：领导小组、语文老师参与	目标3：领导小组参与
第一期	阅读	15本	—	—
第二期	阅读	15本	讲故事4次	—
第三期	阅读	15本	1. 讲故事2次 2. 教师读书会1次	1. 班级学生读书会1次 2. 外校分享交流1次
第四期	阅读	15本	1. 参加协作者共学 2. 班级磨课	1. 演绘本、唱绘本 2. 画绘本、创绘本 3. 外校分享交流1次

4. 学校多次组织老师走出去接受阅读相关的培训。因泉蒙培训根据地在新化，来回要六个多小时的车程，每一次培训机会老师们都备加珍惜。2019 年三名老师报名参加了泉蒙的“童书阅读协作者共学计划”，这次培训以童书阅读为核心载体，结合线下体验学习、小组实

践应用、线上持续支持及教育创新游学等方式，支持更多的老师成长，此次共学计划贯穿全年（3 月、5 月、7 月、11 月，每月三天时间），培训结束后紧接着三名培训老师在学校老师和班级中进行磨课。

16-4　在新化参加“协作者共学计划”现场

5. 引进来再走出去。因考虑到外出培训名额有限，学校经常把新化老师请进学校来做培训。学校经常会组织所有老师利用每周一节阅读课时间交叉送故事进课堂，让学生体验不同的老师不同的讲故事方式和阅读技巧。学校除了把故事送到各个班外，还积极组织老师把故事送出学校，把故事送到周边学校，把故事送到大邵君子书屋，把故事送到村口、集市等。

6. 多宣传和个案调整。学校经常会利用教师例会跟老师们宣传阅读作用，平时也有意无意地跟老师们聊书，还经常组织老师们在一起看书、商讨、交流。通过尝试不同的方法，大多数老师的积极性已调动起来。但是还是有个别老师没有跟上来，为此学校做了个案调整，如采用示弱式：个别老教师经验丰富，教学成绩优异，但是不愿接受新事物。对于这类老师，学校领导和其他老师适当放低自己，拿着书本，预设一些问题向他们讨教，这样不仅能调动老师积极性，还能让老师们感到备受尊重。往往他们一旦跟上来，便会发现阅读之美、享受阅读之乐，最后走得最稳的也是他们了。

三、合理安排阅读时间

1. 学校规定每天阅读不少于一个半小时。下午 15：00—16：30 为课外阅读时间。寄宿生晚上半小时阅读时间。学校领导每天巡查，任何老师不得占用这些阅读时间，而且必须教师陪同阅读，班级有学生课外阅读记录。

2. 每周设置阅读课。每个班每星期开设一节阅读课，以学生“悦读”为出发点，设计阅读内容。我校的班级图书角是泉蒙捐赠，分级分段提供阅读书籍，但对于不同孩子，我校也做了适当调整，一些阅读能力较强的孩子可以到高年级借阅，反之，对于一些阅读能力相对差的孩子，也会建议到低年级借书看。教师做好学生阅读方法的指导，强化精读、略读、跳读、朗读、背诵等读书技能的训练。阅读课形式多样，可以是语文老师向学生推介好书，可以是师生共读，可以是阅读指导课或阅读分享，也可以是绘本的延伸，如我为绘本画插图、我为绘本配结局，等等。让阅读课成为学生课外阅读的催化剂和交流共进的舞台。

2019 年上学期武邵学校春季作息时间表

校车出发	6：30
寄宿生起床	6：30—6：40
伴读	6：40—7：20
早读　晨练	7：20—8：10
早餐	8：10—8：30
日有所诵	8：30—8：55
第一节	8：55—9：35
第二节	9：45—10：25
大课间	10：25—10：40
营养餐	10：40—10：45

续表

第三节	10：45—11：25
第四节	11：35—12：15
中餐	12：15—12：45
午休、阅读	12：45—13：25
眼保健操	13：25—13：30
第五节（星期一第五节课为阅读课）	13：30—14：10
第六节	14：20—15：00
自由阅读	15：00—16：30
晚餐	17：30—18：00
洗澡	18：00—19：10
晚一节	19：10—19：55
晚二节	20：05—20：50
睡前故事	21：00

学生从“不爱阅读”到“喜欢阅读”有一个过程，为了激发学生对阅读的兴趣，老师们在教学方式上进行了很多尝试。例如，班级图书角的书籍以绘本为主，故事生动有趣。但那些低龄孩子字词掌握有限，阅读完全靠拼音，而绘本上的文字是没有拼音的。加之学校生源全为农村留守儿童，家里基本没有除课本以外的书籍，也没有阅读的习惯。因此学校特别重视师生共读，老师们在阅读课上跟孩子们一起阅读，告诉他们一些简单的阅读技巧，努力让孩子体会到绘本的乐趣和读书的成效。比如看绘本时，要先了解绘本的基本结构（封面、环衬或蝴蝶页、书面页、正文、封底）；有些内容容易忽略，需要老师提醒，如封面上的作者、译者、画者、出版社等；不同的作者创作风格不一样，不同出版社质量要求不一样，长期关注会逐渐学会如何辨别该书是否为正版书。还有些基础差的孩子因为图片看不懂、文字不认识，对学习、对阅读也没有任何兴趣。把书拿在手里感觉像是拿了“仙

人球”一样棘手，在图书角很难看到他们借阅的身影。学校除了采取“师伴生”外，还采取了以“好”带“差”，各班成立阅读小组，由小组成员共同推选小组长，小组长带领全员组织阅读。阅读时，学生们在班级图书角内自由选书，可以小组共读一本，也可以每人各读一本，一起讨论。遇到不认识的字一起查字典，一起标注，再互相讲给对方听，每月再进行各小组评比。为了支持更多小组长成长，各班采取了不同的办法，如竞争上岗、轮换上位；学校采取了一系列奖励办法，有无形的，也有有形的，如小礼品等，还会鼓励孩子走出班级，走出学校，把故事带出去。慢慢地，孩子们阅读的兴趣就提高了，喜欢阅读的孩子越来越多。

四、无处不在的阅读身影

（一）多样化的阅读方式

经过探索，学校主要通过自由阅读、师生共读、读书会、伴读等方式开展阅读教学。

自由阅读：各班都有图书共 70 本，全为泉蒙精选优质书籍，孩子们也可以将自己喜爱的书籍带到学校，进行图书换读，和其他同学分享书籍的美妙，感受读书的乐趣。根据班级实际情况，选定小助手操作登记事项，把班级图书角的管理权交给孩子，孩子们自我约定，自主管理，整个班级图书角的主角都是孩子，老师只是从旁引导、协助。孩子们想要读什么样的书就读什么样的书，想在哪读就在哪读，站着读或是坐着读都可以，怎么舒服怎么来。我们做的就是给孩子们创造一个轻松的阅读环境，没有压力，没有抱怨，没有强迫。我们不会跟孩子提问，也不要求孩子摘抄，更不会强制孩子写心得读后感……这样孩子才能尽情地享受阅读的快乐。孩子的阅读可以在规定的阅读时间，也可以在课外进行。为了保证孩子们课外阅读时间，学校尽量减少家庭作业量，每天全部家庭作业不超过一小时。

16-5　阅读无处不在（1）

16-6　阅读无处不在（2）

师生共读：教师坚持言传和身教相统一，教师不仅要善于言传更要善于身教，让孩子们眼见为实，正所谓“喊破嗓子，不如做出样子”，所以我们一直坚持的一条就是读书给孩子们听，不断读书给孩子们听。每天陪着孩子们一起阅读，让老师的行为潜移默化地影响孩子们。同时，我们会把阅读和有趣的户外活动联系起来，把书和生活结合在一起，孩子们往往印象更深刻，也收获更多。

读书会：就在老师参加读书会的同时，学校也把读书会稍做修改后引进班级，和孩子们一起玩读书会。同时，老师还经常要求孩子们把绘本唱出来、演出来、画出来，总之形式多样，趣味无穷。后来学校也有了明确的要求，每个班每月至少召开一场读书会，假期里学校也会把读书会引进村庄、集市、社区，让更多外校的孩子和教师参与其中。

伴读：“会飞的书屋”是泉蒙儿童陪伴儿童（Kids Accompany Kids）计划发起的“大娃陪小娃”伴读项目，在全国范围内募集那些陪伴小朋友成长的最走心的绘本，从城市“飞”到乡村，在一个又一个缺书的村子里漂流，由村小的大娃陪伴小娃读童书，让浓浓的书香和爱，飘满整个村庄。学校参加了这个项目，让大孩子给小孩子读书。每天早上一个小时，由高年级的哥哥姐姐给低年级及幼儿园的小朋友讲故事，几乎每位哥哥姐姐都能轻松自然地拿起一本书念给小孩子们听，每个学期培养小讲师一百多人，每期讲20个以上故事的有70多人；优秀阅读讲师评比活动每学期都举办。

16-7　故事哥哥

16-8　故事姐姐

（二）多场所的阅读体验

除了在校开展一系列的阅读活动外，学校还经常利用周末、节假日带学生到图书室、书店、村口、集市、野外等地进行阅读实践，以增强学生阅读体验、提高学生阅读兴趣。学校、街头、村口，很多角落都能看到学生们阅读的身影。学校已有一批优秀的小讲师，可以和老师一起参与送故事下乡活动。

（三）用日读夜听净化儿童心灵

由于学校留守儿童比例特别高，达99.6%，寄宿生中全为留守儿童。孩子们的问题相对也更多，特别在睡前，存在入睡难、想父母、哭泣做噩梦、孤独感强烈等问题，学校老师疲于应付。2017年，武邵学校对接了公益组织北京歌路营“新一千零一夜”——睡前故事公益项目，并于当年5月正式投入使用，每天睡前15分钟为孩子播放一个疗愈性故事。睡前故事一经播出，孩子们都安静入睡，有效地改善了孩子的睡眠质量，老师们的睡前管理压力极大减轻。同时在这些动人的故事的陪伴下，孩子们既感受到陪伴的温暖，也增长了更多的知识，变得越来越阳光开朗。

（四）日有所诵，坚持不懈

自泉蒙2018年10月为我校捐赠300本《日有所诵》起，每天所有教师和学生共同诵读半小时，用朗朗书声为孩子们构筑一个温馨、实在的成长环境。水滴石穿，绳锯木断，天长日久，积累的是语言，培养的是诗性，也是定力和静气。

五、积极寻求家长合作

老师基本都知道，大部分学生都存在这样一个现象：一旦步入一个新的学习阶段，就会将之前所用过的书籍丢掉或遗忘，能不断拿在手上“温故知新”的学生并不多。阅读也是这样。学生可能在校时因为老师的要求、同学的影响，坚持阅读。那当他离开学校后，还会继续阅读吗？他是不是已经养成阅读的习惯了？如何让他一直坚持阅读？学校决定寻求家长们的帮忙。2017年12月我们第一次召开了家长读书会，意外的是，到场家长不到10人，还全部是年迈的爷爷奶奶。他们对阅读一无所知，甚至非常地反感，一时间牢骚四起，有些还因农活忙提前退场了。第一次家长读书会就这样尴尬收场了，老师们只能重新思索，寻求新的办法。

1. 家访：学校组织老师进行家访，我们一家一家地走，一户一户地问。跟家长反复宣传阅读的好处，做家长的思想工作，在了解学生家庭情况的同时，也对家长对阅读的态度有了初步了解。

2. 以点带面：通过家访，我们发现农村家长“跟风”现象严重，于是决定让部分孩子先读起来。对于观念比较好的家庭，我们先对其孩子进行“小大法故事”培训，培训他们如何讲故事。我们重视孩子们讲故事的仪式感，所以每讲一个故事都强调让孩子做个简短的自我介绍、恰当引入，对于站姿、手势、语速、语调、收尾等也都做了系统全面的指导。当孩子们能独立讲故事时，我们会鼓励他们把故事讲给爷爷奶奶听，再录一段视频发到班级群里，老师给予适当点评并鼓励表扬。家长看到别人家孩子愉悦地成长时都想模仿学习，即使不配合的家长也会碍于面子勉为其难地接受。就这样，老师们在班级群发动起来，家长的态度从反对慢慢转变为接受、配合。

3. 重奖轻罚：为了鼓励更多的孩子讲故事，我们采取打卡奖励制，听故事的对象也由原来的爷爷奶奶发展到周边的小朋友、大朋友，凡是每周在家讲故事三次或三次以上的，按月评选“优秀小讲师”并给予适当的奖励。当然对于那些不敢开口或不愿开口的孩子，我们也给予一定的处罚，罚孩子给全班讲故事。此时的家长们已由孩子的支持者变为阅读的同行者，他们帮孩子寻找场所，联系听众，还有为孩子购买书籍的。一段时间后，老师们收到好几位学生家长发来的信息“老师,昨天孩子给我讲故事了,我感觉我跟他之间的话题越来越多了”“老师，我也买了几本书，准备好好用书陶冶自己，与孩子共同成长”。也有孩子会在第二天向老师分享他讲故事的经历。“我昨天给奶奶讲《你真好》，奶奶说讲得真好，还要我打电话讲给妈妈听呢！”“老师，我昨天打电话给爸爸讲了《团圆》，爸爸说我和故事里的小孩子一样能干……”

4. 送故事下乡：为满足更多孩子和家长的需求，学校经常利用节假日带着孩子们送故事下乡，学校提前联系好场地，如村活动中心、市场、村口等宽敞一点的地方，发动周边一些家长和其他学校孩子一起参与活动，家长和孩子会自备桌椅。活动前我们把到场的家长和孩子进行了合理调配，异质分组，每个小组由我校孩子担任小组长，负责组织本组阅读顺序安排和阅读者综合点评。首先老师会进行一场绘本基础阅读微讲座，之后现场由学生进行示范引读，接着组员在小组内轮流读绘本，最后小组选出代表上台 PK。连胆怯的孩子都能在这里找到自己的舞台，发言没有对错，只有不同，让每个孩子在活动中都有表现的机会。虽然每次活动参与的人员不同，面对的问题也不一样，但孩子们都能把自己最活泼自信的一面呈现出来，活动后都能获得家长们的一致好评。

从 2016 年图书角入驻我校到现在，各班的人每年阅读量在 70 本左右，但是依然存在着问题：教师流动性大，每个新进老师对阅读的理解不一样，教师队伍的建设依然是学校面临的一大难题。很大一部分孩子家长还不会使用智能手机，不会拍视频，不会用微信，尽管学校为兼顾这些孩子的自尊心，把他们带到书屋或其他学校讲故事，但还是或多或少会给孩子造成一定的自卑心理，学校也在不断探索，只为寻找到更好的突破口，达到更理想化的阅读模式。“路漫漫其修远兮，吾将上下而求索”，学校会继续同孩子们一起把对于阅读的坚持传承下去，让孩子们的心灵在最纯洁的人类智慧中成长。

读书不能改变人生的长度，但可改变人生的厚度；读书不能改变人生的起点，但可改变人生的终点。阅读，在某个时刻会和我们的经历产生化学反应，让人发生不可思议的改变，而这样的改变足以让我们的人生从此大不同。所以，阅读从来不是可有可无的事情，我们需要培养的也不是学校阅读者，而是终身阅读者。打造书香校园，是我校一个美好的理想追求。我们努力着，引领阅读文化；我们期待着，书海中走出奇迹；我们企盼着，阅读幸福一生。

（卿喜萍）

17. 脚踏泥土，心嗅芬芳

——河南省辉县市三里屯小学

三里屯小学是一所普普通通的农村小学，在校生 200 多人，因为与县城只有一路之隔，生源岌岌可危。自 2011 年以来，全体师生在儿童阅读的路上风雨兼程，所有的困难和质疑都没有阻挡我们对阅读的执着。我校是以点带面、自下而上地逐渐开展阅读教育的，这也形成了我校独特的儿童阅读体系。

一、遇见《日有所诵》，浅尝“儿童阅读”

确切地说，遇见《日有所诵》是在 2008 年。当时它还是一本不起眼的小书，因为老师在网上的偶然一瞥，喜欢，并推荐给了学校其他的语文老师，老师们热热闹闹地带孩子们读了两年。由于农村合点并校，三里屯小学生源陡然减少，成了一所只有 3 个班、45 个孩子的教学点，老师们怅然若失，“日有所诵”中断了……

心灵荒芜必将杂草丛生！幸亏，我们警觉！

2011 年 9 月开学季，一年级教室里端端正正坐了 25 个孩子，算是学校最大的班了。网上得知，看云（薛瑞萍）老师也将带一个新的一年级，学校就鼓励一年级的王祎娟老师，带着孩子们跟着薛老师重新“日有所诵”。就这样，一间教室，25 个孩子，人手一本《日有所诵》，利用每天清晨到校后及早读的时间，开始了我校的诵读之旅。儿歌、童谣、晨读对韵，《日有所诵》带给孩子们的开心、喜悦总是洋溢在脸上，也让我们感觉到只要是孩子们喜欢的，做起来就分外轻松。除了《日有所诵》，王老师还尝试在班级推行师生共读和亲子共读。当时，学校图书室的书太过陈旧，基本没有阅读的价值。王老师就自己网购适合一年级孩子的书，在班上读给他们听，《笨狼的故事》《我和小姐姐克拉拉》等好书次第进入孩子们的世界，等不及的孩子会让家长跑到学校找老师代购。我们欣喜地看到，读书的孩子心灵愈发纯净，眼睛更加明亮！

美好的事情谁不愿意去做呢？ 2012 年秋天，当王祎娟老师准备在当当网为本班孩子订购第二册《日有所诵》时，另两个年级的语文老师主动要求，她们也要带着自己班的孩子做《日有所诵》，读故事书。没有图画书，老师学着在网上买；孩子们没有故事书，我们就开家长会：先让孩子们诵读展示，再挑选孩子在家长会上讲故事；接着就向家长推荐书目，动员家长给孩子买，并约定同一个班级每个孩子买不同的书，自己读后再进行“图书漂流”，用一本换多本……后来学校每学期拿出一部分资金为班级补充图书，建立了班级书架。

有了故事书的吸引，每天中午到校后，孩子们竟然自觉地、静静地坐在自己的位置上看书！天天如此，时间久了，中午“持续默读”的习惯自然而然地形成了，当一个个孩子手捧一本本书，沉浸于文字时，他们的样子是学校一幅最美的风景！

儿童阅读需要有效的陪伴，阅读习惯、阅读能力的养成需要“有协助能力的大人”。这个大人，不仅仅是老师，更应该是父母。于是，我们有了大胆的想法：培养终身阅读者，让孩子从小就品尝到读书的甘甜，一定要对家长呼唤“儿童阅读，我们一起来”！

一次次的家长会、读书会、诵读展示会让家长次第跟了上来，越来越多的家长开始和孩子在家里进行“亲子共读”。

每天早上《日有所诵》，中午“持续默读”，晚上“亲子共读”，老师们发现，原来，语文教材之外，还可以带给孩子们更多的东西！

二、走进“亲近母语”，结缘“星星点灯”

《日有所诵》的封面上有“亲近母语”的字样，我们知道，它在南京。对于一所村小的老师，南京好遥远！但对于在做《日有所诵》的老师来说，亲近母语又多么熟悉！足不出户、网上搜索虽然也是一种学习，但总觉得不通透。于是，学校决定带老师们前往南京，走进亲近母语。

第一次前往南京是2013年暑假的种子教师研习营。回来后，老师们既兴奋又失落，兴奋于原来全国各地有那么多同路人！失落于别人已经走了那么远，以至于在研习营里，我们的老师有点儿“够不着”……虽有遗憾，但收获满满！第一次远行让我们仿佛看到了远方的那盏灯，那盏阅读之灯！更激起了继续前行的动力，也引发了对行动的反思。

2013—2016这几年，我们连续委派语文骨干老师参加亲近母语主办的儿童阅读论坛，了解“亲近母语”的儿童阅读理念，并透过论坛打开的那扇门，看到了不一样的儿童、儿童教育和一群群兴致勃勃的阅读推广人。

2014年暑假，学校派出4名老师到成都参加了看云工作坊——薛瑞萍儿童阅读课程化培训和吟诵培训。渐渐地，主题阅读读本《全阅读》被带了进来，吟诵、绘本也次第进入课堂，每周两节阅读课便固定在了课程表上。

2014 年起，我们这所深处僻巷的小学，因阅读而出名，陆续有外乡镇老师到学校观摩儿童阅读课程。每次，我们的语文老师都会展示自己的阅读课。每一次活动，都是对自己的一种检阅。刚开始老师们感觉还挺有成就感的，展示多了，我校语文老师的自身素养与实践相脱节的弊端逐渐暴露。

做好一件事情仅有热情是不够的，学校儿童阅读的推进和提升遇到了瓶颈！

17-1　孔晓艳老师到我校讲座

非常庆幸，2015 年 8 月，我们有幸请到孔晓艳老师来我校指导，进行《日有所诵》通讲、吟诵的声韵分析、绘本课的讲述培训。针对教师，她更是切中要害地指出我们“学习力不足，思考力不强”“日用而不自知”的短板。孔老师不仅给老师们答疑解惑，还帮学校理清了阅读教学的思路和发展方向。

2016 年，“星星点灯”成立！我们三里屯小学有幸成为“星星点灯”项目学校。在这个成长共同体里，老师们不断上传学习心得、反思、阅读活动记录，老师的每次行动都有回应。回应便是前行途中新的动力。周五讲坛、读书打卡、网络教研、暑期磨课，在交流中学习，在学习中碰撞。

17-2　南京暑期培训

一灯照隅，万灯照国，在漫漫儿童阅读推广的路上，我们感觉到了自身的光明。

2016 年，学校获赠了价值 2 万元的绘本，我们梦寐以求的绘本阅览室建成，200 多个孩子参加了传书仪式，每班每周可以到阅览室上一节绘本课。

三、初现“阅读体系”，品味阅读美好

把“阅读做成课程”一直是我们的心愿。为使我校的“阅读课程”日趋成熟和完善，每学期，学校都会组织语文老师围绕阅读课程开展教研。

近几年，我们陆续开展了“在磨课中共成长——《日有所诵》磨课”、“吟诵”展示、绘本课交流，“整本书课型探索”；每位老师都有自己擅长的课型，因此我们还开展了“寻找核心竞争力——我的阅读展示课”。

三里屯小学的阅读课程就像《日有所诵》的诵读理念一样，缓坡上行、适时进入。2017 年，当我们回首来时路，学校的“3+X”儿童阅读课程已初见体系，真有一种“为伊消得人憔悴”“蓦然回首，那人却在，灯火阑珊处”的意味。

“3+X”儿童阅读课程体系

名称	阅读课程	课型	阅读形式
3	《日有所诵》、古诗词吟诵	单元通讲课 吟诵课	熟读成诵 诗歌仿写
	图画书	绘本讲述课	读、写、绘、演
	整本书	导读课、推进课、交流课	阅读卡、《阅读手册》、思维导图
X	《全阅读》《阅读力测试》、节令课		

（一）阅读时间保证

做阅读需要具备3个要素：书、人、时间。我们的阅读时间是这样安排的：

早晨10分钟：晨诵《日有所诵》每周一个新单元；10分钟古诗吟诵、背诵。

午间30分钟：“持续默读”，三至六年级自主阅读，一、二年级老师读给孩子听。

晚间30分钟：“亲子共读”或睡前“自主读书”，主要针对整本书的阅读。

每周两节阅读课：以通讲、渗透、讲述、激趣、延伸的形式实践。

（二）阅读课程设置

3+X课程：

1.“3”包括儿童诵读、图画书讲述、整本书共读。

儿童诵读由《日有所诵》、吟诵和古诗词背诵三块组成，相匹配的课型是《日有所诵》单元通讲课、吟诵课，目的是熟读成诵、感悟积累。

《日有所诵》：小学六年《日有所诵》共16册，每册16单元，每单元5篇，六年960篇。吟诵：每学期6首，六年72首。古诗词背诵：每学年20首，六年背诵120首。

图画书对应的是绘本讲述课。阅读展示以“读、写、绘、演”的形式呈现。低段每月2本，中、高段每月1本。

整本书的课型有导读课、推进课、交流课，以“阅读卡、阅读手册、思维导图”的形式呈现。2016年至今，学校层面力推整本书阅读，让短篇的细致、单纯与整本书的宏大、复杂相得益彰。每学期每个年级共读2本，一年保底4本，小学六年24本。

上学期：一年级《笨狼的故事》《1年级鲜事多》；二年级《我和小姐姐克拉拉》《木偶奇遇记》；三年级《鼹鼠的月亮河》《了不起的狐狸爸爸》；四年级《绿野仙踪》《长袜子皮皮》；五年级《小鹿班比》《我的妈妈是精灵》；六年级《小王子》《爱丽丝梦游仙境》。

本学期：一年级《我和小姐姐克拉拉》《君伟上小学一年级》；二年级《豆蔻镇的居民和强盗》《戴小桥和他的哥们儿》；三年级《装在口袋里的爸爸》《假话国历险记》；四年级《夏洛的网》《时代广场的蟋蟀》；五年级《雪地寻踪》《小狐狸阿权》；六年级《草房子》《铁路边的孩子们》。

在家长的配合下，孩子们的书总是能及时到位，语文教研组对整本书导读课、推进课、交流课有条不紊地开展。阅读兴趣浓厚、自主能力强的孩子，学校会提供“我的阅读单”记录阅读的痕迹。

2. “X”指有余力的教师自选主题读本《全阅读》《阅读力测试》或节令课。

形成课程就像踏上了节奏，阅读像呼吸一样自然而然地伴随着师生的生活。每天，《日有所诵》开启了黎明；午间默读，教室书香氤氲；

晚间亲子共读，伴孩子甜蜜入眠。三里屯小学学生六年保底阅读量为：《日有所诵》960 篇，整本书 24 本，图画书 96 本，吟诵 72 首，古诗词背诵 120 首，自主阅读以“我的阅读单”记录。

（三）阅读环境建设

我们只有一个巴掌大的园子，虽简陋，但我们在尽力为孩子们营造更好的读书场所：海棠树下、石桌旁边、走廊上、花园里，时时有看书的身影；班级书架、走廊书架、阅读书包、家庭书柜，处处有触手可及的图书。

17-3　校园阅读

17-4　走廊书架

17-5　绘本阅览室里的阅读课

（四）阅读活动推进

儿童阅读，需要丰富的活动促进和支撑。学校在教师、学生层面开展了不同形式的阅读活动。

一个爱读书、会读书的老师才能带出爱读书、会读书的孩子。每学期学校都会为老师推荐新书，迄今我们共读的书有《薛瑞萍教育教学问答》《如何说孩子才会听，怎么听孩子才肯说》《和孩子聊书吧》《儿童文学概论》等。学生作为校园阅读活动的主体，是阅读活动的最终受益者。每学期，学校都会组织丰富的阅读活动，鼓励孩子们阅读。

1 . 好书推荐。每周的升旗仪式上，会安排固定的时间，由值周班级进行“好书推荐”。

2 . 阅读卡展览。寒暑假推荐的假期阅读书目，读后要求制作阅读卡，并择优展览。

17-6 阅读卡展览

3．绘本剧表演。绘本剧表演的灵感来自故事会讲述和绘本阅览室的建成。首届绘本剧表演孩子们自导自演，表现得棒极了。于是，每年春季，“绘本剧展演”成了学校的常规节目。

4．《阅读手册》展评。不动笔墨不读书。学校专门为一至六年级的学生设计了《阅读手册》，让学生养成边读、边记、边思考的习惯。《阅读手册》中除了可以记录好词好句、精彩片段、所读所想，每月还为孩子们开辟了“创作小天地”专栏，每一页的阅读卡都伴有家长的星级评价。孩子们在填写的同时，还会手绘边框、插图，把自己的《阅读手册》装扮得漂漂亮亮。每学期，学校都会开展一次《阅读手册》展览，展示给家长、老师和同伴。

17-7 《阅读手册》

5．诵读展示。每年的“六一”文艺会演前，是学校多年来固定的节目——分年级诵读展示。我们会邀请全体家长观看孩子们的演出，内容以《日有所诵》为主，2017 年的展示活动第一次融入了四至六年级的 125 个孩子吟诵《短歌行》，2018 年五、六年级合吟《木瓜》，家长们赞叹不已。

6. 阅读小明星评选。每个班级每月都会评出本月阅读之星，颁发小奖状；学期末评出班级阅读之星，学校颁发奖状。学年末，我们会隆重地评选出校级阅读明星，学校专门为他们定制了精致的“阅读明星借书卡”，享受一学期到图书室、绘本阅览室的自由借阅特权。

17-8　阅读小明星

7. 书香家庭评选。一个家庭中，家庭书架藏书达到 200 本，他的孩子就有 60% 的可能爱上阅读。为了这 60% 的可能，学年末，家长提出书面申请，提供家庭书架图片，学校经考察后评出“书香家庭”，并颁发荣誉证书和《朗读手册》一本。

四、不求云端起舞，唯愿贴地而行

美好的东西往往不是独来的，它往往会携带更多的美好！

结缘儿童阅读，三里屯小学的孩子也和城里的孩子一样登上了电视台的“读书栏目”；孩子们的小练笔频频在《小学生学习报》上发表；王祎娟老师在全国主题阅读交流会上带着孩子们上了“日有所诵、日有所获”的展示课；2014 年我校承办了孟庄镇儿童阅读现场会；2015 年 4 月，我校王祎娟老师成功入围“阅读改变中国·年度点灯人”（2015 年）；2015 年 7 月我校王茂宁老师入选亲近母语——“春桃计划”公益讲师；2016 年 4 月我们三里屯小学成功入围“阅读改变中国·年度书香校园”（2016 年）；2016 年我校承担了辉县市申办河南省诗词之乡——诗词进校园的现场验收；2018 年我校承办了辉县市儿童阅读现场会。

我们的老师在阅读之路上且行且思，且思且美！祎娟老师展示了绘本课《我的幸运一天》；拴玲老师在古诗赏析课上，开腔为师生吟唱《送元二使安西》；俊梅老师大胆尝试《三国演义》的主题阅读课；武燕老师展示的是同读一本书——《装在口袋里的爸爸》共读课；茂宁老师呈现了《日有所诵》单元通讲课……每学期语文老师们朴素的总结和计划呈现了她们的所做所思。

王祎娟老师在总结中说：新带了一个一年级，感觉做起来更有信心了。《日有所诵》坚持每周一个单元，即使节假日，我们的节奏也未曾打乱。这样，既避免了像上一届学生到期末匆匆忙忙的现象，也把附录里的对联全部熟读成诵……

三年级的王茂宁老师说：反思上学期的单元通讲课，感觉太烦琐，自己累，孩子们也吸收不了，本学期计划从简。本学期计划带孩子们共读《木偶奇遇记》，并在学校展示一节阅读交流课……

从 ·年级带到六年级的王拴玲老师说：现在真心觉得《日有所诵》编得好，越读越有味道。其中的经典篇不正是孩子们“修身”“正心”的好诵本吗？即便现在孩子们做不到，也能帮他们明辨是非……

不求云端起舞，唯愿贴地而行。老师们兴致勃勃的状态和不断自我突破的毅力，证明了当一个人摒弃功利，全心投入地去做一件事时，所有的艰辛都是快乐的！

脚踏泥土，心嗅芬芳！阅读，我们一直在路上！

18. 最是书香能致远

——河南省洛阳市开元小学

“发现自己的成长密码，找到属于自己的真正书籍。”在阅读的黄金阶段——小学，如果这种意识被点亮、内化，对孩子的一生来说意义非凡。阅读不仅可以帮孩子们积累知识、展示自我，更能让孩子们通过丰富的语言构建自己的精神王国，发现世界的奇妙，探索生命的意义。

这是洛阳市吉利区开元小学全体老师的共同观点。因此，多年来虽然学校风雨飘摇、几度变迁，老师带着孩子们开展阅读的脚步却从不曾停止。在阅读中成长，因成长爱上阅读，既是我校的历史传统，又是我校与周边学校的不同之处。一所始终氤氲着书香的校园，是孩子们心中的天堂，也是家长心中的乐园。

一、我们的学校——书香弥漫，小而美

洛阳市吉利区开元小学位于洛阳、济源、焦作三市交界处，地理

位置偏远。学校始建于 1978 年，前身系洛阳炼油厂子弟小学、洛阳石化总厂第一小学；2003 年 10 月移交洛阳市教育局管理，更名洛阳市教育局直属第五小学；2007 年元月市直十二小并入我校，办学规模进一步扩大；2011 年元月学校归属吉利区教育局管理；2013 年更名为吉利区开元小学。现有教职工 49 名，18 个教学班，650 多名在校生。

学校虽小，却书香弥漫。我校校长武春雷深谙教育之道，他说："学校的教育场所，不仅仅是一间间教室。一花一草，走廊墙壁，楼梯操场，都蕴藏着教育元素。它们的作用虽无声却恒久——因为它们是浸润孩子们心的清泉，会影响到孩子们的生命。"在他的领导下，学校和老师们努力为学生打造适宜的阅读环境，营造浓郁的书香氛围。

（一）学校图书室

我校图书室面积 200 多平方米，藏书 3 万余册，是我区最大的学校图书室。图书室宽敞明亮，布置优雅大气。图书室藏书种类丰富多样，有文学、科学、历史、人文等，给学生"全营养阅读"提供了有力支撑。为保证图书室书籍的新鲜，每年学校都会从有限的经费中挤出一部分款项，用于补充、更新藏书。学校还得到许多爱心人士和机构的帮助，他们给学校捐赠了各类图书，总价值近 7 万元。

18-1　图书室

图书室新书到校后举行的"传书仪式"不仅让学生了解到新书的有关信息，更把"读书"的种子种进学生心中。为使图书资源最大化地为师生服务，让读书滋润人生，学校还开设了阅读课，将课堂搬入了图书室。2014 年，学校图书室实行电子化管理，以学生图书管理员管理为主，实施开架借书，使学生选书更为方便、自主。

18-2　传书仪式

学校图书室的高效使用，使全体学生拥有了一个共同的书香之“场”。

（二）班级图书角

如果孩子们能生活在一间摆满了书籍的教室中，他们怎能不把阅读当成一件自然而然的事？为了给孩子们打造阅读环境，老师们曾想出许多办法。最早实行你一本、我一本的学生凑捐，可是后来发现这种方法零乱不好管理，书籍质量也无法保障。又改为由教师把关、统一登记、张贴上墙的表格式“隐性图书馆”。这种方式优点和缺点同样突出。优点是学生的阅读偏好非常明显地显示在表格上，教师可以根据表格情况及时在班里调整学生的阅读走向。缺点是书籍不成套——系列书籍不仅能扩展孩子们阅读的广度和深度，还有助于形成共同的话题，让集体的凝聚力更强。

2013 年，成立家长委员会，在家长们的支持下，凑钱统一购买图书，建成了班级图书角。每年每个班都有大约 200 本好书来到孩子们身边。学校还为每个班级配备了专门的图书柜。

班级图书角，让孩子们满眼是书。书，成为孩子们生活环境的一部分。

18-3　班级图书角

（三）书香海报及宣传栏

走进学校大门，两侧各有一排宣传栏。每两周一次的各年级《好书推荐》《经典选章》等栏目吸引了来往的孩子们驻足浏览。教学楼的走廊上，悬挂着老师和孩子们的书法、绘画作品。上下楼梯的墙壁上，张贴着一幅幅制作精美、图文并茂的读书海报。

从小处着眼，让浸润与陶冶静静发生作用。阅读，会变得像呼吸一样自然，悄然无息地成为孩子们的生活方式。

二、我们的团队——上下求索，向着明亮那方

（一）“书香型”校长

武春雷校长曾是一名多年工作在教学一线的语文老师。他认为，一所学校的工作重心应该是阅读。阅读可以改变人的思维角度，扩展人的思维广度，深化人的思维深度，是教师发展、学生成长的最佳途径。因此，他率先垂范，努力做师生阅读的“领头雁”。仅 2016 年，他个人阅读专业书 27 本，非专业书籍 32 本，为教师们推荐购买《幸福的种子》《和孩子聊书吧》《56 号教室的奇迹》等共读书籍，让学

校成为一个学习共同体。教师们一起看书，在读书沙龙上聊书，在各自的班级里带学生读书。

（二）“成长型”教师

1. “问渠那得清如许，为有源头活水来。”为了让阅读真正在每一个班级生根发芽，开元小学的语文教师们，几年如一日，一月两次开展阅读教研活动。

每月第二、四周周一下午语文教研活动，是老师们进行读书交流和阅读课程研修的时间。老师们分析文本，交流教学设计，分享阅读教学感悟。在集体的环境中，每一个人都感受着阅读带来的改变，以及书香滋养的幸福。

18-4　教研活动

2. 为了打开教师的视野，学校注重走出去、请进来，让不同地区、不同风格的课程实践者与学校的老师们面对面交流。

从2012年开始，我校年年派出教师参加亲近母语儿童阅读论坛、种子教师研习营等活动，也曾经参加过群文阅读年会、名师名校长论坛等，了解不同的阅读理念，让教师的观念始终保持不断更新的状态。

3. 支持“先行者”的脚步，树立身边的榜样，培养优秀的种子教师。

我校教师团队中，有不少人极富研究、实践热情。对于这些走在前面的先行者，学校从课程试行、学习机会、时间安排等方面给予大力支持，培育出一批优秀的阅读种子教师。

孔晓艳老师，多年来在班内为学生打造“安静润泽、完满自足”的阅读环境，实施“儿童阅读课程化”教学。她先后担任海外中国教育基金会、图书馆计划等公益机构图书项目的核心导师，参加“春桃计划”、亲近母语“星星点灯计划”等公益活动。致力于儿童阅读推广的她，在2015年度“阅读改变中国”活动中荣获“年度点灯人”称号。

18-5　孔晓艳在亲近母语论坛的公开课

罗炎红老师，“春桃计划”公益导师。她和梁喜玲老师一起，连续三年被聘请为海外中国教育基金会图书项目高级培训师。耿文红、许秋环、李婉等老师，多次在校讯通书香大赛中获“优秀辅导老师”和“启明星”奖项。

为了孩子们的成长，这些优秀的种子教师阅读、学习、实践；反思、总结、调整，从未停止成长的脚步。

4. 为了最大限度发挥教师的工作热情和实践、探索、创新能力，学校对教师阅读教学的评价一直采用高信任、低控制原则。这样的阅读教学从一两个年级开始试行，有了一定经验后再全面推行。

比如诵读课程，2007年，学校二（1）、二（2）两个班进行实验。2009年，全校全面铺开《日有所诵》的诵读。其他课程也如此，小步走路，稳步推进。这样做，既保护了教师的尝试热情，也让其他教师在旁观的状态下看到课程实践的真实效果，从而发自内心地拥护课程改革，让阅读教学的效果最大化。

（三）“忠实型”家长

多年来对阅读的重视，让我校家长自然而然地认同支持学校的各项阅读活动。从组建班级家长委员会到成立学校书香家长小组，家长们不言劳苦、义无反顾地支持学校的各项书香工程，成为和教师们一起与电脑、手机、网络游戏、热门网文争夺孩子注意力的“鲜花战友”。

三、我们的课程及活动——课内课外，全人教育，多面并行，多方参与

（一）儿童阅读课程化

诵：每天清晨，早读前是各班的特色诵读时间。孩子们在老师的带领下，吟诵古诗、诵读经典。早读15分钟属于全校统一的《日有所诵》。每天同中有异、各具特色的诵读课，为孩子们开启一天美好的学习生活，锻炼着他们坚持的品质。熟读成诵的积累让经典文字内化进孩子的生命。

18-6　学生早读

读：每班每周一次的“图书室阅读课”是孩子们最喜欢的课程。在全班同学静静的共读中，他们感受着书香的滋味、阅读的快乐。这种美妙的感受让阅读变成幸福时光。

班级读书会是我校的传统课程。低年级的绘本讲述，中高年级的整本书课程让孩子们享受阅读、交流、表达、思考的乐趣，读书的精度和深度得以保障。

18-7　有声朗读

18-8　读书会

《全阅读》和《语文同步读本》是我校并行多年的两种主题阅读材料。从 2016 年开始，吉利区进行的小组合作、单元整合课程改革把语文教材的教学时间进一步压缩，腾出课堂时间进行多篇文章教学的尝试。这种方式让学生的课上阅读量及阅读鉴赏能力得以大幅度提升。

每天“阅读半小时”是我校实施多年的家庭作业。这项作业不仅使孩子们个性阅读之花自由绽放，更让许多家庭的睡前亲子共读成为凝聚亲情的温馨时光。

2015 年 5 月，为了帮助家长选择适合孩子阅读的书籍，我校组织有着多年阅读推广经验的教师们，根据我校学生的特点，精心编制出一份《开元小学阅读书目》。这份书目每年进行一次修订补充。书目分低中高三个年段，内容包括图画书、桥梁书、单本文字书、套系书等类别，有对各年段学生阅读兴趣的分析、选书标准和阅读方法的建议以及语重心长的阅读寄语。这份书目每个学年都会发放到各个年段的家长手中，成为家长的选书指南，更成为吉利区和洛阳市其他学校的参考宝鉴。

18-9　学校推荐阅读书目（1）

18-10　学校推荐阅读书目（2）

听：能够安静聆听是孩子专注力强的表现。我校低年级的绘本课坚持简单原则，多读少问，让孩子们在安静状态下享受阅读时光。随着智能手机的发展、微信群的普及，孩子们在班级群里晒朗读背诵成了学校的主流。他们在听同学的音频中学习、比赛、成长。

写：阅读是吸纳，写作是表达。一吸一呼才是完整的学习过程。为了让孩子们爱上写作，乐于表达，不把写作视为可怕的洪水猛兽，我校老师尝试了许多方法。

“我的故事卡”及时记录下孩子们的阅读心得和感受，手抄报及“读写绘”让低年段孩子的阅读表达以图画形式进行，更为活泼生动、鲜明形象。为了把阅读做得更为深入扎实，我校于2015年年底设计制作了“开元小学学生阅读护照”。“阅读护照”以月为单位分四部分：一是学生阅读书目记录，旨在让学生检验自己的阅读足迹，产生成就感和自豪感；二是对自己每月感悟最深的一本书的介绍梳理，旨在让学生读有所思，思有所得；三是家长所见所思所读，旨在让学生和家长感受书香滋养、共同成长的幸福；四是教师从阅读数量和阅读质量进行的阅读评价，旨在让学生了解自己的不足，从而提高阅读质量。

18-11　学生成长足迹记录本

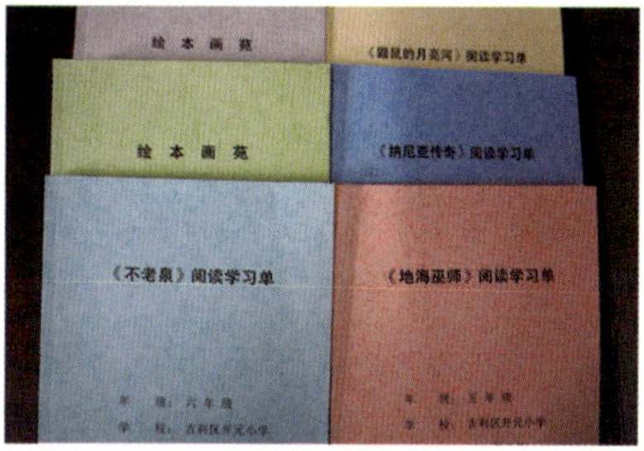

18-12　读写绘作品记录本

一个开放、自由、互动频繁的写作平台，对于激发学生的写作欲望非常重要。从2009年开始，我校利用校讯通博客这一平台，把学生的阅读、写作、展示、交流融为一体。一届届学生在这个平台上成长，师生家长们收获满满，载誉无数。博腕儿、状元文、明星博主、阅读天使、启明星、书香班级……2014年春天，我校在校讯通书香大赛中脱颖而出，成为“十大书香校园”之一。

（二）校园活动书香化

1. 寒暑假特色作业

我校近几年来的寒暑假作业中，阅读作业、生活体验作业、写作绘画手工等表达作业是必不可少的。孩子们在假期开始时制订计划，结束时检查自己的执行情况，开学后评比完成情况。阅读从校园联结到家庭，从学期延拓到假期，成为一项连续不断的活动。

2. 征文大赛

除了参加教育行政部门组织的各项阅读征文比赛，我校还特意开展了高年级学生假期阅读历史书籍的“雏鹰杯” 读后感征文活动。这一活动提高了学生了解历史的兴趣，以史为鉴，思考现实生活。

开元小学是充满书香的校园，孩子们已把阅读作为一种生活方式。为了让我校全体学生获得诗意的童年，拓展联想思维，激发对儿童诗歌的创作热情，挖掘和发现孩子们心中的思维美、艺术美、诗意美，举办了开元小学儿童诗征文比赛。

3. 经典诵读及语言艺术展演活动

在“世界读书日”“六一儿童节”“少先队建队日”等特殊日子里，我校的经典诵读比赛和语言艺术展演，通过诵读、小品、绘本剧、课本剧、相声、双簧等形式，师生同台，全员参与，推进读书活动，受到了家长和社会各界好评。

18-13　经典诵读

18-14　古诗词大赛

4. 乡土化传统教育活动——在中国的滋味中长大

当轰轰烈烈的读经运动震荡人心时，我校坚定地进行乡土化的传统教育。古都洛阳是著名的文化古城，吉利区有着丰富的文化资源。了解身边的一村一寨、人物建筑、风俗民情，可以让孩子们真正体会中国人的思考方式。因此，我校开展了丰富多样的“读生活，习传统”活动。有清明、端午、中秋、冬至、春节等节日课程；有二十四节气时令课程；有“滋根河洛，家园情怀”的乡土课程；有唐三彩、洛阳名人名地的文化课程。孩子们通过阅读、探访、体验等方式，长成一个有“根”的中国人。

5. 书香校园评选活动

每月一次的优秀“阅读护照”评选，每学年一次的“书香达人”“书香家庭”等评选活动，既是对师生以及家长们阅读的肯定，也调动了大家阅读的热情。

18-15　书香家庭展示

（三）家长教育课程化

多年的阅读实践让我校教师深刻认识到，开展好家长工作，把家长请入学生的教育教学体系，是让阅读、教学、教育工作扎实有效推进的重要保障。因此，我校于 2015 年开办家长学校，每月进行一次家长大讲堂活动，每学期召开两次家长会，并组建了班级、学校的家委会。

家长大讲堂上，我校教师讲师团对家长们进行阅读理念的宣讲、阅读方法的指导，给出选择书籍的建议。每次大讲堂，家长们都收获满满。开元小学的家长大讲堂成为当地学校模仿的范本。家长会上，校长、教师们面对全体家长，展示我校阅读成果，一次次宣讲阅读的重要性。各班家委会齐心协力，编撰印制各班的《班级阅读、习作作品集》，这些作品集成为孩子们最喜欢的读物。

当学校把家长视为学校阅读及其他工作的战友时，家长们不再以为教育仅仅是学校的事情，对孩子们的关注增加了，家校对立的情况减少了，孩子们的健康成长有了更多的保障。

四、我们的收获——天道酬勤，功夫不负有心人

近几年学校因阅读获得了诸多荣誉：2014 年，河南省校讯通“十大书香校园”；2015—2016 年，洛阳市特色学校（书香校园、足球传校、心理健康、家长学校），为吉利区唯一获奖学校；2016 年，获洛阳市教育局、洛阳市妇联授予的“优秀家长学校”；2016 年 12 月，获河南省教育厅授予的“卓越家长学校”，全省所有学校仅 500 家获此殊荣。

近几年媒体因阅读对学校进行了多次报道：《石化报》三次对我校书香校园、经典诵读情况进行报道；2015 年，《河南青年报·成长周刊》以《一脉书香在心中》对我校书香校园情况进行报道。

近几年教师也因阅读获得个人荣誉：“阅读改变中国·年度点灯人”（孔晓艳老师）；校讯通书香大赛“优秀辅导老师”及“启明星”奖（梁喜玲、许秋环、耿文红、李婉等）。

五、我们的方向——心平气和，擎灯而行，为孩子们点亮心灯，照亮人生之路

阅读是一件安静而私密的事情，唯有心平气和才能让它真正成为孩子们的生活方式。或许在点燃孩子们阅读热情的道路上，我校也做了一些有些喧哗的活动，但我们一直都记得——安静的阅读才是真正的阅读，才是可以沉入孩子们心灵发生作用的阅读。所以，心平气和，擎灯而行，用心点亮孩子们的心灯，让他们的人生之路多一缕书香，是我校全体教师的不懈追求。

最是宁静能致远，最是信念能致远，最是行动能致远，最是书香能致远！

一切努力，唯愿孩子们可以一路书香一路歌！

19. 让每一个生命都拥有丰富高贵的灵魂

——江苏省常州市河头小学

它张开触角和秋风较量
它不断地打着趔趄
摔着跟头，滚着尘土
它一次次正过身子
它要爬回春天去
它背着与生俱来的倔强
孤独和比黑夜更深的黑
它仰起头颅
拒绝溺死在摔出的泪水里

——《风中逆行的蚂蚁》

常州市金坛区河头小学始建于1912年，迄今已有一百多年的岁月沧桑与文化积淀。学校现有21个教学班，共889名学生，74位在岗在编教职工。

随着越来越多的乡村拆迁，本地生源多数已经流向城郊区的学校。如今的河头小学更多的是这样一群孩子——他们跟随父母背井离乡，来到陌生的地方，因为文化背景较差，绝大部分的孩子处于优秀文化的荒漠地带。他们是河头小学的主要群体，在所有学生中占比 70% 左右。

面对困境，我们在以张立俊校长为领头人的团队的带领下，提炼出“共享幸福完整的童年”的办学理念，秉承着“诚实做人、大胆创新”的校训、“和·信”的校风、“精·勤”的教风和“乐·恒”的学风，以“培育健康自信、身心和谐、热爱阅读的未来中国公民”为育人总目标，在学校内主动发展和特色课程建设中矢志不渝坚实行走，以阅读推动成长，让文化彰显品牌，用内涵丰厚积淀。

一、从语文教学的困境突围到儿童生命成长的观照——行动的缘起

（一）农村儿童阅读之现状

外来务工人员家庭大多经济条件较差，家长文化水平低，子女多，甚至不能坚持让孩子接受完整的义务教育。在这样的环境下，要求家长为孩子创造合适的阅读环境成了天方夜谭。

（二）农村学校语文老师之使命

自 21 世纪初以来，儿童阅读在中国俨然已经发展成为一种运动，起于民间，如火如荼，方兴未艾。这一现象令人深思。

叶圣陶说：“小学生既是儿童，他们的语文课本必得是儿童文学，才能引起他们的兴趣，使他们乐于阅读，从而发展他们多方面的智慧。”

儿童和文学是天然亲近的，童谣、童诗、图画书、童话、儿童小说这些都可以进入儿童的视野。各国母语课程改革均是本国课程改革的主要内容，尤其是西方发达国家都不约而同地把儿童阅读放在母语课程建设的核心位置上。所以，开发出对孩子一辈子真正有用的儿童阅读课程势在必行。

“农村儿童阅读校本课程”这一项目的确立，缘于一个很朴素的想法：试图寻找一种简单而行之有效的方法，能够在农村普通的学校、普通的师资、普通的生源条件下，较大面积地提高语文教学的效益，实现语文教学的困境突围。

基于以上的思考，我们主张以“儿童文学阅读”为核心，开发并构建一套以儿童为本位、具有校本特色的涵盖丰富的儿童阅读课程体系，在全面提高儿童的母语素养的同时，培育儿童良好的心性和清明的生命智慧，让生活在社会底层的孩子，也能够拥有健康高雅的精神世界，拥有丰富而高贵的灵魂，并从中摸索出一条适合本校校情的儿童阅读课程开发与建设之路。

二、用阅读把最美好的世界带到儿童的面前——我们在努力

（一）儿童阅读课程的时间保障——由“5+0”到“3+1+1”

在常规的《班级日课表》上，我们看到的语文课授课时间一般是五节（中高年级），实施儿童阅读课程以后，教材中的课文我们分为精读课文和略读课文，通过“洗课”，保证了课堂教学的高效，最终将教材教学时间压缩为 3 节。学校把主题阅读和整本书教学正式纳入课表中去，从而保证了儿童阅读课程实施的质量。

学校儿童阅读课程时间安排表

内容	各年级阅读时间		
	低年级	中年级	高年级
诵读课程	周一至周五早读课或课前五分钟		
部编或国标版教材	每周三节		
识字活动课	每周一节	—	—
主题阅读	每周一节	每周一节	每周一节
整本书教学	每周一节	每周一节	每周一节

2017 年上学期河头小学班级日课表

四（2）班

课时		星期一	星期二	星期三	星期四	星期五
上午	1	英语	数学	数学	数学	数学
	2	语文	英语	语文	整本书阅读	语文
	3	美术	主题阅读	体育	英语	科学
下午	4	体育	体育	英语	作文	写字
	5	信息	品德与社会	综合实践	作文	音乐
	6	品德与社会	美术	音乐	科学	少先队 / 健教
	7	—	选修课程	选修课程	选修课程	选修课程

（二）儿童阅读课程的内容与实施——由“一本书”到“多本书”

1. 国标版教材教学——洗尽铅华，简洁高效

要把大量的课外阅读内容挤入有限的教学时间，势必会遇到很多问题，比如“如何缩短国标版教材教学时间，让课堂教学更高效”就

是摆在所有老师面前的一大难题。于是,我们开展了扎扎实实的“洗课”工程。

第一步，进行“洗课”的通识培训；

第二步，成立课堂调研组，先制订出粗线条的《洗课课堂观察量表》，由各组分头实施，对所有课堂进行一次“普洗”；

语文“洗课”课堂观察量表（总表）

日期：　　　班级：　　　执教：　　　教学内容：　　　课型：

<table>
<tr><th colspan="2">观察项目</th><th colspan="2">等第</th><th>主要失误记录</th></tr>
<tr><td rowspan="3">目标
（40分）</td><td>目标分类</td><td>显性目标50%</td><td>隐性目标50%</td><td></td></tr>
<tr><td>目标设定（10分）</td><td></td><td></td><td></td></tr>
<tr><td>目标达成（30分）</td><td></td><td></td><td></td></tr>
<tr><td rowspan="2">流程
（20分）</td><td>简洁清晰（10分）</td><td colspan="2"></td><td></td></tr>
<tr><td>科学有序（10分）</td><td colspan="2"></td><td></td></tr>
<tr><td rowspan="2">提问
（20分）</td><td>问题质量（10分）</td><td colspan="2"></td><td></td></tr>
<tr><td>数量适当（10分）</td><td colspan="2"></td><td></td></tr>
<tr><td colspan="2">时间分配（10分）</td><td colspan="2"></td><td></td></tr>
<tr><td colspan="2">面向全体（10分）</td><td colspan="2"></td><td></td></tr>
</table>

注：1.“等第”分为A、B、C、D四等，权重分别为100%、80%、60%、40%。
2.“主要失误”可以符号记录，也可以文字简要记录。
（× 错误 @多余 § 混乱 ◎臃肿 ♁低效 ※ 歧义 ≠废问 ∝缺失 ∮琐碎 ⊿偏差）

第三步，在初步调研的基础上展开充分讨论，从而制订出各种课型的课堂教学评价标准（含指标），形成细化的课堂观察量表；

课堂观察量表

项目	教师行为				学生行为					
时间分配（分钟）	讲述引导	示范演示	组织调控	合计	读书背诵	小组合作	大组交流	纸笔练习	其他	合计
问题数量（个）	主要问题				追问			合计		备注

第四步，将制订好的课堂观察量表，作为对今后本校所有教研、课堂竞赛及随堂课评价的依据。

我们制订出了《语文教材阅读教学课堂流程标准与建议》，提出“四个坚决反对”“五条课堂铁律”“七种常规武器”“十项基本原则”。

四个“坚决反对”——必须时刻警惕

①坚决反对教师以讲为主，甚至一讲到底。

②坚决反对烦琐分析、处处“挖坑”、巨细无遗。

③坚决反对“一问一答”贯穿整个教学，及“连珠炮”式的提问。

④坚决反对盲目“品味”，目标不明，不知所云。

五条“课堂铁律”——务必严格遵守

①每堂课：教师“讲”的时间不得超过 10 分钟，把时间让给学生读读、填填、背背、议议。课堂 70% 的时间要用来诵、读、背。

②每堂课，教师提问不得超过 5 个。

③课前必须指导学生做好预习，预习不到位，不可上新课。

④每天课外作业中的习题量必须限制在 20 分钟以内，少做题，多读书。

⑤低年级段，课堂第 15—20 分钟必须设置游戏或放松环节。

七种“常规武器”——用之可以省劲

①“开火车”，应该大量采用。好的方法一定是简单的、实用的！

②范读：听录音读、教师读都好，让学生一开始就爱上所学课文。

③低年级：韵语识字、字群识字、生活识字，都是很好的方法。

……

十项基本原则——千万不可违背

①目标精一点，任务少一点，收获实一点，讲求一课一得。大胆“舍”，才能扎实“得”，要把时间花在“刀口”上，力戒浮光掠影、面面俱到。

②读书，首先要关注语言、语言、语言！思想在其次。要尽可能地把学生的注意力引向语言文字。盲目追求所谓的“微言大义”，往往不过是牵强附会、“贴标签”。

③低年级教学，应以“识字”为第一要务，教师应有强烈的资源意识，时时不忘与“识字”挂钩。

……

一堂课的时间是有限的，只有学生学习活动的时间与空间得到充分保障，课堂教学效率的提高才能真正得以落实。而要改变教师“独霸课堂”的现象，就必须在时间分配和课堂活动方式上制订一些标准，即：严格限制教师讲的时间，把课堂的时间还给学生；精心设计课堂活动形式，把空间交给学生。唯有如此，方能切实转变教与学的方式，实现课堂学习的自主与高效，把课堂的时间和空间挤出来，让给学生们进行大量的阅读。如若不然，本该属于学生的时间、空间都被剥夺了，学生还怎么发展？学生的发展没了，“效率”又从何谈起呢？

2. 诵读课程——亲近母语，历久弥新

当代欧洲文学大师卡尔维诺曾对经典作品下过这样的定义：“它们带着以前解释的特殊气氛走向我们，背后拖着它们经过文化或多种文化（或只是多种语言和风俗习惯）时留下的足迹。”什么是适合儿童的经典？一定要是形象的、感性的。它的形象美而鲜活，它的音韵美而灵动，能激发人之向新、向美、向上的生命力，是学生最喜欢的，

还是反映他们自己学习生活的作品：

村小识字课

蛋　蛋　鸡蛋的蛋
调皮蛋的蛋　乖蛋蛋的蛋
红脸蛋的蛋
马铁蛋的蛋
花　花　花骨朵的花
桃花的花　杏花的花
花蝴蝶的花　花衫衫的花
王梅花的花
曹爱花的花
黑　黑　黑白的黑
黑板的黑　黑毛笔的黑
黑手手的黑
黑窑洞的黑
黑眼睛的黑
外　外　外面的外
窗外的外　山外的外　外国的外
谁还在门外喊报告的外
外　外——
外就是那个外
飞　飞　飞上天的飞
飞机的飞　宇宙飞船的飞
想飞的飞　抬翅膀飞的飞
笨鸟先飞的飞
飞呀飞的飞……

这是选自《日有所诵》中的一首童诗。从字面来看，“蛋、花、黑、外、飞”五个字平淡至极，所组的词语很稚气却很认真。正是这平淡、稚气和认真，显出大象无形真技巧，酿出纯美浓郁真诗意。

正是由于老师们在教学改革上的自觉思考与探索，学生阅读的范围才有了更大的拓宽。我们以《日有所诵》《中华颂》等为基本诵本，以“适合儿童”为原则，合理取舍。坚持每周诵读4首，周五回顾复习。实施持之以恒、化整为零的原则，充分利用好晨读时间和课前5分钟。

19-1　学生诵读

学语文，先要爱语文。如何产生爱？把语文最好的、最动人的一面展示给学生。为什么我们只要求学生读读背背而无须深究呢？王荣生教授说：“以‘思想性’为背景的所谓‘深度’是作者和读者的共同幻想。其实文本深度是一个幻觉。任何用诗歌来还原客观现实世界和世界规律的企图，都只能是不可企及的梦想。”语言的语感、重量感、质感、空间感，语言的滑动或滞钝、轻或重、干净或粗糙、空白或塞满，都可以为我们打开内在的感受。随着年龄的增长和生活的历练，他们会慢慢地发现儿时所背的那些自己不甚懂甚至不懂的作品的真正价值和含义。这种积累将历久弥新，伴随他们的一生。

诵读，对于儿童来说，比起背了多少，背得多深，更重要的是他们这样做的时候是否快乐，是否因此更爱自己，更爱这个世界。

在诵读的同时，低年级语文教研组更是利用《日有所诵》进行大量识字的研究与实践。老师们为《日有所诵》中的每一篇儿歌编写了生字表，并组织学生识字过关，为学生进行后续的阅读做准备。

3. 主题阅读——深入浅出，适可而止

当下，主题阅读的探索已有许多的先行者，他们已经深刻地认识到："一节课里读一群文章"意味着什么？它意味着老师不可能讲太多话，意味着老师不可能提太多问题，意味着老师不能发起太多讨论，意味着老师对课堂结构的艺术性不能有太多苛求，意味着老师不可能这么深、这么细、这么透地讲析文章了。要不然就间接地侵占了孩子自读自悟、大块时间读、大块时间悟的时间，没有大块时间读、大块时间悟，"主题阅读"就不可能实现。

为此，我们为孩子们精心挑选了读本，从《小学语文同步阅读》到《全阅读》，针对这样"精挑细选"的群文，我们展开了深入的课堂教学研究，提供一定的范式，制订出课堂流程的基本标准。我们明确地向大家传达了目前进行《全阅读》教学的宗旨：与教材教学区别开来，让孩子的阅读少一点功利，多一些快乐！

这种一组一组的文章，教学跟进得好，某种程度上可以弥补叶圣陶先生所担忧的单篇阅读的弊端："现在的精读教材全是单篇短章，各体各派，应有尽有。从好的方面说，可以使学生对于各种文体都窥见一斑，都尝到一点味道。但是从坏的方面说，将会使学生眼花缭乱，心志不专，仿佛走进热闹的都市，看见许多东西，可是一样也没有看清楚。现在的国文教学，成绩不能算好，一部分的原因，大概就在选读单篇短章，没有收到好的方面的效果，却受到了坏的方面的影响。”

19-2　主题阅读教学课堂

4. 整本书阅读——持之以恒，硕果可期

我们立足于每一册《经典阅读》中推荐的每学期 6 本儿童读物，以每班 4 本书为基本要求，进行整本书集中阅读的教学研究。从本学期开始，每周利用一节语文课进行一周的阅读交流；以经典的图画书为课程内容，每周为孩子讲述一本图画书，《凯能行！》《哲学鸟飞罗》《团圆》《爷爷变成了幽灵》等都是孩子们喜欢的书。

在上好读书课的同时，坚持每天利用 10 分钟左右的时间给孩子大声朗读优秀的儿童文学作品，因为我们知道：用耳朵倾听美妙的故事，给予孩子的是最畅快的阅读享受，它没有勒令的痛苦，也没有生字的羁绊，纯粹处于一种放松的愉悦状态中，所以也是最吸引他们的阅读形式。阅读者的声音、表情、发问，都会对倾听者产生影响。老师声情并茂的朗读可以加深孩子对语言的记忆，并且令孩子回味无穷。很多孩子在老师读过之后，就会不由自主地自己读起来、说起来。他们或模仿书中人物说话，或反复回味，或诵读其中的片段，在这个过程中逐步积累自己的语言。

19-3　整本书阅读教学课堂

2018 秋各年级阅读书目

年级	书目
一年级	《伊索寓言》
	《小猪唏哩呼噜》
	《小熊维尼》
	《吹牛大王历险记》

续表

年级	书目
二年级	《小布头奇遇记》
	《木偶奇遇记》
	《洋葱头历险记》
	《2年级问题多》
三年级	《夏洛的网》
	《一只小鸡去天国》
	《魔法师的帽子》
	《苹果树上的外婆》
四年级	《窗边的小豆豆》
	《驯鹿牛仔裤》
	《青鸟》
	《吹小号的天鹅》
五年级	《彼得·潘》
	《水浒传》
	《青铜葵花》
	《我的妈妈是精灵》
六年级	《城南旧事》
	《战马》
	《鲁滨孙漂流记》
	《山居岁月》

（三）课程评价体系的建立——由“一张试卷”到“坐着聊”

学生阅读数量得到了提升，如何保证学生阅读的质量？

1. 考级指标的编写

对于学生的考核，我们编写了《阅读考级星级指标》，以此激励学生开展阅读，用读书去争取一颗颗成功之星，只有保底，没有上限。

指标围绕诵读、整本书阅读、主题阅读三个方面，从《日有所诵》《经典阅读》推荐的读物、《全阅读》中选取一定数量的文章及书籍。根据学生的年龄和阅读水平，把考核内容分为6个等级，每个学年设一级，每级设 4 个星级。一星、三星为基础指标，获得这两颗星，便可成功晋级；二星、四星为弹性指标，旨在鼓励学生自主阅读。在考级过程中，采用正面评价、过程性评价、体验性评价，对阅读兴趣及学习态度、合作精神，对课外阅读知识的理解和运用、科学思考问题的能力等方面进行综合评价。

二年级第一学期考级标准

级别		必读美文	必背诗文、儿歌	推荐好书	必读好书	晋级标准
2级1星	二年级第一学期适用	《十数对花谣》《我要生起气来》《错了歌》《孙悟空打妖怪》《板凳歪歪》《小弟和小猫》《楼阁亭台》《黄河谣》《十二月子》《笑声》《大年初一扭一扭》《给小懒惰画个像》《小雨滴》《青蛙》《小约卡学干针线活》《妈妈的心》《作业机》《秋天的信》	古诗： 《村居》《青松》《咏柳》《静夜思》《登鹳雀楼》《长歌行（后四）》《清明》《所见》《悯农》《独坐敬亭山》 儿歌： 《插秧》《云》《大家拢来做把戏》《夕阳》《安慰》《我给小鸡起名字》《虎和兔》《丢手帕歌》《标点符号》《一个人》《海上的风》《柱子和树子》《着急的锅子》《日出》《小熊》《早安，小松鼠》《挤呀挤歌》《蜗牛》《树林再见》《欢迎小雨点》《鱼儿睡在哪里》《太阳》《不学写字有坏处》	《安徒生童话》《笨狼的故事》《一年级大个子二年级小个子》《爱丽丝漫游奇境》《我和小姐姐克拉拉》《第十二只枯叶蝶》	在前一栏中自选两本	1–2级：能把美文读流利；能熟练背诵指定诗文；能根据必读好书说一句话。
2级2星		《三字经》选段90字	记诵父母长辈传唱的童谣3首		图画书 3本	

2. 考级卡的使用

（1）固定考级的时间

校内一学期进行一次测试。测试由各年级组长负责，测试小组成员由同年级语文教师担任。

（2）改变测试的方式

孩子们人人手拿自己阅读过的一本或几本书，排队来到学校图书馆、阅览室，欣喜地坐下接受老师们的面试。孩子们总是焦急而又兴奋地等待着那一天，参加检测的老师就像大朋友一样，用“坐着聊”的方式，全面了解孩子们的阅读情况。孩子们或背诵诗文，或说出梗概，或畅谈感想……

比如，在进行整本书交流时，老师会用这样的方式来提问：“书中谁给你留下了很深的印象？什么原因呢？能说来听听吗？”“你喜欢小猪唏哩呼噜吗？你有没有像他那样做过那么好玩的事情？”“这个故事（这本书）的结局你喜欢吗？要是不喜欢，你想怎样改？”……用一种“聊”的方式跟学生交流，不用考问式的语气和句子，如“为什么”就是学生反感的问法，不如换成“说来听听”此类的谈话方式。教师也不是机械式地逐条提问，照本宣科，而是按学生的实际差异调整问题，更多的是肯定和鼓励。

在这里，阅读成了共同的话题，孩子们敢于表达自己的思想，乐于分享阅读的快乐。这样的检测形式，激发了孩子们阅读的兴趣，让阅读内化为孩子的生活习惯。语文考核，完全改变了以前“一张试卷论英雄”的方式，淡化了区分甄别，弱化了纸笔测试。

（3）显化评价的结果

以前的语文课堂中泛滥的掌声和“你真棒”等简单的评价语根本不能引发学生深层的阅读体验。即使是教师真诚的充满智慧的引导也只不过是一句虚化的语言。

19-4　考级坐着聊

怎样让评价的功效更持久？鼓励是永恒的主旋律。校内阅读测试结束后，学校隆重举行考级卡颁发仪式。考级卡上明确标明每个学生所考的级数，获得的星星颗数，并与校卡一起每日挂在胸前，既是阅读考级成果的体现，又能鼓舞学生继续阅读的热情。每学期结束，我们会根据相关标准评选出“书香少年”；每学年，我们还会依据各班在各项阅读活动中的表现评选出“书香班级”。从学生个人的阅读到班级、学校举行的阅读活动，形成了一个全方位、立体化的评价机制。

19-5　考级卡

（四）儿童阅读课程的师资培养——由“语文老师”到“孩子身边每一个人”

如何让孩子与我们“心心相印”？唯有让孩子身边的每一个人都具有儿童视角和立场，用一颗爱孩子的纯心去呵护孩子的心。

于是，我们建立起了广泛的阅读群落，连门卫、食堂工作人员都参与到阅读中来。校长长期开展校长荐书、教师暑期读书、师生读书沙龙、文学讲座、“回到童年”（全校教师读童书）等活动，通过各种手段建立起全员阅读的浓厚氛围，《窗边的小豆豆》《夏洛的网》等童书，《56号教室的奇迹》《为什么是抚松》《夏山学校》等教育书籍都慢慢进入了教职员工的视野。

学校按计划组织全校教师系统学习大量儿童阅读指导的相关书籍；每月进行一次儿童阅读沙龙，邀请相关专家或外校同行参与；组织语文老师分批外出学习考察，参加各项关于儿童阅读的活动及培训；还充分利用周边资源，经常邀请本地名师来校指导。

每学期，学校领导和班主任都会走进学生家庭，调查和了解学生在家学习情况和阅读环境，开展“小书房评选”“书香家庭”“爱心书桌”“好书捐赠”等活动。学校还设立面向家长的读书开放日。届时，家长可参与学生读书活动，可欣赏学生读书汇报……

一连串的举措，无不在时刻警醒我们：在与孩子相处时，让自己的心“柔软”一些，再“柔软”一些，不要把成人的观点强加给他们，理解童趣，欣赏纯真。让自己蹲下来，低些，再低一些，按孩子的意愿接近他们，体悟孩子的体悟，适应孩子的适应，和孩子一起寻找共同的快乐、共同的幸福。

（五）学校阅读氛围的营造——由“一块黑板”到“每一个角落”

环境是一种教育力量，良好的校园环境是无声的育人载体。著名的教育家苏霍姆林斯基曾说过：“要让学校的每一面墙都说话。”学校的每一面墙壁、每一个角落都应该成为“会说话”的老师，使学生随时随地受到感染与熏陶。那么如何通过校园环境的营造创设浓郁的阅读氛围呢？

学校充分利用每一处空间，精心设计，让孩子们沉浸在阅读的氛围中。每个班级的黑板报、橱窗是展示学生阅读成果的最佳舞台；每个班级的班级书架是教室里最热闹的地方；教学楼每层开辟的阅读角是孩子们最爱逗留的地方；教学楼每层设立的“悦读悦乐”终端是孩子们争相排队等候的地方——孩子们可以在这里即时上网，查阅各种资料，可以利用下课时间来一次阅读测试，向同学们展示自己的阅读成果，可以在线阅读自己喜爱的书籍……

19-6　阅读氛围营造（1）

19-7　阅读氛围营造（2）

河头小学图书馆始建于 1995 年，早在 1999 年就运用计算机管理图书，2000 年通过常州市示范图书馆验收。2006 年重建学校图书馆，总投入资金 50 余万元，现有藏书 4 万册左右，建有阅览、借阅、馆藏三位一体的大厅，开放阅览大厅、教师阅览室、电子阅览室、资料室，2015 年，我们又增设了绘本馆、平板教室等。所有馆舍进行了精致的装修，凸显文化特色，施行环境育人。三至六年级学生每人都有一张借书卡，可以随时到图书馆借阅自己喜欢的图书，也可以定时在老师的带领下去阅读。班级书架上的图书因为时间关系，有些书本破旧、质量不高，学校准备花重金更新原先班级书架上的 100 本图书。2017 年上学期，我们在“亲近母语”推荐的经典书籍的基础上，通过全体语文组老师的精心挑选，为每个年级挑选出 100 本质量较高、适合学生年龄特点的图书，在 2018 年上学期将逐步配备到每个班级的班级书架上，更加方便了孩子们阅读有质量的好书。

19-8 阅读氛围营造（3）

三、扬起笑脸，活出耀眼的光彩——我们在行动

（一）选修课程——让学生特长由“普及”走向“专业”

每天一节的选修课是孩童“快乐的天地”“自由的王国”，我们希望通过选修课程给孩子一种完整的生活。关注孩子的精神内需，着眼于孩子的未来，为孩子的社会化成长搭建广阔的平台。学校通过健康、有序、快乐的选修课程的学习，培养孩子们自信、积极的学习心态和独立发现并解决问题的能力，学会交往，健全人格，以实现课程追求。

语文类选修课程一览表

类别	序号	课程名称	年级
语文类	1	语文潜能	一
	2	铅笔字	二
	3	故事屋	一
	4	故事屋	二
	5	绘本欣赏	一、二
	6	故事屋	三、四
	7	儿童文言	三、四
	8	儿童文言	五
	9	儿童文言	六
	10	趣味识字与阅读欣赏	五—六
	11	影视欣赏与写作	五—六

（二）活动课程——让学生的学习生活从“单一”走向“多样”

我们力图将校园活动不断课程化，满足不同智能特点的孩子的需求，从而把课程的立体关怀带给孩子。

我们从丰富学生的精神生活的视角出发，在原有校园特色活动的基础上，着力开发与学生生命成长密切相关的“优秀阅读手册展评”“儿童剧表演”“读书沙龙”“文学讲座”“经典吟诵等课程”“作家进校园”等丰富多彩的活动，既指向学科教学，又脱离学科教学；既指向学生生活，又指向学生专长……以此搭建学生表现的平台，发现每个学生的价值。

1. 优秀阅读手册展评：为了展示学生的阅读思考和阅读成果，学校语文组针对中年级和高年级学生的认知特点和学习水平，精心设计了中年级的《我是小书虫》和高年级的《我的阅读手册》。它们和学生共读书目相配套，学生可以摘抄、可以绘画、可以写阅读收获，形式自由，内容丰富，极大地激发了学生的阅读兴趣。学期末，各班先进行班级推荐，然后经年级组选拔，最后将优秀的阅读手册在全校进行展览，学生收获良多。

2. 儿童剧表演：每年下学期的“儿童剧表演”是学校的一场盛会。各个班级的学生在老师的带领下，一起创作剧本、制作道具，精心排演。轻松、愉快、淋漓尽致的表演使台下笑声、掌声、喝彩声不断。孩子们的世界本来就是五彩缤纷的，他们需要一个丰富的舞台展示那些纯真童趣。而“儿童剧节”的开展正为他们提供这样一个展现自己的机会。很多班级将班级共读书目中的内容搬上了舞台，表现出孩子们非凡的创造力。“儿童剧节”成了书香校园的重头戏之一。

3. 诗歌吟诵大赛：儿歌童谣、金子美铃的诗、泰戈尔的诗、中华经典诗词等，当这些回荡在校园里的时候，连空气都散发着书香的味道。

4. 中高年级读书沙龙：按照学校读书活动方案，我们每学期都开展读书经验交流会、读书节活动总结会，总结交流心得体会，互相介绍读书经验，通过交流，广大师生既学到了读书的好方法，加深了爱书、用书的思想认识，同时又促进了同学间读书竞赛活动的自觉形成。

5. 作家进校园：邓秀茵、管家琪、许友彬、郝月梅……一个个只在书上被孩子知道的作者，居然真人来到了孩子们的面前，孩子们别提多高兴了。“读万卷书，行万里路。”孩子们近距离地与作家对话，更多地了解了作家伯伯、作家阿姨们的生活，学到了很多写作知识。通过作家进校园活动，营造了浓厚的书香校园气息，在孩子的心中播下一颗阅读写作的种子，让孩子们爱上阅读，爱上写作，爱上源远流长的中华文化。

（三）家长课程——让家长的身份从“对立者”走向“合伙人”

今天，无论打开哪个媒体网站，只要输入“学校”“家长”“老师”这些关键词，跳出来的信息常常是师生关系紧张，学校与家长之间的矛盾重重等。如何让家长从学校教育的“对立者”成为学校教育的“合伙人”呢？我们学校在“家长课程”上有自己的一些做法。

1. 亲子共读10分钟：每天晚上，我们要求孩子和家长共同读10—30分钟书。在这段时间里，家长要放下手机，和孩子共同阅读，共同讨论，让书香飘溢在每个家庭。我们的想法是，播下一颗阅读的种子，也许就能成就一个孩子的未来。

2. 低年段“故事家长进校园”：让家长走进校园，走上讲台，参与学校的阅读活动。

3. 家长开放日：每学期召开的家长会、“儿童剧节”“诗歌吟诵大赛”“庆六一活动”……处处都能看到家长的身影——有的要求家长必须要参加，有的鼓励家长自愿参加，有的郑重邀请家长到场参与互动。在活动中，家长与老师的心走得更“近”了。

（四）教师课程——“请进来”和“走出去”

1. “请进来”

2013年，河头小学有幸成为“亲近母语”项目实验江苏、安徽实验基地学校之一，参与“点灯人领航计划”。“亲近母语”创始人徐冬梅女士和她带领的团队多次走进江苏省常州市金坛区河头小学，为河头小学的孩子们送课，给全体老师做精彩的讲座。2014年上学期，河头小学举行了“点灯人领航计划”的年度展示活动，全市各校领导、骨干教师、亲近母语专家及“陈一心家族基金会”领导共一百多人参加了本次活动。通过这些专家进校指导活动，河头小学的全体老师们更新了理念，拓宽了眼界，对阅读的认识更深刻了。

19-9　教师课程

2. “走出去”

（1）在邀请专家走进学校的同时，学校还积极组织语文老师及其他学科老师参加“亲近母语”组织的各种系列培训，如种子教师研习营、儿童母语教育论坛、儿童阅读论坛等。在活动中，老师们与来自全国各地的老师们一起，聆听大师们的精彩讲座，参与各种讨论互动。

（2）2015 年 4 月 10 日，应安徽省合肥市逍遥津小学邀请，受江苏亲近母语委托，蒋辉老师赴逍遥津小学参加了“逍遥津诵”课程专题研讨活动；2015 年 5 月，应青海省西宁市城中区教育局的邀请，张立俊校长和蒋辉老师赶赴华罗庚实验学校西宁分校，参加城中区儿童阅读推广活动，张立俊校长在活动中做了精彩的讲座《一路播种　倾心守候》。

（3）2015 年 11 月 3 日，海安县书香校园建设研究共同体论坛活动在美丽的千年古镇曲塘举行。应海安县教育局的邀请，金坛区河头小学张立俊校长参加了本次论坛，并做了题为“用阅读成就美好童年”的专题报告。张校长结合学校办学理念和育人目标，从学校总的课程体系谈起，向与会代表介绍了儿童阅读课程、小篮球课程、跨学科主题单元课程以及一系列关乎儿童成长的拓展课程。在课程方面，他强调“孩子们的需要就是课程生长的肥沃土壤，孩子们需要什么样的课程，我们就创生什么样的课程”；在儿童阅读层面，他倡导“通过阅读，在儿童心里播下热爱读书的种子，养成终身阅读的爱好，获得精神的独立与自由，建立宏大丰富的内心世界”。

（4）2018 年 6 月 23 日至 27 日，为推动儿童阅读课程发展，促进东西部校际课堂教学交流，应青海省西宁市南川东路第二小学邀请，河头小学张立俊校长带领骨干教师，不远千里走进南川东路第二小学，进行“手拉手学校”教学研讨和阅读推广共建活动。张立俊校长以“阅读成就美好童年”为题为西海镇民族寄宿制学校全体教师进行儿童阅读推广专题讲座。

（5）作为“春桃计划”公益讲师，张立俊校长、蒋辉老师、陈霞老师多次走进贵州、宁夏等地，为当地的老师们开讲座，与孩子们亲密接触，点燃孩子们阅读的热情。因为他们，乡村孩子的生命里有了更多的颜色。

19-10　教师课程

四、在泥泞的路上执着前行——我们的困惑与思考

儿童阅读校本课程的开发，给予了我们一片广阔的天地，同时也面临着不小的困难。由于环境与资源的先天不足，教师文学素养的欠缺，相关专业能力的习得还相当有限等，我们这一路走来，仍是相当辛苦。但我们深信——

志之所趋，无远弗届；志之所向，无坚不入。

（张立俊、智卫琴）

20. 珍视每一个孩子的阅读经历

——江苏省南京市拉萨路小学

在历史文化名城南京，清凉山麓，秦淮河畔，有一条向上的百步坡，坡上坐落着南京市拉萨路小学（简称拉小）。

走进幽静典雅的校园，迎面看到一棵五子树，枝繁叶茂，蓬蓬勃勃，陪伴着孩童成长。在这所精致的校园里，儿童的阅读生活被充分地尊重。“五子树下”阅读俱乐部，发现真正爱书的孩子，为大家提供新鲜的阅读资讯；《我与大家》阅读课程，引领孩子们一本一本读好书，与经典相遇，与大师同行；“学程周”里的研究性阅读，将读书和小研究相联系，培养儿童的批判性思维；“最美阅读空间”系列活动，激发孩子们持续阅读的热情，创造属于自己的阅读空间……

一、阅读环境：“花园式学校”里的开放书吧

作为南京市语文课程基地，拉萨路小学一直把建设“书香校园”作为核心工作之一。在严瑾校长的指导下，各部门通力合作，先后制

订并实施《拉萨路小学“书香校园”建设实施方案》《拉萨路小学教师“阅读悦生活”计划》《拉萨路小学“我与大家”课程实施方案》《拉萨路小学“五子树下”阅读俱乐部活动方案》等。在这所“花园式学校”里，以开放的理念设计了儿童的阅读时空，让孩子们随手可以取阅书籍，有充分的时间自由阅读。

（一）开放有序的多功能图书馆

学校建有集阅览、借书、藏书三种功能为一体的图书馆。馆室设计充满童趣和文化气息，错落摆放的圆形木质书桌、舒适的白色流线型座椅，为学生营造了一种静谧的阅读空间。图书馆从儿童心理特点出发，在架标设计上，关注美感和实用性、和谐的色彩搭配、童趣的可爱插图、清晰的各类图书标志，让架标醒目而富有童趣，使孩子一目了然。在图书馆入口处，还有醒目的新书推荐架，上面摆满了教师们定期更新的各类精美新书，让师生先睹为快。

20-1　学校图书馆（1）

20-2　学校图书馆（2）

学校采用图书馆馆长负责，班主任老师协助教育及小志愿者共同服务等多维度的管理方式。图书馆格外注重对小图书管理员的培养，全馆共设 6 位“图书馆小馆长”，各司其职，分工明确。同时，图书馆的电子屏常年对全校学生进行图情教育，借助视频对图书馆开放时间、借阅方式等进行细致讲解，将每位教师、学生借书、还书记录纳入智慧校园管理网中。这样不仅使图书馆的管理更加科学合理，师生的借阅记录也为图书馆新书的购买提供了参考方向。图书馆布告栏中有“读·看”“思·辨”“悟·写”三个专栏，从阅读、思辨、写作三个层次潜移默化地指导着孩子的阅读方式。

20-3 “图书馆小馆长”自我介绍

20-4 “图书馆小馆长”在工作

（二）随处可见的儿童书吧

在拉小的校园里，只要是孩子休息玩耍的地方，就有微型儿童书吧——“晓拉书吧”。书吧设计兼顾功能性和艺术感。开放式的低矮书架，适于学生随时取阅；配设的整体式读书阶、读书凳，方便学生就座阅读。书吧的墙上挂着莎士比亚、丰子恺等大家的画像和语录，激励学生勤于阅读。书吧侧面的校园围墙上，画有充满童趣、色彩艳丽的涂鸦。

“晓拉书吧”中的图书部分由学校提供，部分由学生自愿捐献，书籍的整理也由班级内所有同学轮流负责，给予学生充分的自由管理权。学生在这样优雅又不失稚趣的开放式阅读环境中，自然而然会将阅读作为生活的一个部分。

20-5 读书廊

20-6 师生共读

（三）个性彰显的班级图书角

各班教室都设有班级图书角，班级走廊上也设置了读书架和读书长椅。图书角的图书是由孩子们选择自己喜爱的图书，自愿捐献，每个班级也有针对图书角的专门管理人员和管理方法。班级图书角的设置，不仅为学生提供了阅读资源，同时也美化了教室环境，更成为校园文化建设中重要的组成部分。

20-7　班级图书角（1）

20-8　班级图书角（2）

值得一提的是，每天语文课上的“三分钟演讲”时间，孩子们会轮流推介自己喜爱的书籍，包括对书籍内容的介绍，作者风格的比较，关联的电影作品，主题相同的书，等等。老师们则根据本班学生的特点进行阅读指导，记录本班学生的阅读经历，持续培养学生的阅读能力。

（四）智能运作的网上阅读平台

随着南京市“智慧校园”的建设，学校积极利用网络技术、智能学习工具构建网上阅读平台。其中包括专项阅读 App，实现师生、家校共同阅读，共同交流与评价，让阅读成为家校沟通的绿色通道，把阅读推向更自主、更平等、更开放的境界。

学校还设有智能图书漂流柜，每位同学自主刷卡借阅，选书、借书、还书、捐书都可以自动完成。漂流柜会自动记录图书捐赠、浏览记录，形成图书漂流数据报表。课间、午间、放学后的时段，孩子们常常在这里体验漂流书的乐趣。

二、阅读课程：《我与大家》让童年与经典相遇

拉小的孩子有一本阅读指导手册，叫《我与大家》。

“大家”有两层含义——

首先，“大家”是指孩子们喜欢的文学大家。经典的人和经典的书，共同在人生旅途上为孩子们引路。

其次，“大家”也指热爱阅读的同行者。在阅读之旅中，有先行者，有后来者，只要是真心热爱读书的同学、老师、家长……在共同阅读的过程中，就会拥有发自内心的共鸣与力量。

于是，以“珍视每一个孩子的阅读经历”为追求的拉萨路小学阅读课程设定了这样的课程目标：

1. 打破学科壁垒，打破时空界限，营造“大家一起读”的书香氛围。

2. 开发《我与大家》阅读手册，整体规划学生六年的“阅读地图”。

3. 依托校本语文特色练习《大嘴呱呱》，融合课内、课外阅读及习作教学，系统提升孩子的语文综合素养。

4. 通过开展系列化“五子树下阅读俱乐部”活动，感受阅读文化的博大精深，提升阅读品质。

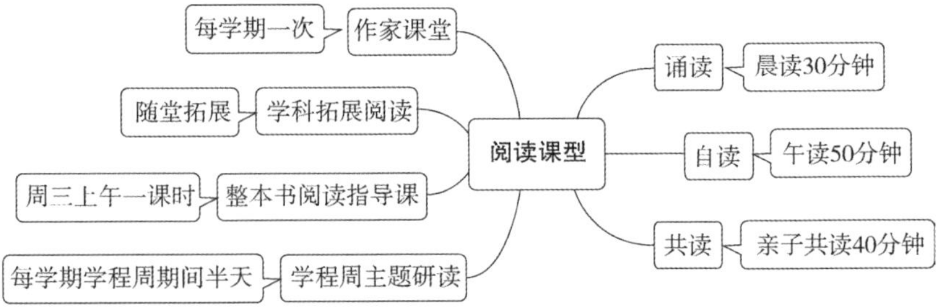

20-9　学校阅读课型

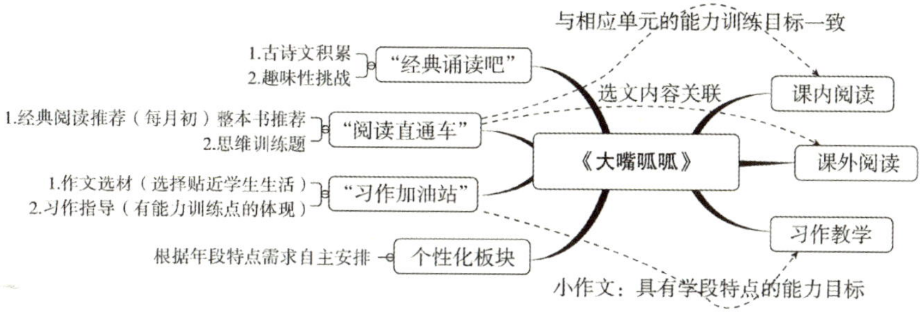

20-10　校本语文特色练习《大嘴呱呱》内容介绍

（一）整体规划六年的"阅读地图"

《我与大家》这套校本教材，立足小学六年，以"珍视每一个孩子的阅读经历"为基本理念，精选"12+"孩子喜爱的作家，用"共读系列作品"的方式，展开课程教学。每学期共读一位作家的系列作品，六年共读12位作家的12个系列作品，孩子们在老师的指导下，逐步掌握整本书阅读的方法与策略；在与同伴的交流中，体验丰富的阅读感受。在此基础上，每学期开展更多作家、更多系列作品的自由阅读。

（二）研发丰富多元的主题"阅读课"

《我与大家》所选择的作家和作品，风格是多元的。低年段有《不一样的卡梅拉》系列、波特小姐的《彼得兔的故事》、《安徒生童话》和几米的漫画等；中年段有丰子恺的漫画和散文、伊林的《十万个为什么》、凡尔纳的科幻小说、谢尔·希尔弗斯坦的绘本作品等；高年段有法布尔的《昆虫记》、安房直子的幻想小说、莎士比亚的戏剧作品、泰戈尔的诗歌等。绘本、童话、漫画、科幻、诗歌、戏剧和小说，在持之以恒的阅读中，学生会接触不同风格的作品和作家，感悟多彩的语言风格，享受浪漫而又丰富的阅读生活。

在丰富多元的阅读主题背后，是课题的指导和引领。江苏省

“十二五”规划课题《“大家一起学”学习生态的校本建构》探索了儿童语文学习的生态建构，强调在儿童学习语文的过程中融入式发展，突出了“慧学慧玩慧生活”的语文学习理念。2017 年，在南京市“聚焦学习力生长，让学习在课堂上真正发生”小学教学改革推进展示活动上，学校的语文老师就儿童阅读策略的指导进行了展示，展现了拉小儿童优秀的阅读能力，获得好评。

（三）探索适合儿童特点的阅读策略

学校每个年级专门设有整本书阅读课，列入课表，纳入常规教学检查。每个星期教研组都会认真研讨教学方案，每一节整本书阅读指导课都经过精心准备，确保课程实施的效果。不仅如此，由整本书阅读而展开的系列活动也富有创意。

以五年级的法布尔《昆虫记》的阅读为例。老师们对国家教材中的课文进行重组、延伸，结合校本课程“学程周”和班级的系列阅读活动，以“昆虫”这个主题联结阅读和生活，引导学生走近作家的心灵，体会法布尔的语言特点。同时，开展深度研究，发现学生阅读中的困难，引导学生真正经历阅读的过程，让不同的学生在阅读中得到不同的发展。不仅如此，还拓宽阅读的视野，向学生推荐各种描写“虫子”的书籍或文章，获得多角度阅读的启发。

再以一年级的绘本阅读为例。语文老师带领孩子们开展了“读写绘”的系列课程，多种形式开展绘本阅读：老师范读、师生共读、亲子阅读……让孩子们真正爱上了读故事，听故事，讲故事，提高了孩子们学习语文的兴趣，在无形之中，培养了孩子们的语言表达和语文素养，打下扎实的阅读功底。大家共同读完绘本故事后，还会指导孩子续写绘本，让孩子动手动脑，充分发挥他们的创造力和想象力。这一系列课程将课堂绘本阅读和课外绘本延伸相结合，让孩子真正喜欢上绘本，爱上阅读！

作为南京市首批智慧校园试点学校，语文老师们在阅读指导中开展了积极的尝试。在“焦点智慧教室项目组”研究活动中，李辉老师将文笔互动系统引入阅读课的教学中，让老师们看到了在阅读课上及时反馈的学情数据，给教师课堂教学带来指引作用。韩肖冰老师执教的《莫高窟》，学生自带智能手机，在课堂上利用网络查看莫高窟全景资源，将文字与沉浸式的浏览体验相结合，赋予文字更鲜活的生命。资源、数据、互动……老师们看到了新时期阅读课的不同探索。

（四）阅读“悦”生活：提升教师阅读教学素养

儿童阅读课程的研发和实施，离不开教师团队的阅读指导能力。教师与学生始终是一对共同成长的伙伴，教师的幸福不仅仅是学生的进步与成长，同时还包括自己的充实与成长。教师这个职业就决定了我们只有通过阅读，不断地给自己“充电”，才能促进专业的发展与成长。打造书香校园，也要培养一支能够播下阅读种子的教师团队。

以“教师研修共同体”——项目驿站为载体，学校为教师的专业成长提供了诸多平台。如：

“我爱阅读”通识培训：每一学年，学校都会提供阅读单，教师们结合自己的特点进行大量阅读，并进行深入交流。

“相约三点半”教研时间：下午三点半，一周一教研。教师们聚在一起，读书，研讨，整理，反思，再策划。团队中的思维碰撞让教师的阅读生活更加充实。

“阅读生活调查”课题研究：让教师的阅读走进教学现场。关注不同学习风格的儿童，探索阅读个性化解决方案的形成。

“百步讲堂”专家引领：多年来，学校的“百步讲堂”邀请了众多名家为老师们设讲座，《做一个精神明亮的人》《明确己任，做有梦想的老师》《前方有什么》《让青春在教育职场上升值》……这些深入学习让拉小的教师团队成为拥有独特精神气质的群体。我们有强烈的主体意识，有向上的创造激情，有润泽的团队氛围，有催人奋进的成就感和荣誉感！

项目驿站用阅读的力量推动书香校园的建设，也为教师专业成长提供了一个个专业化的平台。

三、阅读活动：“五子树下阅读俱乐部”

拉小有一个孩子们喜爱的“五子树下阅读俱乐部”。俱乐部每年组织开展丰富多彩的阅读文化活动。在活动中，孩子们积极参与，享受阅读过程，不断收获，不断成长，卓有成效地推动了“书香校园”的建设。

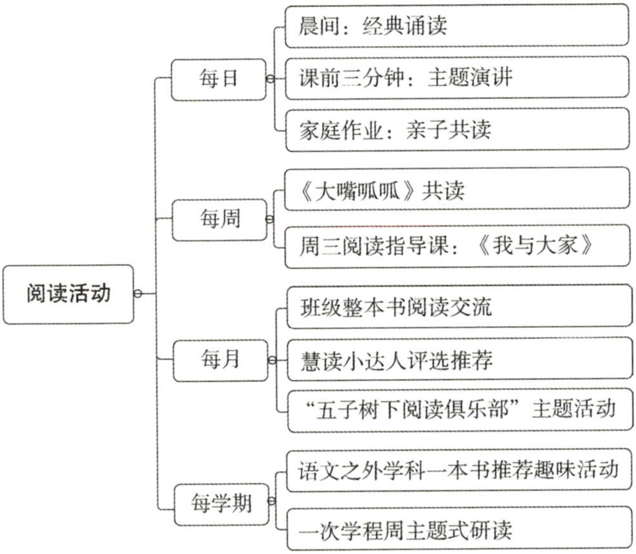

20-11　学校阅读课程和活动总体安排

（一）俱乐部活动之一：“我与大家”读者见面会

作家，看似神秘，他们用语言编织着一个个生动的故事、一个个美丽的梦想。但在拉小，小读者可以近距离接触自己喜欢的大作家，感受他们思想的深度，同时也用自己质朴的语言表达自己的内心世界，享受与大家交流的乐趣。我们学校会定期根据孩子们的读书情况和需求，开展“大作家，小读者”活动，先后邀请了曹文轩、程玮、秦文君、祁智等多位作家和儿童文学的点灯人走进拉小与孩子们亲切交流，让孩子深切感受作家作品背后的灵感和故事，激发孩子们的创作热情，让孩子们在充满诗意的年纪书写自己的美好。

作家们引领孩子们阅读。好的作家，总是以真诚、谦逊的态度投入与儿童的交流之中，从一本书开始，从亲身的经历开始，带领孩子在书中发现美丽的风景、感人的故事，让纯真的心灵受到感染和震撼。

作家们指导孩子们写作。作家的写作方法与老师的教学方法有着较大的差异，作家们具有强烈个人风格的讲述总是给予孩子们很大的冲击。怎样观察？怎样描写？怎样反思？怎样发现好的素材？不仅孩子们收获多多，老师们也常能收获新鲜的观点和思路。

常态化的读者见面会，让孩子们近距离接触了著名作家，享受着作家的殷殷教导，接受着春风化雨般的文化滋润，再次激发了孩子们的阅读热情，浓浓的书香也进一步引领孩子们健康快乐地成长。

20-12　“我与大家”读者见面会

（二）俱乐部活动之二：公众号的荐读推送

好的书籍不应受到学科的限制，俱乐部通过学校的公众号定期向孩子们推荐好书、新书，邀请各学科老师和相关专业的家长参与其中，并明确提出要求，如：

各科教师都应高度重视学生阅读能力的培养与提升，并在学科教学中予以体现，在备课、上课、活动指导中落实。语文课是学生文本阅读能力培养的主阵地，教师应从学生阅读能力出发进行备课、上课、评价，听课活动中要渗透阅读能力评测的环节；数学课要注重学生捕捉关键信息能力的培养，要重视学生审题、解题过程中留下的阅读痕迹；英语课应关注学生文本阅读过程、课内外阅读量的提升，要能够有阅读过程性的指导及评价；综合学科要重视学生非连续性文本阅读能力的培养，课堂上要能够有对学生阅读收获的评估环节。

（三）俱乐部活动之三："学程周"的研究性阅读

在拉小的定制课程"学程周"中，儿童的学习方式得到解放。真实、复杂的学习场景让儿童自主、合作、探究的学习方式创生出更多个性化的、注重实效的方式方法。

其中，特别突出的一点是孩子们的阅读方式也发生了变化。在学程周开始之前，为了搜集相关主题的资料，孩子们会分头寻找相关书籍，然后分组阅读，再进行交流。以"读城"学程周为例，仅围绕"金陵艺术"一项，孩子们就翻阅了几十本不同的书籍，绘本、小说、纪实文学、画册等，不一而足。在阅读过程中，老师们会着重培养学生们批判性阅读的能力，分析各类信息的能力，让学生慢慢学会独立思考。随着儿童年龄增长，阅读内容会不断增强复杂程度，以便于学生在比较真实的环境中习得搜索信息、批判性思考的基本能力。

（四）俱乐部活动之四：“最美阅读空间”的创意打造

俱乐部与大型图书馆合作，组织“最美阅读空间”的活动，号召孩子们整理自己的书房，并有创意地设计属于自己的阅读空间。孩子们认真、细致地设计自己的书房，并意识到良好的阅读环境在于每个人的主动创造。

同时，孩子们共同参加“21 天阅读习惯养成计划”，坚持每天阅读，积极参与阅读直播间的直播活动。截止到第十六天，1 933 人参加，204 511 次上传阅读轨迹。这样的一串数字让人惊喜，一个又一个爱读书的小书虫涌现了出来。“最美阅读空间”活动让更多的孩子在校园内沉静下来尽情享受阅读的悠闲和恬静。孩子们享受阅读的乐趣，使自己成为一个有书香气质的人，一个有趣的人。

（五）俱乐部活动之五：中国古典诗词的阅读

学校是江苏省课程教学改革重大研究项目“传统文化与中小学古诗文教学研究”的课题组成员，经典诗词的阅读一直是老师们课堂教学的重点之一。“让活泼泼的儿童在优秀的传统文化中成长”是拉小经典诗词阅读的指导思想。

古诗词的学习形式是多样的：低年段孩子们的古诗词游戏，充满了童年的真与趣；中年段孩子们触摸金陵古老的文脉，感受南京城的诗情与画意；高年段的孩子们介绍南京的“春八鲜”，赞叹诗词与美食的相遇。在孩子们天籁般的诵读声中，古诗词的韵味慢慢浸润到了在场的每一个人心中。

老师们对经典诗词的教学研究也是深入的：吴芸副校长的《苏轼诗词》，品读一组诗，走近一个人；杨东亚主任的《渔歌子》让孩子们认识了一个“仙人”张志和；李友军老师的《池上》和《小儿垂钓》

两首诗，将儿童之趣淋漓尽致地展现了出来；虞丹妮老师的童趣诗，引起了孩子们的共鸣，让孩子们在课堂中品出了一幅幅生动有趣的画面。精彩的课堂教学让人回味无穷、意犹未尽。

（六）俱乐部活动之六：“慧读小达人”的评选

基于以上的课程和活动，每个年级综合考量学生阅读现状、教材编排以及《我与大家》校本课程，每月一本阅读推荐书目，师生共读，在校本课程日中交流品读，推动阅读活动落地生根。每月月末，在班级评选出本月的“慧读小达人”，分享阅读方法与经验，自媒体推送，用身边的实例影响更多学生爱上阅读。

20-13　“慧读小达人”评选

童年的阅读生活是弥足珍贵的。

书香校园的建设，确实是一个漫长的旅程。拉小的教育者们深深明白：阅读，可以塑造儿童的精神生命。珍视每个儿童的阅读经历，就是珍惜每一个独一无二的儿童。在陪伴儿童阅读的道路上，拉小人将继续执着地前行……

21. 漫步雅韵世界，浸润书香童年

——江苏省南师附中仙林学校小学部

南师附中仙林学校小学部（简称附中仙小）坐落于紫金山东麓人文气息浓郁的仙林大学城中心地带。秉承南师附中百年老校文化，学校全面贯彻以“乐雅”为核心的校园文化精髓，践行“扬大志向，做小事情”的校训和“漫步雅韵世界，浸润诗意童年”的办学愿景，追求师生“语言文雅、行为儒雅、情趣高雅、心灵善雅”的行为文化目标。

一、指向“阅读”的环境建设

苏联教育思想家苏霍姆林斯基说：“一个学校可以什么都没有，只要有了能帮助学生和教师精神成长的书，那就是学校。”如今，全社会阅读的氛围越来越浓，提倡阅读，重视阅读，以阅读引领人的心灵成长和精神发育，已成为大多数人的共识。面对全民阅读，作为前沿主阵地的学校，南师附中仙林学校小学部充分利用各种资源，以阅读来照亮学校的环境。

南师附中仙林学校小学部占地约68 000平方米，现有62个教学班，学区内集聚南京师范大学、南京邮电大学、南京财经大学等11所高校，身处优质教育资源高地。校园内自然环境优美，这里既有“碧水听泉序兰亭”的曲水流觞，也有“接天莲叶无穷碧”的曲荷滴翠，还有清风亭、百鸟园、廷帧园等有名的校园景点，然而更吸引孩子的是校园里的诗歌大道和一个个开放的书吧。

21-1 学生书吧

21-2 教师书吧

诗歌大道上，一首首经典的诗歌嵌入画壁、墙面、地板，学生随时可以吟、诵、唱、画，品味诗情画意；教室里、过道中、楼梯间开放的书吧随处可见，里面陈列的书取决于靠书吧最近的年级，“为每一个孩子选择此时此刻最适宜的阅读书目”是书吧投放图书的一个要求。在校园里，想读书，学生随手可得，随处可读，在那走廊的长凳上、书吧的圆桌边、过道的地毯上，时常见学生或静读，或交流，或躺或坐……阅读环境时时、处处熏陶和浸润着每一个附中仙小的孩子。

二、以“阅读”为核心的校本课程

2016年9月，南师附中仙林学校小学部与亲近母语合作，引入“阅读地平线计划”，把“阅读”真正纳入课程，构建、实施了一系列以“阅读”为核心的系列课程。

构建“以语文教学为核心的阅读课程”。语文国标课程 + 诵读 + 主题阅读 + 整本书 / 图画书阅读。配合使用的国标本苏教版语文教材的课程进度，补充了以《日有所诵》为基础内容，借力专家和核心团队统整的校本诵读课程《诗意随园》；补充了以《全阅读》为基础，以“主题”为单元，结合国标本教材内容统整的主题阅读课程；综合各名校、名师及专家推荐书目内容，结合国标本教材单元内容，核心组成员统整推荐实施的整本书阅读课程、图画书阅读课程。构建这一校本课程内容，目的是激发学生的阅读兴趣，补充国标本教材的空白点，从而作用于学生核心素养的提升。

构建“以家庭教育为中心的亲子阅读课程”。为了让父母意识到让孩子读书的重要性，从而让父母参与阅读，我们构建了围绕学校推荐给学生的必读书目而开展的“亲子阅读课程”，依托家长资源开设的“家校阅读共享课程”，依据老师或家长推荐、学生爱好而开展的“个性化阅读课程”。这一课程因家长的参与，让课程的内容更加丰富，形式更加多样。

构建“以德育工作为载体的阅读活动课程”。以“阅读”为核心，构架学校德育工作和少先队工作，使其因有具体而实在的内容而焕发勃勃生机。这类课程侧重于阅读的延伸活动，与体验性活动、研究性学习相结合，提高儿童的综合素质。

三、基于“阅读”的课程实施

丰富的阅读课程，为阅读工作的推进提供了很好的抓手。让学生喜欢阅读课程，有效地实施阅读课程，让阅读课程真正在校园里落地生根、开花结果，是我们构建阅读课程的意义所在。

（一）“以语文教学为核心的阅读课程”的实施

1. 统整课程内容

在推进儿童阅读课程落实的过程中，挑选阅读内容是我们做的最重要的一件事。因为只有真正的好书，才能走进孩子的心灵，才能点燃孩子的阅读兴趣。为此，学校专门成立了“儿童阅读研究中心”，联系了亲近母语及南京大学城内的优秀专家、教授，还找到了部分优秀学生的家长，让他们共同为孩子们的阅读内容选择把脉，努力做到经典性与广泛性统一、深刻性与可持续性统一、层次性与整体性统一。同时，基于阅读本体和阅读对象的考虑，时刻遵循“以儿童为本位”。

如针对一年级学生仍是靠表象来思维的特点，我们在挑选阅读内容时，把围绕儿童兴趣、对周围事物和环境的认知作为他们阅读的重要切入点，校本《诗意随园》诵读课程就以图画书、儿歌、童谣等具象性材料为主，每周3—5首（篇），内容浅显、有趣，易于诵读；主题阅读内容的选择，是在《全阅读》的基础上，结合国标本教材内容，以主题架构单元，也是以童谣儿歌、儿童诗、唐诗、童话故事为主，每个单元里包含与主题相关的一组文章（一般有3篇或首）；整本书阅读内容确定为32本经典图画书。

到了高年级，我们仍然推荐学生读图画书，目的是让学生在图画书的阅读中进一步培养想象力和创造力，为学生搭建一个由表象思维向逻辑认识的阶梯。我校阅读核心团队的老师们，结合各地名师、名校的推荐及高校专家意见，最终排列出附中仙小的学生阅读书单，一年级图画书32本，二至六年级整本书各6本、图画书各16本，供学生阅读使用，实践中再不断完善。

2. 保证课程时间

开学初，课程发展中心依据学校“阅读课程”实施方案要求，对

“阅读课程”的实施做了统一部署，对“以语文教学为核心的阅读课程”实施中的相关教师、课时做了统一安排。

“国标课程”按学期，依据校本课程计划，精读课文1—2课时完成，略读课文1课时完成；同时，低年级每周7节，中年级每周6节，高年级每周5节。

儿童的诵读课程，从每日的清晨开始，一至六年级的儿童诵读课程实施时间，均安排在每日晨读15—20分钟，日有所诵，日不间断。另外，语文课前均安排3分钟诵读，进一步巩固诵读内容。

主题阅读课程实施时间是学校从校本课程中拿出一课时，专门用于主题阅读。

整本书（含图画书）阅读课是从语文课中拿出1节，每周1课时。一年级以图画书为主；其余年级一个月的安排是分别是：第一周整本书导读课，第二周图画书阅读课，第三周整本书交流或欣赏课，第四周整本书交流课。

有了这些阅读、指导时间，“阅读课程”落实的效果也得到了很好的保障。

3. 明晰实施方法

“国标课程”“日有所诵课程”“主题阅读课程”“整本书（图画书）课程”在实施中，“儿童阅读研究中心”都会在开学初对教师进行培训，让教师初步把握几个课程实施的基本流程、教学目标、教学方式及实施建议，让教师在实施过程中既有底线的保障，又有创新的空间。

以“整本书阅读课程”实施为例。首先让教师明确整本书阅读实施的目标与流程。在实施整本书的阅读前，学校的“儿童阅读研究中心”通过培训，让教师掌握整本书阅读实施的基本流程：导读—自主阅读—交流—延伸，并且了解各环节基础目标。

其次，让教师了解整本书阅读教学方式及实施建议。整本书阅读过程中的不同环节，教学方式也不一样。我们倡导导读课教学方式——可以进行大声朗读，可以讲述，可以进行片段的导读，也可以将这三种方式结合起来进行；自主阅读环节教学方式——主要是持续默读，如有推进必要，可设计一些阅读学习单让学生阅读完成；交流环节的教学方式——班级读书会；延伸环节的教学方式——可以进行读与写的结合。同时与“以德育工作为载体的阅读活动课程”紧密结合，进行语文综合性学习，还可以进行研究性学习。

整本书阅读的实施，主要靠班级读书会进行。我们提倡学生以班级为单位阅读、讨论和交流，促进儿童阅读能力的发展。实施时间，除了固定的整本书阅读课时间外，根据阅读情况，适当结合语文课、班队活动、综合实践活动进行。同时，我们的语文教师和家长也会以“师生共读、亲子阅读”的方式，参与整本书的阅读活动中。

21-3　刘伟老师的课堂

21-4　王昱老师的主题教研课

最后是展开科学评价。对于整本书阅读实施的评价，主要从两个方面展开，一是通过阅读问卷调查、阅读档案评估或阅读课堂上的动态评估、阅读活动参与情况，来全面了解学生整本书的阅读状况；二是通过口头测试或书面测试，来考察学生整本书阅读能力的发展水平。

21-5 学生作品（1）

21-6 学生作品（2）

21-7 学生作品（3）

（二）“以家庭教育为中心的亲子阅读课程”的实施

阅读课程的落实，需要家长的参与。每学期开始，学校首先通过给家长一封信的形式，让家长意识到让孩子读书的重要性。为了让家长更好地参与阅读中来，围绕“以家庭教育为中心的亲子阅读课程”实施，学校的做法是：

“亲子阅读课程”：围绕学校推荐给学生的必读书目开展“亲子阅读课程”。学校首先通过班级家长 QQ 群、学校微信号、给家长一封信等形式，让家长明白共读内容；其次提倡多样的个性化的阅读方式，具体依各家庭实际情况而定，可以是传统的家长和学生共同捧起书一起读、分段读，边读边交流，也可以是利用现代媒体如电台共读、网络共读等。无论是哪种形式，都必须按学校整本书计划安排，按时完成阅读内容。

“家校阅读共享课程”：依托家长资源开设的“家校阅读共享课程”实施，主要是依托我校各种资源优势而展开。如学区内的大学教授、专家，特别是部分高校教师家长，受到学校阅读课程开展的影响，也纷纷加入课程建设中来。以家长为主创建的“小满课堂”，每月一次，定期地为家长、孩子们开设不同门类的阅读课程。为了做精“小满课堂”，对提出申请要分享自己的阅读课程或亲子阅读经验的家长，要求提前上报内容，然后学校组织相关专家对家长提供的阅读课程进行评选，挑选出优秀的课程与家长分享。实施这一课程，学校主要是提供场所，筛选好内容，提前报名，组织好参与的家长和学生。

“个性化阅读课程”：依据老师或家长推荐、学生爱好，开展“个性化阅读课程”。学校本着开放的原则，鼓励学生在共读的基础上，开展个性化阅读，但提倡教师、家长的参与、引导。如有些班级学生可能受家长或老师的影响，老师和家长会共同组织学生围绕一主题，集体开展一系列图书阅读活动。这样的阅读学生兴趣浓，家长参与度也高。有些高校教师家长对某一方面内容有系统的阅读研究，也会影响学生的个性化阅读。当教师了解到这些内容很有意义，值得向学生推荐阅读时，老师会主动邀请家长进校指导。

（三）“以德育工作为载体的阅读活动课程”实施

学校在实施“以德育工作为载体的阅读活动课程”时，主要从以下几方面实施：

1. 以每周一的升旗仪式为平台，进行班级诵读展示，让学生在经典的文化诵读中陶冶性情，提升品德境界。

2. 以学校班队建设中的“每月一事”为内容，开展“三个一”活动：阅读一篇与主题相关的文章，说一个与主题相关的故事，做一件与主题相关的事，让学生在阅读、实践中，在行美向善中奠基人格底座。

3. 以重大社会事件及传统节日为主题而开展班级主题阅读实践活动。如针对几个传统节日——五一劳动节、六一儿童节、清明节、国庆节、中秋节等，开展系列活动：“读他人文中的这个节日”“说这个节日的故事”“节日活动我参与”等，引导学生在一系列的阅读、实践中懂得节日的由来，明白做人的道理。

4. 以本地各种资源为基础的游览、亲近自然与社会实践。学校地处省会南京，因此，我们的阅读不仅停留在书面文字上，还利用身边资源，引导学生走出校园，到大自然中去阅读美景，到科学博物馆去领略现代科技的发展，到侵华日军南京大屠杀遇难同胞纪念馆去感受中国曾经遭受的屈辱……这些阅读为孩子们亲近自然、认识社会打开了另一扇窗。

5. 以整本书阅读延伸的实践活动。如读了绘本《爱心树》，延伸阅读相关书籍，如《失落的一角》《往上跌了一跤》《阁楼上的光》等；延伸写作活动：配合教师节、母亲节、父亲节等感恩节日，引导孩子表达心中的祝福；联系德育活动课程，寻找生活中给过自己快乐、幸福、爱心的人，讲讲他们的故事，做一件回报他们的事。

美国心理学家威廉·詹姆斯说，儿童时期是一个“繁花似锦、匆忙而迷乱的时期”。在这个时期，不但要关注孩子的衣食冷暖，更要关注孩子的精神成长，让他们认识周围世界的好奇心得到满足。什么是满足孩子好奇心的东西呢？无疑就是大自然和图书。它们能够带给孩子最美丽的世界和最美丽的心灵。

四、务实、开放的教师培养

教师培养既是学校各种课程有效实施的核心与保障，也是学校整体教育生态得以构建的基础。在附中仙小，160 余名一线教师，35 岁以下的有 110 余名，占 70% 以上，其中 30 岁以下的教师占 40%。对于这样一支年轻的教师队伍，我们的做法是：在教师的生活中种下一棵阅读树，通过系列教研活动让这棵树枝繁叶茂。

首先是务实教研。开学初，由学校儿童阅读研究中心牵头，形成学校内阅读教研工作整体规划，每月按主题推进。如本学期，我校 3 至 6 月份的主题阅读教研活动分别为：3 月是“名师话诵读”，4 月是“主题阅读：语文课堂里静悄悄的革命”，5月是“我爱读写绘——图画书的阅读指导”，6月是“从一本书到一个课程——整本书的阅读指导”。

教研活动中，学校充分利用高校资源及亲近母语专家资源，长（学期）短（一月或一周）线培训结合，线上线下培训结合。长线培训实行“专家指导—网络教研—校本阅读教研”相结合的阅读课程教研模式，短线每月（或周）一次的大组教研实行“种子教师课例分享—专家课例示范或讲座—我与专家面对面—我们的反思”教研模式。如2017年3月4日学校举行的“名师话诵读”阅读教研活动，就安排了我校阅读种子教师方逍遥为培训教室上“诵读研讨课”，然后请阅读推广人李丽老师上“诵读示范课”，接着是“我与专家面对面”交流，最后是著名阅读推广人薛瑞萍老师的诵读指导讲座。不同层面的、有针对性的教研活动，为本校各个梯队的种子教师（核心教师—种子教师—全体阅读教师）提供专业发展机会，提升驾驭和操作阅读课程的能力，提升阅读效果，改善阅读课的教育生态，让老师在培训中学有所用，学有所得。

其次是开设“仙小讲坛”。每周三下午是学校教师集中学习的时间。学习前，开设“校园阅读风景线”展示，利用10—15分钟时间，让在学校阅读推进过程中表现优秀，在阅读推进上有自己特色的教师，讲述个人阅读经典图书体会、推荐图书、阅读故事等。一来分享阅读体会，感受教育理念；二来在讲述中提升教师的基本功。“仙小讲坛”的另一内容是观看《教育者：你不可不看的TED演讲》，通过观看演讲，不仅开阔教师的视野，激发教育情怀，更新教育观念，对全校教师的儿童观、教育观、教师观等进行新一轮的建设，同时学习了解成功的演讲的必备要素，提高教师的思维力和表达力。

最后是创立雨竹书社。雨竹书社是学校领导下的由热爱读书的青年教师组成的读书组织。书社以“搭建读书平台，推进读书交流，营造读书氛围”为宗旨，通过开展线上线下的读书活动，丰富青年教师的文化生活，开拓视野，增加阅历，促进青年教师的专业发展，进一步提高青年教师的素质。

法国作家罗曼·罗兰说过：“要撒播阳光到别人心中，总得自己心中有阳光。”因此，在附中仙小，不仅孩子在读书，教师也在读书。每月一次“雨竹书社”活动，固定在每月第四周的周三下午4点到6点。那一天，从校长到普通的一线教师，大家不分彼此，共话一本书。书目通常在上学期结束时确定，免费提供给教师阅读。

21-8　雨竹书社活动

优秀的教育电影也能启迪教师的心智，激发满满的正能量。每月第一周的周五，全校教师齐聚报告厅，同看一部电影，观后开展教师影视沙龙，让教师庸常的教学生活多了一些浪漫，引领着他们更好地投入当下的工作。每周一次的读书圈活动（主要是针对毕业三年内的青年教师），大家围绕一本共读书，一人一页阅读，边读边聊，时间固定在每周五下班后，遇到活动就改在网上阅读交流。

五、乐雅为核，诗乐为新的校园文化活动

在“乐雅”文化的背景下，学校开展丰富多彩的阅读活动。校园的文化活动既有为孩子们举办的，也有教师感兴趣的；既有与课程实施相衔接的，也有激发兴趣、丰富文化生活、拓展多维视野的。每学期初，学校都会统一规划本年度的整体活动安排，便于各学科、各年级组整体安排。同时，学校鼓励各年级组各班级自主开展、自己策划文化活动。

（一）“生生”阅读，徜徉书的海洋

童年是一段由浪漫到精确，由粉红到天蓝的彩色阶梯，孩子的阅读也是一个阶梯式的、逐步过渡的过程。在最初的粉红色阶段，阅读是以读、写、绘、儿歌、童谣为主，到了三、四年级，阅读则表现为大声朗读、复述故事、默读等形式，到了再高的年级，就要开展主题阅读的探索了。

针对不同年级的学生特点，学校有针对性地开展一些活动，来维持和提高学生的阅读兴趣。

如针对小学生开展“故事”系列活动。儿童对于故事的兴趣，有时甚至超过游戏、电视动画节目。好的故事，儿童会不厌其烦地反复聆听。为此，围绕“故事”，我们开展了一系列活动，如低年级孩子

的读故事、讲故事比赛，中高年级的故事创作比赛，老师的阅读故事分享，家长的亲子阅读故事交流，等等。我们也对家长发出倡议，家长每天至少要给孩子讲一次故事或读一个故事，我们希望孩子们、老师们、家长们能够在那些蕴含着爱、责任、友情、自我等人类文化的伟大主题中，在这些精神母乳的抚育下，共同成长。

再如由一本书延伸出来的活动。孩子阅读整本《绿野仙踪》，在按要求进行“导读—自主阅读—交流”环节后，在延伸环节，部分学生反映《绿野仙踪》部分版本的封面设计不科学，他们要自己设计封面，要给编辑写信，由此延伸出一个读写结合的阅读实践活动；同时，老师又推荐学生阅读了14本《奥兹国仙境奇遇记》系列图书。

除了这些系列活动之外，每学期，我们都会举办丰富多彩的阅读活动，如“读书沙龙”“读书DIY手工制作比赛”“我向大家推荐一本好书”“与父母共读一本好书”、童话剧表演、读书笔记交流、“博雅少年”文学社团等，引导学生勤奋读书、快乐读书，让阅读成为文明校园的亮丽风景，积极拓展书香校园活动领域，扩大活动效果。

21-9 “好书漂流”活动

（二）“师生”阅读，架起心的桥梁

阅读节是读书人的欢乐仪式。每年的3月23日至4月23日，为我校阅读节活动开展时间。每当阅读节来临时，学生、老师可以相互

赠送自己喜爱的书籍，可以交流自己的读书心得，可以展示自己的阅读成果，可以更容易地买到自己喜爱的书籍，可以分享读书给自己带来的快乐。学校也会围绕阅读，开展一系列的活动，如举办学生图书跳蚤市场，开展经典诵读、课本剧展演、课外阅读知识竞赛、作家进校园等。就像中秋节成为人们期待的全家团聚的日子，春节成为中华儿女全家幸福欢聚的时刻一样，阅读节成为阅读人一起团聚、享受阅读快乐的日子。

尽管全社会都意识到读书的重要性，但现实生活中，手机等电子产品中的各种交友、游戏软件依然影响着每个人的生活，低层次的快餐式读物充斥在我们生活的各个角落，给学校阅读的开展增添了好多困难。举办阅读节，就是提醒全体师生、家长时刻别忘读书，在物质生活水平提高的同时，要及时为心灵补充养分。

过去的一年里，我国著名儿童文学作家格日勒其木格·黑鹤、周锐、冰波，美国作家米莎·布莱斯相继来到我校为孩子们带来了别开生面的讲座。

21-10 “作家进校园”活动

在我校承办的2017年“金陵特级话语文”活动中，孩子们与现场30余位江苏省小学语文特级教师共同参与了好书竞猜、师生共辩等环节。孩子们的妙语连珠、当仁不让，以及在辩论场上的思维碰撞、灵光闪现都给在场的观众留下了深刻的印象。

21-11 “金陵特级话语文”活动

（三）“亲子”阅读，滋养爱的土壤

学生的成长离不开学校教育，也离不开家长的教育。我校践行“让阅读影响一个家庭”的理念，号召家长与学生共读一本书，共写读后感。通过共读，家长与孩子共同学习，一同成长。

21-12　家长讲师团活动

（四）系列评比，融进阅读朋友圈

学校每学期采取先自荐、后评选的方式，评选出“阅读小达人”100名，“阅读点灯人”20名，“书香班级”20个。在学期末的“阅读地平线计划”总结会上，对获奖个人与单位进行隆重表彰。学校还在官方微信公众平台开设“仙小阅读小达人”“仙小阅读风景线”和“亲子共读在行动”三个板块，分享阅读故事，交流阅读感受。

21-13　系列评比

（五）特色活动，激发爱国情怀

我校在“乐雅”办学理念的指引下，追求“随园诗乐”特色文化，以诗、乐，串编一个特殊的节庆。基于不同年级学生的认知能力和情感特点的差异，围绕传统节庆，开展各种不同形式的主题探究、实践互动、展示交流活动，旨在引导学生全方位、多角度地了解、感受、喜爱乃至策划一个节庆；试图鼓励每个学生主动参与，积极吸引家长融入其中。在吟诗诵读、和乐而歌，以及巧手编创、大胆尝试展示等过程中，加深学生对中华传统节日的体验，激发爱国情怀，继承发展传统文化。

21-14　端午节赛诗会

近年来，在学校整体书香校园建设的带动下，一大批教师快速成长，孩子们享受到了读书的幸福，师生过上了快乐的教育生活。学校越来越深刻地感受到教育不是一朝一夕的事情，这需要专家引领和榜样带动等共同作用，才能进一步扎实深入发展。面对未来，学校充满信心，相信星星之火，可以燎原。我们愿意将积累的阅读经验与其他学校分享，让我们的老师、孩子走出去推广阅读经验，也期待有志于书香校园建设事业的同行们互相切磋，共同为儿童的发展和成长贡献自己的一份力量。

（陈慧、胡倩、罗伟康、王寰）

22. 六年多读一百本，为孩子打下精神的底子

——江苏省南京市芳草园小学

南京市芳草园小学（简称芳小）是一座温暖的阳光城，孩子们是阳光城里的“能豆豆”。自建校起，历任校长都非常重视孩子们的阅读，早在建校初期就曾获得过南京市“书香校园”的美誉，多个班级获得“金陵书香班级”的称号。2012 年，阳光城开始了“六年多读一百本”的阅读工程（简称“六年百书”），寒来暑往，一读便是第一个六年。

“六年多读一百本”是芳草园小学的漂流书计划。首先，孩子们在六年里会读到六十本漂流书。每月中，每个孩子人手一册；每学期里，每个班按月传递。这六十本书由学校儿童阅读推广中心精心挑选，学校图书馆为孩子们购买。加上校本课程儿童诗歌散文集《幸福的种子》，以及假期和读书活动的推荐书目，孩子们六年至少读一百本课外书。在“六年百书”工程中，还进一步构建了微信公众号指导阅读、读书月之主题读书节、传统文化班级特色阅读、漂流书进课堂在内的儿童阅读活动及课程，并建立了“能豆豆”读书评价体系与“悦思卡”阅读激励机制。在阳光城里，“风雨书场”是孩子的阅读天地，教室

外的“书椅”让阅读成为与呼吸一样自然的事情。“六年百书”工程，希望孩子们养成阅读与思考的习惯，在小学阶段打下精神的底子。

一、设置课程，让阅读像呼吸一样自然

师生阅读习惯的形成需要发自内心的期许，学校的文化韵味需要不断去熏染，这一切需要学校通过“顶层设计”来推动阅读。为了给孩子的童年打下丰富而又厚实的精神底子，芳草园小学实施了“六年多读一百本”的书香校园工程。每月一本漂流书、人手一本《幸福的种子》诗文集、与时俱进的微信平台导读推送，从读什么到怎么读，芳小全面科学地指导儿童阅读。同时，学校想办法保障孩子们有充分的阅读时间。阅读，就这样自然而然地融入孩子们的校园生活，融入每一个清晨、午后，融入课堂，融入家庭。

（一）漂流书：六年多读一百本，打下精神的底子

1. 阅读书目的确定

每月一本书，每学期五本书，一年十本书，六年六十本书；再加上校本课程儿童诗歌散文集《幸福的种子》、假期和读书活动的推荐书目、班级特色阅读、孩子们的互相交流，这就是芳草园小学“六年多读一百本”的书香校园工程。为了确保这项工程的实施，学校精心选书，并且按照班级人数每月定期让书漂流到各个班级里去。

关于书目选择。首先，芳草园小学各个年级组，在组长的带领下，拟定一套适合本年级孩子阅读的书目。六个年级的阅读书目汇总后，交给学校儿童阅读推广中心。学校儿童阅读推广中心，是由一群致力于儿童阅读推广的老师组成。这里不仅有语文老师，还有其他学科也同样热爱阅读的老师。他们在全国著名儿童阅读推广人刘颖老师的带领下修订书单。书单力求兼顾古与今、中与外，有文学类、自然类、

百科类等。书单确定后，学校购书，保证孩子们人手一本和老师共读。月底班级和班级之间推磨交换阅读。经过五年的实践，项目中心的老师又对书单进行了增减删调的二次修订，确保书目科学严谨、有针对性。

2. 阅读时间的规划

围绕着“六年多读一百本”的主题，学校在课程设置上想方设法挤出更多的时间让孩子静心读书。每天晨读，形式以放声朗读为主，因此，富有韵律的诗歌韵文是主角——除了《古诗文诵读》、校本教材《幸福的种子》之外，有的年级或班级还会补充读《日有所诵》《笠翁对韵》《弟子规》等；每天的 12：30 到 12：50 是午间阅读时间，孩子可以从容地拿出本月漂流书或自己喜欢的课外书，或在班级图书角选择一本书，享受一段惬意的自主阅读时光；除此之外，在学校的传统项目课前三分钟里，越来越多的同学站上讲台，分享自己一段时间以来的阅读心得；在阅读课上，有班级特色的读书活动又给孩子们创设了更加广阔的交流空间。

3. 阅读课的示范教学

为了使班级读书活动更为丰富、及时、有效，学校儿童阅读推广中心精心研究设计，给老师们带来一节节漂流书的观摩课，从更专业、更有指导性的角度给大家展示如何从儿童视角出发，和孩子一起读漂流书。同时，他们还走上台来，分别将自己在设计漂流书阅读单上的方法，在开展班级读书活动时的经验分享给全体语文老师。

22-1　刘颖老师的阅读课

22-2　陶佳琪老师上阅读课

（二）《幸福的种子》：开发、编写校本课程，开拓更广阔的阅读空间

为了给语文课程提供有益的补充，全体语文教师放眼古今中外，采撷精华，集结成书，编写了校本课程《幸福的种子》。这套书由低年级的《童谣集》、中年级的《诗文集》、高年级的《经典文集》组成，因为全部由富有经验的一线语文教师编纂，所以也能更有针对性地给孩子阅读以补充和指导。这套书，学校会作为礼物，赠给芳小的每一个孩子，使他们日有所诵、日有所获。

22-3　校本课程诗歌散文集《幸福的种子》

（三）“六年多读一百本”：与时俱进的微信推送，与更多的孩子交流

芳小希望老师们的导读能惠及更多的孩子，提高阅读的效率，同时保护孩子的眼睛，于是申请了“六年多读一百本”微信公众号，通过网络平台用音频的方式指导芳小的孩子读书，与更多的家长、老师和其他地区的孩子交流。2016 年 8 月起，校刘颖工作室开始组织老师、孩子和家长正式通过微信推送的方式带大家一起阅读漂流

书，一起诵读《幸福的种子》，一起了解中国传统文化。学校还将与出版社合作，要将这一篇篇真诚的散发着文学味道的导读文字结集成册，送给芳小的孩子，也送给所有需要的孩子。这份童年的礼物同样浪漫而又美好。

在漂流书阅读指导的板块中，每位领读者选择漂流书中的一本，展开两次导读推进。第一次导读激发孩子的阅读兴趣，讲述书中故事，留下悬念，并在讲述与朗读时适当插入问题，激发思考。第二次导读指导阅读，引发深入思考。如讲述自己的阅读感受，揭示作品主题；如提示书中的人物形象、阅读者可能会忽视的与主题相关的细节，介绍故事背景、作者风格、不同读者不同解读等；或者留下互动问题，鼓励孩子们积极参与。导读者用动情的讲述和图文并茂的方式，带领孩子们深入书中。每本漂流书的两次推送，一次是之前的导读，一次是读后的交流。活动不仅仅关注书本中的内容，还有思维的碰撞，便于孩子随时聆听，带着孩子实实在在地进行课外书的阅读，在书中走几个来回，同时也优化了亲子共读的效果。在传统文化导读板块中，可以领略到古诗词、蒙学经典、经典古文、诸子百家、古典文学的源头，等等。在《幸福的种子》导读板块中，导读者们从校本课程《幸福的种子》中选取文章，低年段可选择儿童诗、简单的古诗；中年段可选择散文诗、唐诗；高年段可选择名家散文，或以一篇文章为例介绍一位作家。在《幸福的种子》里，学生可以触摸文学世界的风光美景。

从 2016 年 8 月至今，已有 78 位来自各学科的老师、100 余位来自芳草园小学龙江校区和凤凰校区的孩子，以及部分家长参与了“六年多读一百本”微信公众号的导读推送。

22-4　2018 年优秀小主播颁奖仪式

一篇精彩的导读推送离不开导读稿件的精心原创，离不开高品质的导读音频……漂流书、传统文化、《幸福的种子》三个板块的导读稿件以及包含图片与录音的导读文件包分别由刘颖老师、谢静老师、高俊老师、王晔老师逐一把关，老师们还在学期初召开导读指导会议。

22-5　微信导读指导会议

除此以外，孩子们的导读稿撰写更离不开老师们的引导。在六（3）班的一节阅读课上，李彤老师整合了孩子们分享阅读漂流书《战马》的感受。上课前，她翻阅搜集了大量资料，制作成 PPT，当屏幕上跳出嶙峋的老马被抽打，吃力地拉着大炮在战场上前行时，有的孩子伤心地捂上了眼睛。李老师说：“我通过讲述马与马、人与马、人与人三个层次的故事，来引导孩子发现人与动物间的关系，思考战争的残酷，这样孩子们自己便能写好《战马》的导读稿，把自己的阅读理解传递给更多的伙伴。”

芳小的老师们引导孩子学会阅读，并了解孩子们在家阅读的程度与效果。在阅读组及全体老师的努力之下，阅读公众号的影响也越来越大，我校儿童阅读工作室还因此获得鼓楼区“德育一束花”的荣誉。

（四）导读课堂：巧妙的课堂设计，完美的艺术绽放

精彩的阅读活动来自精妙的导读设计，它是教师导读艺术的绽放。在“让学”理念的指导下，导读课堂上精巧、丰美、得体的设计是我校孜孜不倦的追求。

22-6　李彤老师上阅读课

22-7　谢静老师上阅读课

二、师资培养，做阅读的点灯人

（一）“刘颖工作室”——推广儿童阅读的中坚力量

“他们像彼得·潘，是一群不愿长大的人。他们爱给孩子讲故事。他们相信阅读的力量。他们在芳草园这个阳光城里铸造属于孩子的梦幻岛。”作为工作室的主持人，刘颖老师具有专业素养且敬业，她是团队的首席，也是大家的榜样。在刘颖老师的带领下，儿童阅读推广

中心的老师们不遗余力地推广儿童阅读，只为更多的童年有阅读相伴。他们在校“六年多读一百本”漂流书目的选择上，在学校每年4月的读书月活动上，分享着自己的理念，贡献着自己的力量。他们赴新疆等地学习交流，播撒读书的种子。他们热情满满，带动更多不同学科的老师参与儿童阅读推广。每一年，工作室又会吸纳更多热爱儿童阅读，致力于推广儿童阅读的新同事加入，因为阅读是一件美好的事，而一件美好的事，总是能吸引更多的人。

22-8　播撒阅读的种子（1）

22-9　播撒阅读的种子（2）

（二）组织教师读书俱乐部——教师先做“读书种子”

教师，作为传道、授业、解惑的文化传承者和学生心灵成长的引导者，注定与书结有不解之缘。在这座书香校园里，阅读，更是教师学习、成长的必经之路。不论任教哪一门学科，教师本身要先做“读书种子”。

22-10　工作室“大家说”系列活动（1）

22-11　工作室“大家说”系列活动（2）

每学期，芳小读书俱乐部都会为老师们精选推荐书目，每位老师可以从“教育类”和“人文类”中各选一本，参与每个月开展的读书主题沙龙活动。在每一次的沙龙上，大家敞开心扉，侃侃而谈，交流阅读心得，在读书中获得快乐与成长。

学校为各年级建立了级部图书馆，教师提供书单，共享书目，受到了大家的欢迎。教育书籍《儿童立场》（成尚荣）、《自在独行》（贾平凹）、《苏东坡传》（林语堂）、《民国清流——那些远去的大师们》（汪兆骞）、《冷暴力》（玛丽－弗朗斯·伊里戈扬）……老师们在课余、在假期徜徉书海，成为幸福的读书人。

（三）教师读书沙龙——交流中迸发智慧火花

一杯清茶，一本小书，一次又一次的教师读书沙龙活动就这样朴素而美好地开展起来。在读书沙龙里，教师们可以不拘形式地展示自己一段时间的阅读收获。在读书沙龙里，大家畅所欲言，通过交流，碰撞出思维的火花。

三、阅读实践，缤纷活动浸染书香

最能致远是书香。“六年影响一生”，读书，让校园文化更加诗意而灵动。我们坚持以人为本，通过各种各样的读书活动，在全体师生中掀起读书高潮，增加学生的阅读量，开拓学生的阅读视野，丰厚教师的阅读底蕴，提高教师的教育教学水平。

（一）满园书香，串起每月的读书活动

有着多年“金陵书香校园”美誉的芳草园小学，既有常态下的阅读气氛营造与阅读指导，又有丰富的特色读书活动点燃童心。

读书活动

月份	活动名称	活动内容
9月	书香班级、书香校园布置	班级、校园环境布置。充分利用班级的墙报和校园的走廊张贴名人名言、名人读书故事等，营造出浓厚的读书氛围，让学生明白读书的益处。 建设班级图书角和学校图书馆。在各班教室放置统一的图书柜，鼓励学生捐书，同时选出几名有责任心的学生担任图书管理员，做好班级的小主人。此外，学校儿童阅读推广中心的老师每年都会根据实际需求制订书单，对学校图书馆的书籍进行定期增补和更换。同时，每班选出两名图书管理员，由图书馆的负责老师统一排班，负责书籍的借还、登记、整理等工作。学校图书馆每学期都会定期有序地安排各班前往借阅，为学生读书创造便利的条件。 制订其他各类读书活动计划。结合班级和学生的实际，开展美文诵读、古诗通关比赛、读书手抄报展览等各类读书活动。 加大宣传力度。在学校广播站、校园网、微信公众号上开辟读书专栏，定期宣读一些名家名篇及学生的读书心得，介绍名人读书故事，开办《好书介绍》《每周一诗》等栏目，引导学生诵读经典，让他们在潜移默化中受到书籍的熏陶。
10—11月	“能豆豆讲坛”选拔及展示	茵茵芳草之中，活跃着一群阳光可爱的“能豆豆”。他们人儿虽小，但却懂得很多，想得很远。“能豆豆讲坛”给这群孩子铺设了一个璀璨的舞台，他们经过从班级到年级，再到学校的层层选拔，在这里分享智慧，张扬个性，尽情释放。活动多涉及一些有意思的话题，如“你知道孙悟空那位神秘的师父——须菩提祖师到底是谁吗？”“你知道如果穿越到先秦时代，可以吃些什么吗？”“你知道梦中的侏罗纪是怎样的吗？”“你知道动物的记忆里都有什么吗？”
12月	班级特色读书活动	开展读书活动，可以培养学生良好的阅读习惯和读书兴趣，开阔视野，增长知识，陶冶情操，丰厚底蕴，提高综合实践能力。 各班教师们结合本班级或年级特点，通过召开主题班会，开展不同的读书活动，如漂流书阅读交流、好书推荐、知识 PK 赛、制作阅读小报等。

续表

月份	活动名称	活动内容
3月	“相约星期一”阅读篇	“相约星期一”是芳草园小学的一大特色活动。适逢4月的“世界读书日”即将来临，学校特意在此时安排与阅读有关的“相约星期一”主题，以晨会为媒介，用多样的形式向全校师生宣扬读书的意义，展示书籍的魅力，让更多的学生亲近书籍，爱上阅读。
4月	读书节系列活动	每年4月23日是世界读书日，因此每年的4月，也将迎来芳草园小学的一大盛典——读书节，至今我校已举办了十一届。每年的读书节均由校儿童阅读推广中心承办，精心设计每届读书节的主题与活动。
5月	“淘书乐”活动	“淘书乐”活动是学校每年读书月的保留节目。各班在绿茵操场上布置属于自己班级的书摊，每个孩子将从家中带来的书籍放在班级书摊上进行兜售。活动后，各班将卖书所得的钱全部交由学校，统一捐献给贫困地区的孩子。芳草娃们以书会友，将阅读的乐趣、分享的快乐、温暖的爱心和美好的梦想一起传递给远方的小伙伴们。
6月	组织各项读书类比赛	引导学生积极参加各项阅读竞赛活动，每年鼓楼区的“迎春花”作文比赛、“金菊花”口头作文比赛、南京市“故事大王”比赛的赛前，年级内教师主动指导，给予培训，力求让学生在比赛过程中享受阅读的乐趣，收获阅读的喜悦。 同时，学校着手制订假期读书计划，制作假期读书记录表，培养学生坚持阅读、日日阅读的好习惯，并安排好相应的假期读书活动，如“好书伴成长”征文、游学、夏令营等。

（二）主题阅读，走出点灯人的实践脚步

每届读书节的主题与活动，老师们总会有奇妙的点子。他们不仅思考活动的趣味与意义，更关注学生本身，以生为本，考虑学生的年段特点，制订不同的活动形式。“童话节”“动物节”……这些精彩

纷呈的节日活动，相信会给孩子们留下永恒的记忆，点燃他们心中阅读的火焰。

第一届读书节　大家一起来读书

第二届读书节　让阅读像呼吸一样自然

第三届读书节　传承经典　接力幸福

第四届读书节　阅读拉近你和我

第五届读书节　阅读，让我们的世界更丰富

第六届读书节　青青芳草　书香相伴

第七届读书节　大声读出来

第八届读书节　漂流书的故事

第九届读书节　永远的安徒生

第十届读书节　神话节

第十一届读书节　动物故事节

22-12　读书月——老师们的童话剧演出

22-13　读书月——动物故事节

22-14　读书月——神话节小萌仙

22-15　读书月——作家黑鹤来访

“六年多读一百本”，一个美好的开始。无论是漂流书计划、“能豆豆讲坛”、三分钟演讲、读书节……都是芳草园小学全体老师对芳小孩子们一颗朴素的初心、一份庄重的承诺。当然这更需要家长和学校互相支持和长期坚守。如何通过一些特色活动让孩子们展示自己的阅读成效将会是我们接下来需要重点思考的课题。通过“六年百书”工程，我们相信有书香陪伴与浸润的童年一定会给孩子们带来不一样的收获。我们坚信，当阅读成为孩子们的习惯，我们就在孩子们心中种下了“幸福的种子”。

23. 书香浸润心灵，阅读丰富人生

——上海外国语大学附属双语学校

上海外国语大学附属双语学校（简称上外双语）地处上海市杨浦区，创办于 2001 年，目前拥有小学、初中、高中（国际高中）三个学段。小学部创办于 2005 年，设 30 个班级，在校学生约 1 200 人，教职工约 100 人。

秉承“外语突出　文理并重　综合发展”的办学宗旨，学校坚持以母语文化为学生奠定精神底色，把培养“根植于传统文化积淀之上的具有国际视野的未来社会公民”作为育人目标。

学校历来重视书香校园的建设工作，人文阅读课程是特色校本课程之一。学校打破学科界限，整合各学科知识，于 2017 年正式设立“大阅读课程”，依托学校网络平台，为学生创设了一个更丰富、更立体的阅读世界。其间，师生共同培养了更好的阅读习惯，提高了自身语言素养及语言文字应用能力，极大地丰富了精神生活。

一、组织建设，团队引领

（一）课题引领

2012 年，我校小学部组建了“小学人文阅读的实践与研究”课题研究小组。课题组以语文教师为主要力量，其余各科老师积极参与，坚持定期研讨，反复商议，讨论修订各年级阅读书单，探索不同类型书籍的阅读指导策略，积累阅读指导案例，研究人文阅读指导课教学模式，研究课题开展的管理与保障，并在实施过程中不断进行调整与更新。

2017 年，学校在此基础上又组建了“多学科融合性大阅读课程在小学阶段的组织与实施”课题组。课题组成员涵盖了各学科的负责人及骨干教师，从年龄结构看既有经验丰富的中年教师又有具有良好功底的青年教师，团队组合结构合理，既有利于理论研究又有实践研究的基础，为打造更为丰富、立体的书香校园做好了准备。

（二）当前完成任务

1. 完成小学部午间图书馆借阅制度调整，每周 5 天分年级分班级借阅归还书本，为学生提供良好的借阅环境，引导学生养成良好的借阅习惯。

2. 完成学生图书馆及阳光阅览室书籍的更新，订购适合全班进行师生共读的整套书籍，更新受学生欢迎的多类型图书。

3. 完成教师阅览室的设立，更新相关书籍，为教师阅读营造更好的环境。

4. 完成 30 个班级“班级图书角”的建立，较好地营造书香校园的环境。

5. 完成一至五年级阅读推荐书单的修订，形成较为系统的师生共读机制。

6. 在五个年级分别建立人文阅读试点班，根据阅读书单不定期开展人文行走活动，鼓励学生在认真阅读后带着问题探索阅读与现实世界的联系，深化思考内涵。

7. 有计划地组织教师培训，邀请专家进行培训与讲座，鼓励教师积累相关课程教案、教师课堂案例等教学资料。

8. 积累学生自主创生的书摘文摘、阅读笔记、阅读感悟及阅读学习单等资料。

9. 设立读书节，并通过多种多样的汇报形式激发学生继续阅读的兴趣。

10. 通过作家进课堂的模式，邀请叶开、杨红樱等当代知名作家到校为学生上课、做讲座，引导学生进一步走近阅读，喜爱阅读。

（三）专业引领

学校常设顾问委员会，每年聘请学科导师，如：外语学科导师——《新世纪英语教材》编写组组长、上海市英语学科中心组成员洪云兰老师；语文学科导师——上海市语文特级教师黄玉峰老师；数学学科导师——中学高级教师、黄浦区首届数学学科带头人李建国老师；管乐学科导师——上海市音乐家协会管乐专业委员会副主任兼秘书长俞敏老师；民乐学科导师——上海市音乐特级教师曹建辉老师；声乐学科导师——同济大学声乐系教授王丽琴老师，等等，从多学科领域来为老师们做培训，以提高教师专业素养。

同时，学校也邀请校内外其他各领域专家为老师做讲座，开拓教师视野。小学部成立至今，先后邀请了儿童文学作家、上海师范大学教授梅子涵先生，前作协主席赵长天先生，儿童文学作家杨红樱女士，《收获》杂志编辑部主任、副编审，中国作家协会会员叶开先生等专家来校做讲座。精彩的内容吸引了老师们的目光。无论是绘本图书还是人生小故事，老师们都从心底有所回应。

同时，学校也连续多年外派教师参加亲近母语主办的中国儿童阅读论坛、种子教师研习营等阅读交流和培训活动，我校焦莉、李燕、张一丹、毛文静等多位教师通过参加论坛学习，将整本书阅读教学等核心内容带回学校与全校教师分享，并在课程实践中，做课题研究，撰写论文，其中“多学科融合性大阅读课程在小学阶段的组织与实施”被列为杨浦区教育科研二级课题。

（四）校本研修

2015 年至今，在落实市教委要求的基础上，上海外国语附属双语学校小学部强调培训的针对性。针对学校教师不同的年龄层次、学业背景、教学经历及其在专业化的发展中不同的需求开展研修。

我校采取菜单式选择、整体培训、分层培训、个性化培训等，让不同年龄、不同专业、不同需求的教师都有所收获；丰富校本研修的内容创新，信息素养、心理学知识、人际沟通能力、团队建设能力等都纳入校本研修的领域中，不仅基于学校教育教学问题的研究，也可以充分拓宽教师的学识视野；校本研修的场所创新，充分运用网络的技术，打破时空的局限，形成即时的互动交流平台，关注教师信息化能力的提升，以运用信息技术提升教师的工作效率为目标，开展丰富多彩的软件应用能力培训，让教师能够熟练运用信息技术为教育教学服务。

2015—2016 年校本研修的主题

时间	研修主题
2015学年度第一学期	《基于标准关注差异，以研究促专业发展》
2015学年度第二学期	《基于标准　关注差异　创生智慧》
2016学年度第一学期	《基于标准　关注评价　优化课程》
2016学年度第二学期	《以信息化促学校课程发展》

二、优化环境，渲染气氛

阅读作为学校重视的项目，历年来受到学校的大力支持。学校目前拥有藏书 5 万余本，每年购书预算 12 万元，同时每年进行教育教学设施的维护、改造和投入，给予师生更好的阅读环境与阅读体验。

（一）阅览室建设

学校目前拥有两个学生图书馆，一个教师阅览室，从硬件设施上进一步优化了师生的阅读环境。

一楼图书馆位于二号门进门右侧，学生每日跨入校门，就能看到图书馆大门已经敞开。这里是小学与初中学生共同的阅读圣地。每当清晨的第一缕阳光从落地窗中洒落，一天的学习生活便从这里开始。在这里，有高大整齐的书架，有排列有序的书桌与座椅，雪白的墙壁上装点着清新雅致的花卉，窗外便是学生最为熟悉的紫藤花架与长廊，环境十分优美。每年暑假，图书馆都会进行清扫、休整，更是配置了电脑等多媒体设备，将所有书目分门别类编码入库，迈入了图书管理的数字化时代。全校师生每人都拥有一张个人借书卡，可根据年级借书时间或课余进行图书的借阅与归还。细心的图书馆管理人员除了及时更新入库图书，根据学生年龄特点进行书架陈列外，还为每个班级准备了一本图书借阅登记本，只要班主任提前预约，就可以将整套图书预留，整套借阅整套归还，大大方便了师生整本书阅读活动。

二楼阳光阅览室是近年来深受学生喜爱的上外双语新地标。阳光透过透明的玻璃窗，照亮了白色的书架、绿色的桌椅、彩色的坐垫，让阅览室的每一个角落都充满愉悦。在这里阅读的孩子，无不感受到惬意与舒适，更不用说抬起头就能看见窗外绿色的草坪、红色的跑道、奔跑的少年。这里有低年级学生喜欢的绘本故事，高年级学生喜欢的双语特色英语绘本等图书，是所有学生最喜欢的阅读课教室。

教师阅览室位于学校四楼，紫色的墙面使整个阅览室宁静而优雅。这里有教师专业书籍，也有学校故事妈妈志愿者赠送的书籍，是教师静心阅读、交流阅读体会的好地方。

23-1　阳光阅览室（1）

23-2　阳光阅览室（2）

（二）班级图书馆建设

各班教室是孩子阅读最大的阵地，学校给全校 30 个班级分别配备了书柜，由班主任及语文老师起头，鼓励每个孩子带一本喜欢的书到学校与同学分享，建立班级图书馆，供学生随时借阅。加上老师的赠书，藏书最多的班级拥有图书 200 多本，最少的也有 40 本，全校 30 个班级拥有班级图书超过 3 000 本。各班学生通过给图书馆起名、图书馆环境布置、亲手制作借书卡、集体讨论借阅规章制度、推举图书管理员等活动，将阅读作为一件郑重的事来对待，形成了良好的书香教室氛围。这些活动既激发了学生的阅读兴趣，引导每个学生养成良好的阅读习惯，也教会了学生在阅读中交流与分享。学生可以通过阅读课或学习园地展示阅读感悟，还可以在学校墨鹰网络平台上相互交流与评价。

23-3　班级环境

23-4　班级学习园地

（三）校园文化建设

除了各班教室，学校在校园的各个角落都花了心思渲染阅读氛围，传播阅读文化。中心楼梯的每一层都标有一句激励人心的格言，校园的每条走廊中也悬挂着中英双语的名家名句，校园各处的宣传版面上，也总是有好书推荐、学生阅读活动等信息的展示。在这样一个充满阅读气氛的环境下，学生自然而然地形成了自主阅读的好习惯。

（四）网络平台建设

2015 年，学校对校园网络平台进行完善与提升，校园墨鹰网逐渐深入全校师生的学习生活。为了方便老师们更好地通过墨鹰网站参与学生学习生活的方方面面，学校还专门组织老师们进行了多次培训。2017 年起，墨鹰系统阅读板块正式开放，经过老师与志愿者的共同梳理，第一批推荐书目约 80 本图书于 2017 年 9 月上线，2018 年 1 月第二批推荐书目约 400 本图书上线，截至 2018 年 6 月，学生共计可在墨鹰线上阅读板块中搜索到约500本图书及简介，并详细列举了作者、出版社等相关信息，为学生的课外阅读提供了较有价值的参考。同时开放的点赞及评论系统，也充分给予了学生交流感悟、发表观点的平台，让阅读延续到生活中，延续到每一个家庭中。老师还可以在墨鹰系统阅读中发布阅读课作业，学生可以通过展示在线作业、评价同学作业、点赞同学作业等方式，进一步加深师生共读中的阅读感悟。

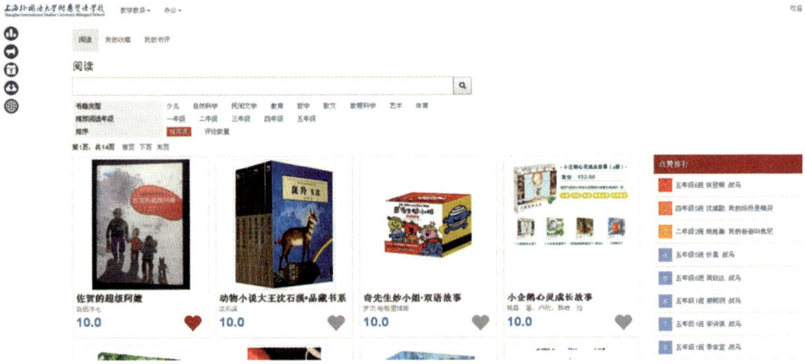

23-5　墨鹰阅读板块

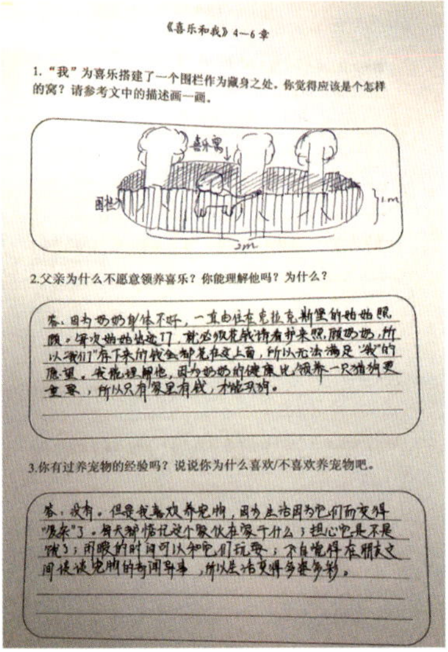
《喜乐和我》4—6章

1.“我”为喜乐搭建了一个围栏作为藏身之处，你觉得应该是个怎样的窝？请参考文中的描述画一画。

喜乐窝
围栏
1m
2m

2.父亲为什么不愿意领养喜乐？你能理解他吗？为什么？

答：因为奶奶身体不好，一直由住在克拉克斯堡的姑姑照顾。每次姑姑出远门，就必须花钱请看护来照顾奶奶，所以“我们”存下来的钱全都花在这上面，所以无法满足“我”的愿望。我能理解他，因为奶奶的健康比领养一只猎狗更重要，所以只有家里有钱，才能买狗。

3.你有过养宠物的经验吗？说说你为什么喜欢/不喜欢养宠物吧。

答：没有。但是我喜欢养宠物，因为生活因为它们而变得“发亲”了。每天都惦记这个家伙在家干什么；担心它是不是饿了；闲暇的时间可以和它们玩耍；不自觉得在朋友之间谈论宠物的奇闻异事，所以生活变得多姿多彩。

23-6　学生在墨鹰系统阅读中发布的阅读课作业

三、课程建设，目标明晰

阅读是启发智慧的金钥匙，它让一个孩子的思维迅速转动，语言变得丰富。阅读的习惯不是与生俱来的，是可以在日积月累中慢慢养成的。只要肯花时间，每个孩子都可以成为爱读书、会读书之人。因此，学校在坚持人文阅读的基础上，于 2017 年 9 月正式设立了“大阅读课程”，旨在以更广阔的视野引领学生开启自己的书香人生，培养“爱阅读　会阅读”的上外双语学子。

课程设计思路

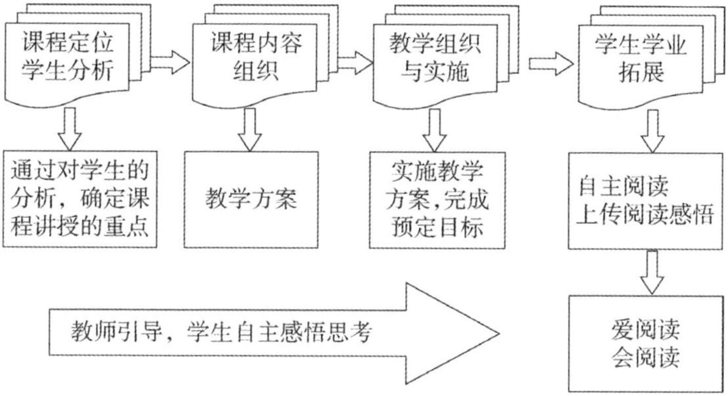

23-7　课程设计思路

（一）课程目标

1. 目标原则

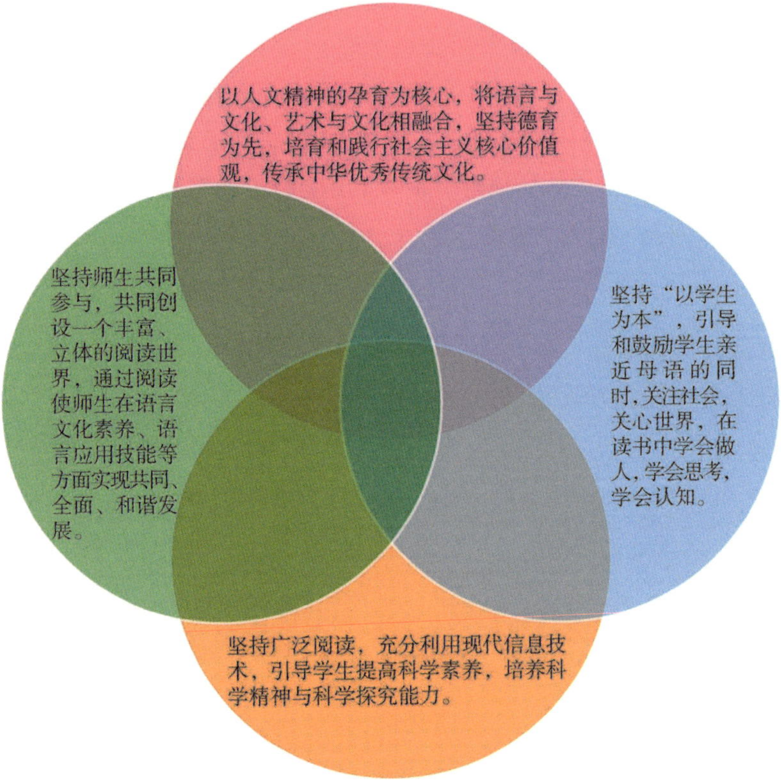

23-8　课程目标原则

2. 年段目标

（1）小学低年段阅读目标

关注激发学生的阅读兴趣，养成良好的阅读习惯，注重阅读感受和体验，培养语感。通过多种类型书目推荐及阅读，利用讲故事、读读画画、诗歌朗诵及课本剧表演等方式发展学生个性特长，培养学生的辨析能力，激发他们的想象力和创新精神。能阅读符合本年段儿童阅读水平的主题阅读文章，且阅读量不少于 30 万字。

（2）小学中高年段阅读目标

关注培养学生的阅读能力及审美取向。在人文阅读课、午间人文阅读等时段中，帮助学生掌握浏览、略读、精读等方法，引导学生重视文化积累，学生通过摘记、做批注、撰写读书笔记等方式，增强阅读理解能力、分析鉴赏能力和实践能力。能阅读符合本年段儿童阅读水平的主题阅读文章，且阅读量不少于50万字。

3. 长期目标

（1）建立阅读活动的长效机制，与时俱进地选择适合学生身心发展规律和认知水平的多个学科的各类作品，合理推进，使学生阅读能力、思维能力和文化素养逐步提升，为学生养成终生阅读的好习惯服务。

（2）坚持推动书香班级、书香学校、书香家庭的建设，开展丰富多彩的读书活动，如读书节、课本剧演出、经典诵读会、诗词达人等相关活动，引导学生在阅读中建立对自我价值的认知、人际价值的认知、环境价值的认知和生命价值的认知，使阅读深入人心。

（3）发挥学校、教师的积极引导作用，开发并利用家庭与社会资源，形成阅读联动机制。开展如故事妈妈绘本课、家长志愿者讲座等活动，多角度、多元化打开学生阅读视野，并引导家长同学生一起参与读书活动，营造良好的读书氛围，丰富师生及学生家庭的文化底蕴。

（二）课程内容

根据课程主体开放性、民主性、参与性的特点，坚持课内外结合、校内外结合、普及和提高相结合、教师推荐阅读与学生自主阅读相结合，单一化的阅读与多形式的阅读相结合，大力拓宽课外阅读领域，通过分类推荐阅读书目确保100万字的阅读量能够落到实处。各年级遵循不同年龄学生的心理、生理特点和认知规律，形成年级与学校独立统一的阅读系列课程。

大阅读课程内容安排

内容	形式	时间
经典诵读	课前集体诵读	每节课2分钟预备铃时间
人文阅读课	师生共读一本书	每周1课时35分钟
午间人文阅读	师生推荐好书	每周二12：35—13：00
阅读银行	线上积累及评价	任意闲暇时间
读书节	大型系列活动	每学年1届，延续1个月
作家进校园	当代知名作家上课、做讲座	不定期
故事妈妈讲故事	学生家长志愿者讲故事	一至三年级每月1次

每一学期，各年段会根据目标，制订出本年级阅读计划并实施，通过师生共读、师生推荐、生生推荐、读书讲座、读书反馈等多种方式，丰富阅读形式，拓宽阅读视野。

2017学年度第一学期各年级人文阅读行动计划进度

	第一阶段	第二阶段	第三阶段
一年级：绘本阅读	老师主讲绘本，介绍封面、环衬等信息，激发学生阅读兴趣，引导学生养成爱护图书的好习惯。	指导学生相互推荐绘本，要求能讲出书名、作者等信息，用一两句连贯的话口述书的内容。鼓励能力强的学生在阅读后自己讲故事。	鼓励学生扮演自己喜爱的书中角色，并讲一个小故事。
二年级：图书漂流	各班完成两本绘本阅读，并为图书漂流活动准备本班推荐理由。	派代表至各班陈述本班推荐理由，完成年级图书漂流活动。	画一画绘本中最喜欢的人物，并配上两三句话陈述理由。

续表

	第一阶段	第二阶段	第三阶段
三年级：整本书阅读《吹小号的天鹅》	推荐新书，介绍并指导学生掌握读书方法：跳读、略读、速读、精读。	采用朗读等交流形式，提高学生复述、概括的语文综合能力。	设计制作阅读学习单，反馈阅读体会。
四年级：整本书阅读《我的妈妈是精灵》	推荐新书，了解读书笔记的几种形式。	学习写好感想型和评价型的读书笔记，逐步养成边读书边思考边动笔的习惯。	展开想象，续写故事，鼓励自主创作。
五年级：整本书阅读《战马》	推荐新书，了解不同文体、不同题材文章的特点。	进一步学习整本书的阅读方法，按照章节或人物进行深入细致的阅读，然后回归整体进行交流和讨论。	提高读、说的综合能力，培养爱憎分明、赞美与鞭挞的能力。

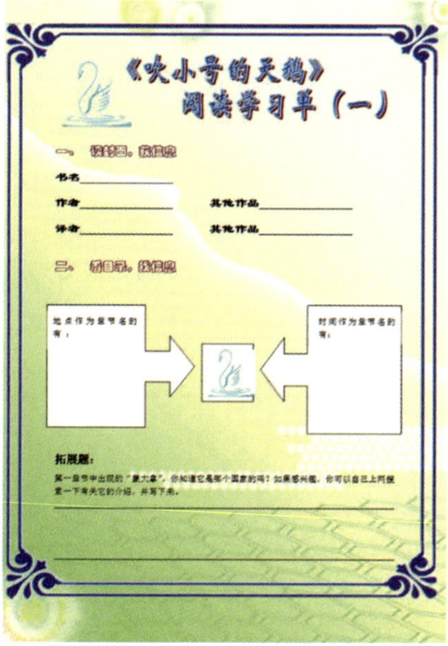

23-9　学习单

（三）有效评价，长效管理

1. 教师评价

（1）教师自身需保持一定的阅读量，教导处每学期可通过阅读反馈、读书交流等形式进行考核。

（2）教师能按照年段阅读目标及进度计划，认真备课和上课，达到预定的教学目标和课时量。教龄三年及以下的青年教师要求详案。

（3）教师能根据班级特点，组织好课堂活动和学科实践活动，并保存学生作品及在各类活动中取得成绩的资料。

2. 学生评价

（1）评价内容

①对待阅读的态度。在阅读过程中是否有主动意识，阅读过程中是否能做到文明、有序等。

②学习的能力和方法。包括学习中观察、探究、思考、表达的能力；搜集、整理、分析资料的能力；与人合作完成学习任务的能力，等等。

③学习结果。完成学习任务的质量和材料积累等。

（2）评价方法

①过程性评价

通过阅读集点、阅读银行等方式，鼓励学生在阅读过程中多看多读多积累，进一步激发阅读兴趣。

充分利用好图书角、黑板报、学习园地、班级日志等载体，及时展示学生课外阅读成果，如书虫笔记、读书采蜜卡、个性封面、阅读学习单、儿童诗仿写创编、续编习作等，利用手机软件《Papa》，读书节课本剧汇报演出、本校诗词大会等形式，评选出相关优秀作品及优秀学生，使学生感受成功的乐趣，并达到资源共享的目的。

依托学校信息化平台，发挥在线作业、在线评价、在线展示等功能，通过教师推荐、置顶，为学生提供分享、交流的平台，学生通过互相点赞、评论，进一步体会学习的成就感。

23-10　学生作品展示

23-11　2016 年上外双语读书节阅读集点卡（正面）

23-12　2016 年上外双语读书节阅读集点卡（反面）

②诊断性评价

根据具体情况，结合《学生成长手册》中拓展型课程及阅读积累中相关内容，采用不同的评价方式，如教师评价、学生自评、学生互评。评价等第以“优秀”“良好”“合格”记录。

23-13　2018 年读书节电子奖状

四、活动多样，体验丰富

（一）校内活动

1. 常规活动

每个学期，学校都会组织老师进行阅读学科教学展示活动，通过教学研讨课的观摩、评课、反思提高阅读指导水平，探寻更好更新的阅读教育形式。我校尤静老师就曾为大家奉上过一堂《吹小号的天鹅》师生共读阅读研讨课。

每个假期，老师都会要求学生完成一本书的阅读，手工完成一份阅读笔记或阅读评价，通过上传在线作业等方式，及时交流分享，并在开学伊始张贴于学习园地供全班、全年级参阅。

传统的诗词吟诵活动每年也会在上外双语举行，各班学生与老师合作，通过吟诵的方式表达对祖国诗词的理解与热爱。2017 年 6 月 1 日，师生与诗词为伴，或独吟或齐诵，或豪放或婉约，在漫卷诗书中，度过美好的六一儿童节。

23-14　2017 诗词吟诵飞花令

2. 系列活动

为了创建良好的校园文化，营造书香校园的读书氛围，上外双语自 2016 年起决定举办校园师生读书节活动。活动旨在激发师生读书的兴趣与热情，让每一位师生都亲近书本，喜爱读书，学会读书；让每一位师生在读书活动中沐浴文化的恩泽，接受传统的洗礼，享受阅读的快乐。

23-15　读书节活动

（二）校外活动

1. 爱心传递

除了校园中的图书漂流活动，上外双语还致力于将爱心传递出去。早年与山区小学的结对活动让学生感触颇深，大家倾力相助，尤为难忘。2018 年 5 月，上海市妇联、上海市儿童基金会等单位联合开展的“为爱‘悦’读——书香飘万家公益赠书行动”获得我校小学部全体师生的积极响应。历时一个星期，共 1 100 余册图书将我们的心意与祝福一起传递到遵义地区希望工程小学的孩子们手里，为他们建立爱心图书馆贡献我们的力量。

2. 文化传承

在上外双语小学部，学校的课程设置给学生们提供了大量学习国学的机会，丰富的活动让学生们浸润于诗词馨香之中。学生们利用晨读、课前及传统文化课程等时间，吟唐诗宋词，诵经典名著，浸润在诗风雅韵之中。同时，各项传统文学活动如：汉字听写大会、诗词大会、楹联大会……处处可见上外双语学子的身影。

2014 年及 2016 年的汉字听写大会，我校全力组织老师培训指导，加之学生本身兴趣浓厚与家庭的全力支持，学生们的表现十分优异，均以上海赛区优胜者的身份参与北京总决赛。例如：原四（1）班安昕同学荣获“我爱汉字美”——2016 上海市小学生汉字听写大会电视决赛优胜奖。

23-16　2016 汉字听写大会

在 2017 年上海小学生古诗文大会暨古诗文“桂冠少年”选拔活动中，丰富的诗词储备以及深厚的文化底蕴让上外双语的学子在逾十万参赛者中脱颖而出，通过线上答题、线下复赛两个环节的比拼，斩获了不少的奖项，叶鋆宸、吴宇洋、朱骏驰同学获五年级组二等奖等，展现了上外双语学生不凡的实力。

2018 年 6 月 1 日，青少年国学大会上外双语站海选拉开帷幕。担任评委的是国学自媒体《飙叔讲故事》的主持人，资深媒体人飙叔，以及樊阳人文公益讲坛创始人——上海外国语大学附属双语学校科研室主任樊阳老师。全程九轮比拼，历时三个多小时，最终有 171 位学生凭借实力成功晋级，占学校参赛选手的 59.3%，连评委老师都称赞上外双语的学生真了不起，知识面广，答题准确率高，晋级的特别多。

经过近一个月的备战，上海站的复赛决赛在上海电视台演播厅拉开帷幕。上外双语的孩子们在复决赛中台风稳健、发挥出色，分别将三、四、五年级组的冠军收入囊中，特别是三年级的孩子们，包揽了这个年级的冠、亚、季军。最后，全校有 102 名学生进入决赛，有机会奔赴北京参加全国总决赛。

23-17　2018 青少年国学大会

我校学生便在各项大赛中取得佳绩无数：“中文自修杯”上海市小学生“美丽汉字”征文活动中屡获殊荣；张心瑜同学获得“第十三届全国语文规范化知识大赛小学组”一等奖；狄睿天同学获得第一届“博雅杯”小学生古诗文阅读大赛四年级组一等奖、第九届上海市中小学生古典诗词创作活动（个人）小学组二等奖；朱骏驰同学获“上海之春国际音乐节管乐艺术节十周年回顾”之“管乐艺术伴我行”征文活动三等奖；一年级王晨莹同学参加第 18 届小青蛙讲故事活动也获得上海市一等奖的好成绩，等等。

在学校的大力支持下，上外双语的老师们获得一项又一项殊荣：黄倩老师获得“上海市第16届小青蛙讲故事比赛杨浦赛区选拔赛”优秀指导教师奖，罗碧茵老师获得指导教师奖；第十届全国中小学论文（课件）大赛中，沈莉老师论文《开放的中国》《高层次思维能力在中高年级语文教学中的培育和评价》、毛文静老师案例《绘本阅读课〈一片叶子落下来〉教学案例——浅谈小学一年级课外阅读课的课堂调控实践》获一等奖；徐海赟老师在“杨浦区小学第十一届‘百花杯’教学评比（语文学科）”中获二等奖；徐梁、黄倩老师带队参加“‘魅力汉语’师生诵读比赛”获二等奖；金澍炜老师与全班学生一起代表学校参加“‘班班有书声’经典诗文朗诵比赛”获三等奖等。同时，我校还荣获“2016年精锐教育杯第七届‘亲情中华·魅力汉语’青少年语言文字应用能力比赛”组织奖；2016年杨浦区小学生“‘班班有书声’经典诗文朗诵比赛”小学组一等奖等。

（三）家校联动

在上外双语，家长的支持一直是我们建设书香校园过程中最大的动力之一。由家长志愿者组成的故事妈妈团队已坚持七年为全校孩子讲故事，她们利用业余时间到学校集体备课，相互听课，成为孩子们最期待的“老师”之一。除此之外，学校还通过各种活动号召家长加入孩子的阅读世界中，通过调查家庭阅读情况完成数据记录并进行分析，借助《Papa》《为你读诗》等App软件，邀请家长和孩子一起讲故事、读诗、配音等，加强家庭读书氛围。

2018年5月15日，“2018为爱‘悦’读——亲子绘本朗读表演”在我校成功举办，爸爸妈妈爷爷奶奶齐上阵，12组家庭在舞台上尽情展现自己的才华，享受亲子阅读带来的乐趣。

23-18　2018 为爱“悦”读——亲子绘本朗读表演

如果说教育是面向未来的事业，那么阅读，就是上外双语交给学生的一把通向未来的钥匙。在阅读中，我们共同建立对自我价值的认知、人际价值的认知、环境价值的认知和生命价值的认知。我们用各种各样的方式阅读，用各种各样的形式演绎，用阅读点亮孩子的生命。

书香致远。在书香校园的建设过程中，全校师生都养成了更好的阅读习惯，有了更多的思考。相信经过一代代上外双语人的不懈努力，迷人的书香将始终飘扬在校园四周，浸润每一个心灵，丰富每一个孩子的生命旅程。

24. 书香，让教育更美好

——四川省成都市东街小学

四川省大邑县东街小学创建于1952年，现有教学班37个，学生1 900余人，教职工110余人。学校于2005年启动书香校园建设，十余年来深耕不止。

“建设书香校园”，既是学校的立校之根，亦是未来发展的长期目标。多年来，学校从书香环境、书香课程、书香活动、书香管理等多层面，致力于培养书香教师、书香学生，并带动书香班级、书香家庭的形成，在探索与实践中，不忘初心，专注阅读，逐渐开花、结果。

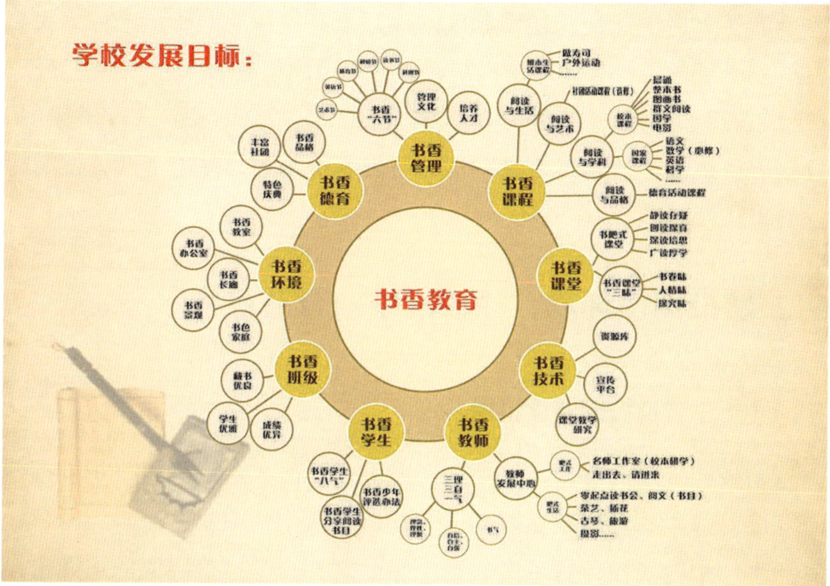

24-1　学校的发展规划示意图

一、健全组织机构，以“书香校园建设”整合全校工作

为了确保书香校园建设的有序推进，学校成立了书香校园建设领导小组和阅读指导小组。其中，领导小组由学校校长担任组长，分管副校长担任副组长，学校教学、德育、后勤等部门的负责人为成员，在学校形成了全员参与阅读推广的良好氛围。

阅读指导小组聘请了成都市教科院专家和成都市特级教师为专家组成员，包括学校班主任、家长代表、语文组优秀教师和专职阅读教师，他们中有“大邑名师”“成都市优秀教师”“成都市语文学科带头人”“四川省骨干教师”等，可以说是集中了学校儿童阅读方面最强的力量，分别从阅读课教学研究、儿童阅读课程开发、教师阅读、家庭阅读等方面展开研究和实践。

有了人力的保证，还需制度的保证。经过前期调研、试行，我校先后形成了各项检查、评比机制，如行政值周检查制度、“书香班级”申报与表彰机制、“书香教师”评比机制、“亲子读书——书香家庭”评比表彰机制、“阅读之星”推荐与表彰机制等，促进了书香校园建设的正常开展。

二、建设阅读环境，让校园处处有书香

（一）营造校园阅读氛围

对校园环境的建设，努力做到突出“书香”味。学校重视发挥校园环境对师生的导向和熏陶功能。如，校园中的喷泉、流水、翠竹，寓意着“水能淡性，竹可虚心”。除此之外，学校每层楼的走廊也设置了开放式书架，各班学生在下课时可以随时有书可读。走廊还开辟了以“惜时”“友情”“奋斗”等为主题的古诗文专栏，定期为师生推荐经典诗文。

（二）设置专用阅读教室

学校一楼是学生图书馆，目前已拥有近 5 万册图书，学生可以随时到图书馆借书、看书。图书馆开辟了一处空间，布置成专门的阅读教室，配置多媒体设备，这样阅读教师可以将学生带到这里上阅读课。

24-2　专用阅读教室

（三）建立教师书吧

除了学生图书馆，还建成了教师书吧及阅读工作坊。学校先后耗资近 20 万元购买教师书籍，极大地满足了教师们的阅读需求。书吧的标识、标牌是李英姿、李明等教师手工制作的；茶桌、书画桌是按照大家的喜好添置的，学校里的老师们可以在这里挥毫泼墨；小植物也是老师们亲手水培的。教师书吧，是大家阅读、休憩、滋养心灵的最佳驿站。

24-3　教师书吧（1）

24-4　教师书吧（2）

（四）设置班级阅读角

除了学校图书馆，每个班还有自己的阅读角，那里有班级书架、阅读展示栏及小植物等。班级书架的书，有的是各位同学从家里带来的，有的是家委会按推荐书目统一购买的，有的是滋根基金在大邑县建立的“爱的书库”中的。丰富的书源让同学们可以随时有书读。

24-5　班级书架

三、开发阅读课程，推动儿童阅读多元化

（一）单设阅读课，配备专职的阅读教师

从 2005 年开始，学校把阅读课从语文课中分离出来，成为一门独立的课程，每班每周一节。2012 年起，学校配备了专职阅读教师，阅读课由专职的阅读教师来教学。目前学校已有专职阅读教师 3 名。专职阅读教师上阅读课，保证了阅读教学时间的落实，也让教师可以跳出语文教材和语文考试的束缚，可以自由地开发阅读内容、阅读方式，让学生走出“为考试而阅读”的功利误区。

除了单设的阅读课，每班每周还有一节国学经典课。每天早晨有 20 分钟的晨诵课。

课　程　表

一年级 1 班

时间	课程							
	上午				下午			
	第一节	第二节	第三节	第四节	第五节	第六节	第七节	第八节
	9：00～9：20	9：30～10：10	10：35～11：15	11：40～12：20	13：20～14：00	14：15～14：55	15：20～16：00	16：10～16：50
星期一	晨诵	语文	数学	语文	音乐	体育与健康	语文	—
星期二	晨诵	数学	语文	道德与法治	体育与健康	阅读	国学经典课	—
星期三	晨诵	语文	书法	数学	美术	体育与健康	音乐	—
星期四	晨诵	数学	语文	数学与思维	选修	体育与健康	美术	—
星期五	晨诵	语文	综合实践活动	科学	体育与健康	道德与法治	班队活动与心理健康	—

（二）开发班本课程，发挥各班教师特长

在校本阅读课程的开发中，我校教师根据各自优势和班级特点，在部分班级开发了班本课程。班本课程一般以一学期为一个教学周期。班本课程有力地补充了国家课程、地方课程留下的空白，为学生打开了又一扇学习的窗，给学生更多的书香滋养。这些班本课程中，有继承中华优秀文化类的，如一年级 5 班的《让古诗文润泽生命》，三年级 2 班、四年级 1 班的《快乐对课》，三年级 1 班、五年级 3 班的《闻香识雅话宋词》；有学生非常喜欢的儿童小说类，如四年级 4 班的《杨红樱校园小说系列》；还有地理类的书，如五年级 5 班的《找寻天下》，等等。

（三）研发校本阅读课程，不断丰富课程体系

学校结合实际开发了一套阅读课的校本教材，分年级实施，教材内容与语文教材不同，一、二年级主要是绘本阅读，三至六年级主要是主题阅读和整本书阅读，阅读内容涵盖中外儿童文学经典、中华传统文化经典等。同时参考国内权威儿童阅读推荐书目，形成本校分年级的阅读推荐书目。

2006 年开始，我校承担了成都市规划课题《小学课外阅读活动课程的开发与实施》，通过五年的研究，于 2011 年结题。通过该课题的研究，学校开发和实施了一系列活动性的阅读课程，让阅读以活动的方式得以深化和推广，受到学生的欢迎。

同时，为了弥补校本教材的不足，学校还引进亲近母语的《日有所诵》，由各班班主任利用每天早读课时间诵读 10—20 分钟；阅读教师引入亲近母语的《全阅读》。这些课程的引入，让我校的阅读课程更加多元、丰富。

24-6 《日有所诵》课堂

（四）形成“书吧式”课堂教学模式，实现各学科全覆盖的阅读推广

根据学校书香校园特质而逐渐形成的“书吧式”课堂教学模式，着力点是课堂程式的改革，从学科教学延伸到本学科的课外阅读。我们想要改变的，不是少数人的某一课，而是每个人的每一堂课。2014年，我们通过各种类型和层次的教学研讨，自我反思、不断修正、逐步完善，深深扎根课堂，形成了各学科较为成熟的“书吧式”课堂教学模式，县教育局在全县学校进行了推广。

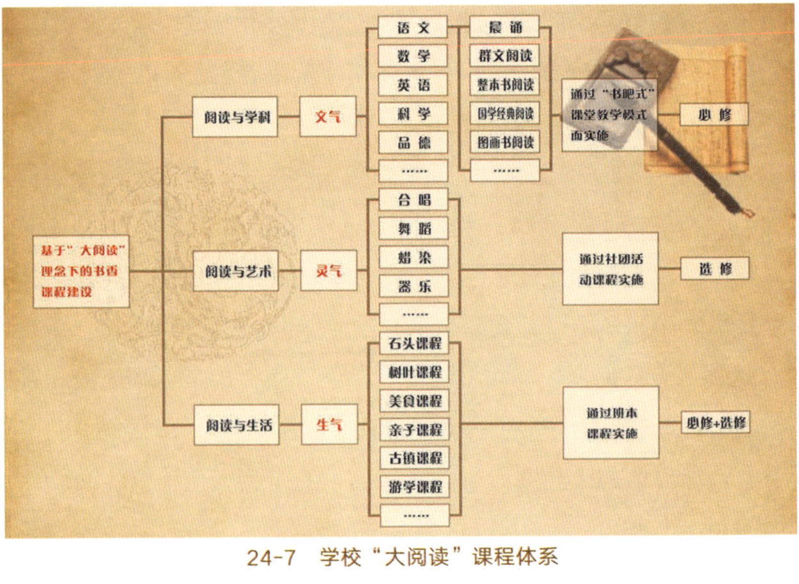

24-7 学校“大阅读”课程体系

四、加强教师培训，培养阅读种子教师

（一）培养阅读推广的“点灯人”

十多年来，我校每年都会选派种子教师参加各类阅读培训。这些教师参加培训后，再回学校培训其他阅读教师，形成稳定的种子教师培训机制。近年来我校先后选派65名教师参加了全国、省、市各级培训，多次选送教师参加亲近母语在南京举办的儿童阅读论坛，仅2014年，分别在4月、11月去了南京两次，8月又选送教师参加了在成都市泡桐树小学举行的“云之门”工作坊活动。我校杨红霞老师入围2014年“阅读改变中国·年度点灯人”评选。2012、2013年，分别选送教师到马来西亚、新加坡参加国际教育交流，了解华语地区的儿童阅读开展情况，并带一批学生专程到新加坡国立图书馆去阅读，了解他们的儿童阅读是如何开展的。2014年7月，在台湾李玉贵老师的推荐下，又选送教师参加了重庆的群文阅读种子教师的培训。

24-8　承办全县儿童阅读种子教师培训

（二）成立“零起点教师读书会”

十年的书香浸润，学校里涌现出了一大批热爱阅读的教师群体。这时候，“零起点教师读书会”应运而生。没有行政干预，大家自愿

报名参加，人数达到了全校教师的80%。阅读了《先生》《重新认识你自己》《玻璃球游戏》《约翰·克里斯朵夫》《论可能生活》等书籍，并每月开展一次读书交流。近年来，“零起点教师读书会”还先后为大家推荐了《安的种子》《活了一百万次的猫》等各种经典绘本，《地球上的星星》《罗马假日》《美丽人生》《肖申克的救赎》《放牛班的春天》《蒙娜丽莎的微笑》《海上钢琴师》等有关教育、人性、和平的世界经典影片，引领老师们的业余生活朝向光明。

24-9　教师读书活动

（三）教师全员参与阅读推广

除了语文教师和专职阅读教师积极推广阅读，开展儿童阅读研究之外，学校还积极开展各学科的阅读推广活动。各学科教师不仅要做好本学科教学研究，同时也是学校的阅读推广人，负责向任教班级的同学推荐与本学科有关系的书籍，以丰富学生的阅读结构。比如，数学教师张伶俐多次参加培训后回校带头上阅读推广课；音乐学科的教师们向高年级同学推荐阅读《贝多芬传》《约翰·克里斯朵夫》等与音乐有关的作品；数学教师给同学们推荐阅读《数学家的眼光》《童趣逻辑》《果戈尔数字奇遇记》《从前有个数：故事中的数学逻辑》等书籍；科学组教师则给同学们推荐《十万个为什么》《昆虫记》《海底两万里》等书籍。

五、开展阅读活动，积淀浓厚的阅读文化

（一）开展“爱的书库”阅读活动

2007年开始，滋根基金在大邑县建立“爱的书库”。十年来，我校充分利用了这一优质资源开展师生共读活动，确定了小学生必读的100本书，经常从“爱的书库”借回一箱箱童书，在各班漂流阅读。“爱的书库”的书籍以箱为单位，每箱有60本相同的书籍，这样的分类，很适合用来做班级共读。几年来，利用这些书籍，我校同学们的阅读内容得到了极大丰富，年级读书会、班级读书会以这些书籍作为共读的内容，共同分享和讨论。我校各种阅读课型，如晨诵、阅读课，甚至亲子共读，都常常选用“爱的书库”的书箱来开展活动。这些书籍给我校儿童阅读推广带来了很大的帮助。

（二）举办读书节系列活动

每年的4月23日是“世界读书日”。而每年世界读书日所在的一周，就是我们学校的“读书节”。在读书节来临时，学校就会开展丰富多彩的阅读活动。

例如，2018年的世界读书日所在的一周，学校安排了丰富的阅读活动，活动为师生搭建了交流和展示的平台，并开展了全县的阅读种子教师培训。

东街小学 2017—2018 学年下学期“阅读节”活动安排

时间	项目	具体安排	活动地点	负责人
4月23日【周一9：00—12：00】	承办全县“世界读书日”活动	1. 升旗仪式：千人诵读活动 2. 阅读教师培训——整本书阅读研讨	操场 梦想教室	王炯焱、王新、李英姿、余伟、陈丽

续表

时间	项目	具体安排	活动地点	负责人
4月24日【周二8：40—9：20】	一年级班级朗读比赛	8：40前各班在旗台前集合完毕，开始比赛。 9：20结束比赛	操场	余伟、刘玉霞
4月25日【周三8：40—9：20】	二年级班级朗读比赛	8：40前各班在旗台前集合完毕，开始比赛。 9：20结束比赛	操场	陈敏、曹淑梅
4月25日【周三9：30—12：20】	语文阅读课研讨	1. 伍德友、三岔小学教师各上一节阅读课 2. 研讨	梦想教室	陈丽、李惠姚
4月26日【周四8：40—9：20】	三年级班级朗读比赛	8：40前各班在旗台前集合完毕，开始比赛。 9：20结束比赛	操场	李晓俊、杨敏
4月27日【周五下午1：20—3：00】	四、五、六年级“朗读者”比赛	四、五、六年级各班选派1位学生参加比赛	梦想教室	石珂、伍德友
4月27日【周五下午4：20—5：30】	教师生活美学培训——插花。	周五放学后全体教师在梦想教室参加培训【自愿报名参加】	梦想教室	李英姿、陈丽

东街小学承办大邑县2018年“世界读书日”活动安排

时间：2018年4月23日9：00—11：30

环节	内容	具体安排	负责人	地点	时间
启动仪式	千人诵读展示	1. 以年级为单位，集体诵读经典，营造读书节盛大的开场氛围 2. 校园阅读氛围营造	王炯焱、王新	操场	9：00—9：15

续表

环节	内容	具体安排	负责人	地点	时间
阅读种子教师培训——整本书阅读研讨主持：付慧	开幕致辞	以温暖、真诚的语言，营造美好的相聚氛围	陈敏致辞；余伟负责	梦想教室	9：30—9：33
	东小的阅读之旅	介绍东小多年来持之以恒开展儿童阅读的做法	陈丽发言；李英姿负责		9：35—9：45
	整本书阅读课展示	通过执教《天蓝色的彼岸》，直观展示整本书的教学如何开展	徐廷上课；陈丽负责，杨敏牵头具体落实		9：50—10：30
	现场访谈	以徐廷的课为契机，对整本书及儿童阅读进行交流与分享	参加访谈：付慧（主持）、徐廷、杨红霞、民间阅读机构、家长代表；李英姿负责		10：30—10：50
	整本书阅读的经验交流	小讲座形式	杨敏发言；杨淑荣负责		10：50—11：10
	领导讲话				11：10—11：30

书香校园不能没有仪式和庆典。富有深意的仪式，让参与者获得神圣、庄严与尊重。所以，每逢重大的日子如入学典礼、开学日、毕业典礼、欢迎新教师……都会被我们慎重对待，并将各种阅读活动渗透在这些仪式和庆典中。通过这些仪式和庆典，学校的书香文化一次次被确认，师生联结成一个共同体。毕业后的学生、退休后的老师，都不会忘记在学校里度过的那些触动过灵魂的时刻。

24-10　2018 年“世界读书日”活动掠影

（三）开展专题阅读活动

“每逢佳节要读书”，这已经成为学校的一个传统。如“读李白诗歌，品太白遗韵”“闻香识雅话宋词”“读千古美文做少年君子”，引领师生徜徉在中国优秀古典文化中……

比如，安徒生是世界伟大的童话作家，深受孩子们喜爱。我校也于 2017 年 12 月开展了为期一个月的“点燃心灵的火柴——安徒生童话阅读”主题活动，并把 12 月定为“安徒生童话阅读月”，把 12 月 25 日定为我校的“童话节”。在这个月里，第一周全校师生大量阅读安徒生童话，第二周办同主题手抄小报，第三周进行安徒生童话班级读书会，师生畅谈阅读感受，第四周进行安徒生童话剧表演……一系列的活动让孩子们走进安徒生的童话世界，流连忘返。

2018 年 5 月，学校又举行了中国青少年国学大会校园海选和中国语文朗读大会的校园海选，为同学们搭建了展示阅读成果的平台。

24-11　国学经典诵读活动

24-12　承办全县阅读节阅读推广活动

24-13　电影课程研讨

24-14　儿童阅读研讨

（四）开展亲子阅读活动

我校除了在学校里组织孩子们参加各类阅读活动，还积极向家长推荐一些亲子阅读活动，推动亲子阅读的广泛开展。每年召开家长会的时候，总有推荐亲子阅读的环节；每年校园读书节，也专门设计了“家长为我讲经典”等亲子共读的活动，鼓励家长和孩子们共同参与；每年寒暑假布置的实践活动，也一定有亲子阅读活动……通过多年来持之以恒的推广，阅读得以深入更多的家庭，书香也从校园中弥漫到各个家庭中，让书香家庭、书香社会的建设成为可能。

（五）开展阅读评比活动

十年来，学校不仅开展了各种丰富的阅读活动，还通过各类评优表彰活动，激发了师生的阅读积极性，有效推进了阅读活动的深入及持续开展。

比如，每年的“世界读书日”到来之际，学校会开展一系列评选活动：针对阅读量丰富的孩子，有“阅读之星”评选；为表彰热爱读书的教师，有“书香教师”评选；对开展阅读活动认真、效果突出的班级，有“书香班级”评选；甚至对积极参加阅读活动的家庭，也有“书香家庭”评选……

每年一次的阅读评选，已经成为学校的一个文化传统，成为激励师生把阅读变成一种生活方式的有效途径。

六、扩大阅读的辐射影响，让书香走进家庭和社区

（一）让阅读影响家庭

在校园内开展书香校园建设的同时，我们还期待着家庭也参与学校的读书活动中来，于是策划了“把书香带回家”的活动，每月至少一次专门针对家庭、社区的阅读推广活动。学校曾经邀请 3+2 读书会的老师到学校开展家教讲座，让家长和孩子们一起参与亲子活动，体验共读的乐趣。

（二）让阅读走进社区

书香不仅在校园中流淌，在学校的努力下也逐渐走入了社区。我校的阅读推广人肖军、李英姿等积极参加“书香成都 300 场公益讲座”活动，走进各个社区，深入到农村为基层老百姓举办读书讲座，特别是针对目前农村空心化、老龄化现象，开展了深入浅出的阅读推广活动，受到群众的欢迎。

（三）让阅读引领全县学校

作为大邑县最先开始书香校园建设的学校，我校积累了一定的经验之后，在县教育局指导下，在全县各校中开展了一些阅读带动的活动，将经验辐射到更大的范围。一是与集团内的几所学校加强联系。每次大型阅读活动，如一年一度的读书节活动，都邀请了集团学校参加。二是派出支教教师，到农村学校推广儿童阅读，先后派出李英姿、蔡小鹏、姚萍、张福强等十多位教师，将书香校园建设的经验带到我县农村的鹤鸣小学、三岔小学、斜源小学等校去。三是承办教育局的一些阅读活动，如“世界读书日”主题活动，上阅读示范课，进行阅读指导培训等，在教育局的统一组织下，邀请各校参加，分享书香校园建设的经验。

书香十年，十年书香。十年的书香历程，我们收获了许多。学校多次被评为“成都市书香校园”“成都市读书先进单位”“大邑县书香校园”“大邑县全民终身学习活动周先进单位”。我校多名教师在阅读中得到成长，如杨红霞、李英姿、袁桃老师入围“阅读改变中国·年度点灯人”评选，张伶俐老师被评为“成都市读书先进个人”，李英姿老师被3+2读书会评为“十大阅读推广人”，马丽红等十多位教师被评为“大邑县书香教师”，张馨尹等一百多名同学先后被评为“大邑县阅读之星”……四川电视台、《成都日报》、大邑电视台等新闻媒体多次进行专题报道，也吸引了全国、省市各级专家和同行前来观摩学习。

今后，我们将继续深化书香校园的实践，让儿童阅读、教师阅读持之以恒地开展，也希望可以遇到更多的同行者。

25. 不断求索，为了那盏心灯

——四川省成都市龙王庙正街小学

成都市龙王庙正街小学（简称龙小）位于美丽的府南河畔，毗邻成都市春熙路商业步行街，紧邻四川省人民政府，处于成都市核心商圈。学校占地约 2 300 平方米，是一所小而精、精而深、深而有品的特色小学。

学校始建于 1928 年，是社会贤达钟子苍为其族人子弟所建。曾一度更名为“八五小学”，有成都教育“五朵金花”的口碑和“支起成都教育半壁江山”的美誉。百年办学积淀，形成了学校厚重的书香文化，培育出许多名优校长、特级教师及大批优秀学子。

2003 年，学校以儿童阅读研究为主轴，进行国家课程的校本化实施，持续十年不断精进，书香课程体系逐渐完善。在“为每个孩子一生精彩奠基”的核心价值追求和“龙翔万里，自然天成”的课程理念的指导下，育“健康、智慧”的书香学子成为全校教师的共识。

经过十多年的书香校园建设，成都市龙王庙正街小学已经成为一所在锦江区乃至成都市都很有影响力的学校。学校培育的学生不仅具有良好的阅读习惯和学习兴趣，而且学业扎实，综合能力强，后续发展空间大，中学口碑好。70% 的学生进入成都市七中育才学校等名校。我校在市区教育质量检测和锦江区教育质量监测的综合素质测评中稳居区域前茅，得到了家长、社会、业界的广泛认同，先后被评为“全国书香校园”“全国语文特色校”“成都市新优质学校”“四川省书法实验学校”和“摆渡船阅读港湾学校”。

一、机构平台促推进

我校和很多学校的阅读工作一样，也是从初级阶段起步的。在这一阶段中，学校的理念就是通过机构的建设、平台的搭建、活动的开展、氛围的营造来让学生爱上阅读，用阅读的文化滋养学生。

（一）机构形成影响力

1. 黄月亮阅读推广中心

为了推动阅读工作的开展，我校成立了“黄月亮阅读推广中心”，吸纳学校各科的种子教师，开展阅读推广工作。这个中心着力于阅读内容、方式、操作手段的研发，承担培训教师阅读和家长阅读的任务，引入“名家进校园”开展公益性阅读讲座。教师、家长让三百人的会议大厅座无虚席。

“黄月亮阅读推广中心”是学校阅读研究和推广的核心力量，为书香校园建设探寻方向，是教师、家长、学生阅读的明灯，是照耀在龙小上空的明灯。

25-1　黄月亮阅读推广中心

2. 云竹会客厅

2016 年 8 月，学校成立了以阅读推广和家庭教育为研究和推广核心的“云竹会客厅”。云竹会客厅由校长亲自主持，根据学校发展的现状以及家长的需求来制订活动内容、邀请嘉宾。

（二）阅读平台全方位

阅读是一项全方位的，必须要渗透学生生活的事业，所以单有学校的努力还不够，必须要有家庭的介入。为了构建起完整的学生阅读平台，学校倡导了三级平台的建设：

1. 学校阅读平台

学校通过“黄月亮阅读推广中心”的引领、学校阅读课程的建设、阅读活动的开展、阅读评价的坚持，来推动学生阅读。

2. 班级阅读平台

各班通过班级阅读课程的执行、班级阅读书目推荐、班级阅读文化建设、班级阅读评价的实施，来引领学生的阅读。

3. 家庭阅读平台

我们倡导“三小建设”——每个家庭有一间小书房、一张小书桌、一个小书架，给孩子营造良好的阅读环境，而且，从一年级开始，就倡导家长进行亲子阅读。到现在这些要求已经深入龙小家长的心中，90% 以上的家庭都能达到。

二、文化建设散书香

（一）打造学生喜欢的阅览室

我校占地面积小，全校占地仅约 2 300 平方米，教室与功能室严重不足，有的学科只能共用一间功能室。即便是在这样的情况下，也专门开辟了两间教室，分别作为低段阅览室和高段阅览室。

在亲近母语、海豚传媒、步印传媒的大力帮助下，学校高规格地建设了低段阅览室，布置了充满童趣的书架，准备了丰富的绘本和儿童书籍，学生每天都可以到这样一个适合阅读的地方静静地读自己喜欢的书。午间休息或下午放学等待家长来接的时候，很多学生都会走进阅览室静静地看书。

高段阅览室则更适合高年级的学生，这个阅览室准备了几张书桌和沙发，方便学生边阅读边做笔记。书架上陈设的主要是历史、地理等方面的书籍，配上国际化的文化建设，让这个高段阅览室更能吸引大孩子的注意。

25-2　低段阅览室

25-3　高段阅览室

（二）准备学生喜欢的书籍

我校的图书室，虽然占地面积不大，但是却准备了足量的学生阅读书籍，全校馆藏图书共 14 000 余册，人均 32 本，已经远远超过锦江区对于学校藏书的要求。图书室每天定时向学生开放，方便学生借阅。为了让图书更快速、有效地流动起来，满足学生的阅读需求，学校每学期会根据班级需求进行采购，然后直接全部借到班级，学生在班级就可以借阅。在阅读书籍的准备方面，学校也进行了大量的研究，首先参照亲近母语的阅读书目推荐，把好书带给学生。同时结合我校自己的研究成果，将阅读的推荐分为文学艺术类、自然科学类、历史哲学类三个大的类别，分别按照 50%、25%、25% 的比例，确定学生的必读书籍，从这些方面构建学生完整合理的知识结构。

学校还积极和优秀的阅读机构合作，争取更多的阅读资源。2016 年，学校与成都市图书馆建立了联系，为每一位老师建立了借阅卡，让老师们不仅可以免费借阅成都市图书馆的书，还成为成都市网上图书资源用户，可以免费使用知网、万方等国内权威资源，为老师的阅读提供了保障。

（三）班级书架藏书足量并适合阅读

尽管教室很少，但学校还是想尽办法，控制班级人数，落实小班教学的理念。在此基础上，给每个班级制作了书包柜和书架，班级的图书有了一个小小的家，教室内也多了一个学生都喜欢的小角落。

每学期，班级可以在学校图书室借走上个年级推荐阅读的书籍。并且学校还满足每个班级新增图书的需求，班主任和语文老师可以根据班级学生的情况，提出购买需求。学校会及时组织审阅购书单，一旦通过，在一周之内图书就会全部到位。这些措施的推行，既保证了班级有足够的图书，又保证了图书都是适合学生的，大大激发了学生的阅读兴趣。

25-4　班级图书架

（四）无处不在的“图书馆”

除了学校图书馆和班级图书架，学校还在一楼设置了一个“点点书屋”和一个“图书漂流站”。“点点书屋”定期按照不同的主题准备一些图书。而“图书漂流站”是每个毕业年级的班级，捐出一些书籍给学校，每一本书上都有毕业的大哥哥大姐姐的阅读寄语。学生拿到之后，看到哥哥姐姐的期许，更有阅读的兴趣愿望。在两个书架旁边，准备了舒适的沙发，这样学生在课间以及下午放学等家长时，还可以享受一段美妙的阅读时光。

25-5　点点书屋

25-6　漂流书吧

（五）“书香家庭”评选的激励

在学校的大厅，有一个柱子，我们的理念就是要让每一面墙壁，每个柱子都“说话”。走到这个大厅，就能看到柱子上的照片，这些都是学校每年评选出来的书香家庭。

在照片上，展示了书香家庭中，爸爸妈妈陪伴孩子阅读的照片，还有一句温馨的说明“× × × 的爸爸正陪伴孩子阅读《 × × × 》”。这里是孩子们经常会来的地方，也是家长走进校门就能看到的地方，看到这些家庭的爸爸妈妈陪伴孩子阅读的温馨画面，家长们会不由得受到感染，学生看到自己的同学、爸爸妈妈那么温馨的陪伴阅读，也都会跟爸爸妈妈说起这件事情。坚持几年下来，家庭的亲子阅读已经成为家长们的习惯和孩子们的需求，我们也成功地达到了请家长陪伴孩子开展亲子阅读的目的。

（六）人人展示阅读作品

学校的走廊上，每一个教室的外墙都有一块展板，这块展板是张贴学生作品的地方。寒暑假结束后，学生会交自己假期阅读的小报，全班所有学生的小报都会在这里展示，供学生互相学习和欣赏。学生阅读到的优秀书籍会被推荐，好的读书心得会被更多的同学阅读和学习。

25-7　阅读作品展

（七）阅读明星实时更新

我校有两个阅读统计的途径，一个是班级的阅读记载，一个是学校的阅读评选。

首先是班级的阅读记载。每个班级都有一张设计精美的阅读统计表。开学初，班主任老师就会将阅读统计表张贴在教室的墙壁上，呈现出班级的推荐阅读书目和每个学生的名字。学生根据班级阅读推荐，制订自己的阅读计划，按照计划可以在班级借阅书籍，也可以自己购买，每完成一本书的阅读，在老师处可领取一个自己喜欢的贴纸，贴在阅读统计表上相应的书籍下面。这样，学生们的阅读情况就会展示出来，很好地激发了他们的阅读兴趣，看到自己按计划完成了学期的阅读，每个学生也会感受到成功的喜悦。

其次是学校的阅读评选。我们会统计出学生当月阅读的数量和成果，在一楼大厅进行展示，榜样的力量自然地推动着全校的阅读。

（八）“三小建设”渗透家庭

学校的环境建设当然是最重要的，但是学生还有很大一部分的时间，是在家庭中生活，如果家庭没有这样的氛围，那也会抵消学校的影响。所以学校很早就开始把书香文化建设拓展到家庭之中，倡导“三小建设”。

“三小”即一间小书房、一张小书桌、一个小书架。书房不一定要独立的一间，但是需要给孩子一个小小的空间，让孩子可以在这里享受阅读。家长们接受学校的这个理念后，学校会进一步通过问卷调查、实地家访等方式，去督促家长做到这一点。几年下来，我校学生拥有这“三小”的比例，已经超过 90%。

（九）每个细节散发书香

学校的环境建设不仅需要从总体层面上进行构建，还需要从细处着手，才能真正形成自己独特的文化。我校的书香校园建设做到了每个细节都散发书香。

首先是班级的门牌。我校没有使用大家都在采用的制式门牌，而是独特设计了书籍形状的门牌，既与众不同，又凸显了学校的特色。

其次是楼道内装饰。每层楼的楼道内都有两幅画，展示书籍的封面，学生每次走过楼道，都能看到这些经久不衰的名作，自然会引起他们的阅读兴趣。

最后是学生的照片墙。每年秋季开学，在学校龙墙上，会展示出每个一年级学生的照片，表示学校对他们的欢迎。每年的春季开学，龙墙上会展示每个六年级学生的照片，表示学校对他们毕业的美好祝福。而这面墙壁前面，有一句醒目的话——带一本书去飞翔，更是学校对所有学生不变的期望——做一个爱阅读的人。

总之，学校十余年来都是以“书香育人”为理念，对于阅读环境的营造精益求精，已经走出来了一条独特的道路，让龙王庙正街小学这所精致的小学，处处散发了浓浓书香。

三、课程实施提品质

自2001年起，书香校园建设如何实现由量的积累到质的提升，成为学校研究的重点。学校将阅读课程不断推进和完善，目前已经形成了完备的课程体系。

（一）经典诵读

我校在充分认识经典诵读意义的基础上，自主编写了经典诵读教材。每天早上，学生在诵读中开始一天的学习。经过多年实践，学生在语文方面的能力已经证明了此项课程的成功。在经典诵读的课堂形态研究上，也同样有了成熟的研究。2012年，锦江区的经典诵读研讨活动在我校举行，学校老师执教经典诵读课，获得参会专家和老师的高度赞扬。

（二）午间倾听

我校在每天中午的休息时间，专门开设了倾听课程，学生静静地倾听别人的讲述。讲述内容的选择也很有讲究，选择中国民间文学或民俗文化来进行讲述，既培养学生的倾听能力，又提升其文化积累。

（三）长篇阅读

研究证明，学生要习得某种阅读方法，至少需要4—5倍于原文本的阅读，才有可能。所以学校专门在每周开设一节班级读书会，由老师带领，全班共读一本书，全班共品一本书，在阅读中积累和实践，最终形成学生的阅读能力。

（四）儿童哲学

儿童哲学课的教学，有利于学生核心素养的发展，弥补现行学科的不足，实现学校的育人目标。基于这些考虑，学校在 2016 年秋季开始推行儿童哲学课，一至六年级每学期围绕一个主题开展探究，以《写给孩子的哲学启蒙书》的话题为依据，并围绕话题，确定相应的哲学阅读书籍。每学期 3—4 课时，用原班级读书会时间进行。在人员安排上，以学校语文教师为班底，在探究到具体问题时，向数学等教师团队辐射。目前的儿童哲学课已经初具形态。

（五）综合课程

越是深入研究，越让我们深刻体会到阅读对于学生成长的不可替代的重要意义。对儿童阅读方式的深度理解，让我们认识到：阅读的价值还应体现在对学生学习方式的影响上。在原有成熟模式的基础上，我们着重进行了语文与其他学科的融合研究，书本阅读与生活阅读的融合研究，形成了“阅读·探究”的综合课程体系。

“阅读·探究”的综合课程目标是为学生铺设一条开放的更为广阔的学习途径，培养学生在阅读、实践中学习的习惯；培养学生在亲身实践中，综合运用学科知识解决问题的能力；倡导学生小组学习、合作学习的学习方式，培养学生合作完成学习的能力；培养学生从发现到思考，到寻证，到表达的逻辑思维。各年级主题与目标如下，每个主题均为全学期 8 个课时。

一年级：四季之歌。主要培养学生观察自然的能力，学生能够对大自然植物特点以及相关知识有一定的了解。让学生能够手脑并用，激发他们观察自然的兴趣，让学生在活动中感受到学习是一件快乐的事，形成自己的观察与思考。最后作品呈现为一份观察日记（记录、绘图、知识），现场呈现为学生种植的成果以及画作等。（综合语文、科学、美术学科。语文有植物单元主题；科学有春季种植；美术有线描画。）

二年级：美丽成都，我的家。通过学科资源与本土文化的整合，根据 12 个代表性的景点，一个景点做走进活动的全程安排，其他景点做阅读学习探究，学生在探寻每个景点、古迹的过程中运用、发展各学科能力，形成基本的“行万里路”的正确模式——行前准备、行中有心、行后收获。能够在实地的观察中，提取关键的代表性信息。最后作品呈现为一份手绘地图（景点代表物绘图；方位正确；景点描写）。现场呈现为成都小导游活动。（综合语文、数学、美术。语文有“清清的水”单元；数学有测量计算；美术有色彩绘画。）

三年级：自然食府。中华饮食源远流长，是中国传统文化的一个重要组成部分。我们身处的四川被誉为“天府之国”，因为这里有得天独厚的地理气候，有丰富的物产。而川菜经过启蒙、形成、发展、成熟等漫长的历史演变形成了源远流长的饮食文化历史。学生要了解川菜文化，最后作品呈现为一份营养菜谱（使用特产；制作方法；英语解读）。现场呈现为学生菜品制作的视频及现场解说。（综合语文、英语等。语文有特产单元；英语做川菜介绍。）

四年级：货币与理财。“金钱”是北师大版语文教材四年级上册第 10 单元的单元主题。本单元要求学生在掌握语文知识的同时，树立正确的金钱观，感知金钱包含的文化内涵和劳动价值，懂得以诚实的劳动换取金钱。学生的“知”必须转化为“行”，就需要学生亲身实践，所以这个综合课程就是要让学生知晓货币，懂得理财，最后作品呈现为一份家庭理财计划。现场呈现为有关理财的实际活动。（综合语文、数学、品德。语文有金钱综合实践活动；品德有财富内容；数学有计算与理财。）

五年级：大慈寺与太古里。成都市有一张新名片——大慈寺太古里。它坐落于最繁华的春熙路商业区。古朴的大慈寺内，暮鼓晨钟，僧人闲庭信步。大慈寺外的太古里，云集了国内外著名品牌和商家，时尚繁华。学生要实地走进这里，了解一个地方历史的变迁，懂得如何去考察和学习。最后作品呈现为一份考察报告。现场呈现为太古里雕塑的解说，含特色建筑、品牌元素的设计表演。（综合语文、信息。语文有“我们去旅行”综合实践；信息有资料收集。）

六年级：逐水而居。成都是水资源丰富的城市，都江堰是成都的一个水利奇迹，水对于人类文明的发展有着举足轻重的作用。通过此项课程的学习，学生要了解成都的水，更应该了解水对人类文明的影响。最后的作品呈现为一份论文。现场呈现为生态模型的展览。（综合语文、科学。语文有《索桥的故事》课文；科学有水资源的相关知识。）

（六）阅读活动

1. 引入“名家进校园”开展公益性阅读讲座

2009 年，黄月亮阅读推广中心承办“中国儿童阅读种子教师成都研习营”的活动，将阅读的种子播撒于社会。来自全国各地的教师、家长使 300 人的会议大厅座无虚席。这些阅读的先行者，将自己就阅读的理解给大家做了详细的解读，将自己的阅读实践给大家做了全面的分享。活动带动我校的老师开始重视阅读，并且找到了初步的方向。

2. 坚持每周一次的阅读研讨活动

黄月亮阅读推广中心坚持每周举行一次集中教研活动。每次的教研活动都会提前确定一个主题，活动的第一个环节是一位老师做专题发言，包括自己在这个主题下的阅读分享和实践经验；第二个环节就是大家讨论，因为在执行的过程中总会有一些疑惑，老师可以将自己的疑惑提出来，共同寻找解决的方法。这样每次一个主题，每次争取解决一个问题，久而久之，老师的阅读教学水平就得到了大幅度的提升。

3. 把研究的成果推广开去

黄月亮阅读推广中心的种子教师采取讲座、课堂教学、班级展示等方式，来把阅读教学的成果推广到全校，帮助更多的老师直接运用这些成熟的方法，从而带动了全校教师的成长与变化。

4. “云竹会客厅”带领家长奔向远方

2016 年 8 月，“云竹会客厅”邀请“亲近母语”课题组的刘颖老师给家长们做绘本阅读的专项讲座，刘颖老师给家长们解读了绘本的价值，介绍了优质的绘本，分享了自己绘本讲述的经验。这次讲座带给家长很大的触动，讲座结束之后的一个学期里，不断有家长向学校反馈自己的做法以及还存在的疑惑，学校也组织老师专门研究总结，给家长持续的指导。

2016 年 9 月，云竹会客厅邀请了二年级 1 班一位学生家长，分享自己和孩子的阅读生活。这位妈妈同时也是优贝阅读推广的一位成员，她结合自己的专业知识背景和陪伴孩子阅读的真实经历，给大家做了深度的交流。在座的家长，多数都互相熟悉，对她以及她的孩子都非常熟悉，所以这个就发生在身边的例子，带给家长极大震撼。

2016 年 10 月，云竹会客厅邀请了一位往届毕业生的妈妈作为主讲嘉宾，她的孩子从龙小毕业后进入七中育才，2015 年以优异的成绩毕业，进入高中后在班级名列前茅。然而这个孩子从没上过一天的培训班，只有阅读这个习惯坚持了十几年。这个真实的案例，也让参会家长受益匪浅。

25-8　云竹会客厅家校活动

当时，虽然云竹会客厅启动只有半年时间，但这三次活动已经在家长中引起了极大反响，使云竹会客厅成了具有绝对影响力的阅读与家庭教育的研究交流推广平台。社会、家庭、学校，因为阅读而走到了一起，因为阅读而与孩子结伴，与经典同行。教育的合力，其作用与影响不言而喻，已经开始引领家长奔向远方。

5. “读书节”激励学生走进阅读

每年的 4 月 23 日，学校都会隆重举行“读书节”活动。这一天，是全校学生的节日，在“阅读节”的活动中，老师会给学生推荐优秀的阅读书目。学生会通过讲述、表演的方式展示自己的阅读成果。学校会表彰优秀的阅读明星，将精心准备的奖状和奖品发给学生。

25-9　2017 年阅读节

6. 寒暑假的“读行活动”引领学生综合提升

我校已取消寒暑假的书面作业多年，取而代之的是寒假大阅读活动。在“读万卷书”板块中，老师会给学生推荐阅读书目，学生完成阅读之后，选择自己最喜欢的一本书，做成读书小报，在开学后进行展示。在“行万里路”板块中，学生会根据年段的不同，完成不同的任务，低段就是选择一处代表性的景点合影，并且用简单的文字进行介绍；中段就是做一份旅行的小报；高段就是制作一份旅行的规划，或者是旅行地点的考察报告。这样的作业已成为了学生最期待的作业。

7. 班级读书会让阅读活动一直都在进行

我校每周都有一节班级读书会，通过实践，逐渐形成了一个成体系的班级读书会组织方式。

低段：以诵读为阅读活动的主要形式。因为低段的学生识字不多，但是记忆力非常好，在这个阶段大量诵读经典，既能够增加学生的经典积累，又能够培养学生的语感。低段的老师们，在读书会的时候，会带领学生，采取多种方式进行诵读，还把国学经典排练成学生喜欢的节目，充分调动了学生的兴趣。

中段：以讲述为阅读活动的主要形式。中段的学生，已经达到了日常阅读的识字量，并且有了语感，就需要教师引导学生阅读整本书，而且阅读之后还要能够提取出关键信息、概括出主要内容。在这个能力要求的前提下，讲述就是最好的锻炼学生某些能力的形式。学生选择自己喜欢的故事，在充分阅读的基础上，准备提取主要信息、概括主要内容作为讲述的主线，再加上自己的理解和语言，最后展示自己与众不同的讲述。

高段：以辩论为阅读活动的主要形式。龙小的学生，因为一直都在阅读，已经积累了大量的阅读，所以到了高段，就需要有更多自己的思考。学生需要根据不同的主题或需求，筛选自己需要的信息，并且进行有效的整合，再针对别人的观点，提出自己的意见。辩论就是综合考量学生阅读量、倾听能力、信息提取能力、信息筛选能力、口语表达能力的最好形式。

在班级组织的前提下，学校每学期都会组织一次学生阅读系列活动。低段主要开展经典诵读表演活动，中段主要开展故事讲述活动，高段开展班级辩论赛活动。

这些年来，龙小人在书香校园建设的路上不辍前行，取得丰硕成果。通过书香校园建设，培养了老师研究阅读，指导阅读，开展阅读教学的能力；培养了学生多读书、读好书、爱读书的好习惯，拓宽了学生的视野，提升了学生的学习力；吸引了学生家长关注阅读，参与阅读，带领孩子共同阅读；辐射及影响了学区与社区，逐渐形成了浓厚的阅读氛围。学校在书香校园建设的过程中，也取得了一个可喜的成绩。

回望书香校园建设刚刚起步之时，一切无比艰难。学校既要面对来自外部的质疑，也要面对来自内部的师资薄弱、经验缺乏等问题。可贵的是学校得到了梅子涵老师、徐冬梅老师等专家的大力支持。梅子涵老师到学校亲自给老师讲课，多年来都还关心我校的儿童阅读。徐冬梅老师除了亲自给老师们讲课，还提供了很多在亲近母语学习进修的平台，学校先后派出多位老师参加亲近母语的培训，现在这些老师都已经成为我校推进儿童阅读研究的骨干力量。

培养龙小书香学子，是我们不懈的追求；让浓郁的书香浸润每个孩子浪漫的童年，是我们不变的梦想。在未来，我校还将把已经获得成功的思路和做法继续坚持和发扬，让书香校园的建设不断向前方延伸。

26. 让每一个生命自由舒展

——四川省成都市泡桐树小学

泡桐树小学（简称泡小）创建于1961年，前身为四川省委子弟校，原名育才小学，后改名为泡桐树小学。泡桐树小学坐落于支矶石街，毗邻宽窄巷子。学校以“和谐教育、自主发展、成人成才”为办学目标，致力于儿童主动、生动、活泼、自由、充分、全面、和谐的发展。以“让每一个生命自由舒展”作为学校的办学理念，追求学生的全面发展。学校提倡在科研课题中学习与实践，在科研状态下工作和探索，基本形成了“以学习为生存方式，以研究为职业方式，以循环为发展方式”的氛围。

2008年2月，“桐下读吧”悄然成立，至今已走过了10个年头。在“桐下读吧”的引领下，学生阅读、教师阅读、家长阅读，已基本形成教师、学生、家长三方螺旋上升的“桐下读吧互动共长阅读场”，几年来上万人被吸引到阅读场。

一、制度建设——用制度为阅读开展保驾护航

（一）指导思想

《泡桐树小学五年发展规划》中“项目推动”提出工作方针，要“开发和完善桐下读吧、谐动课堂等新的特色项目，实现学校特色化品牌发展”，最终实现学校整体书香氛围的建设。

（二）阅读目标

1. 培养学生稳固的阅读兴趣，使其能在浓郁的书香氛围中找到属于自己的阅读天地，为自己的童年生活增添一笔书香色彩。

2. 通过阅读推广工作，提升全校教师的阅读素养，加强教师对阅读的重视，促使教师思考教学工作的新思路，进一步探索适合自身及学生的教育教学改革。

3. 继续带动家长参与阅读，以自身阅读影响孩子阅读，建立书香家庭。

（三）制度保障

阅读推广工作要想深耕细作，制度建设是整体推进的基本保障。学校针对全校所有老师的《阅读推广奖励方案》，针对语文老师的《阅读推广积分细则》，以及针对班级的“静心阅读”“班级图书角”“阅读记录本”“阅读课”等一系列阅读推广制度的相继落实，让阅读推广工作从一开始就得到了制度性保障。

（四）阅读对外宣传阵地拓展

1. 设置桐下读吧专题网站

为更好地推广阅读，学校网站开辟出专题板块——桐下读吧。桐下读吧是学校阅读推广的窗口，报道我校阅读活动开展情况、班级阅读新闻、教师阅读感言等。

2. 桐下读吧教师 QQ 群、家长 QQ 群

桐下读吧是学校阅读推广阵地，不仅有桐下读吧网站，还有相应的教师 QQ 群、家长 QQ 群。两大 QQ 群主要进行日常的阅读交流、育儿讨论等。

3. 线上阅读评价系统

为了让阅读变得精细量化，学校引入专业阅读平台——攀登阅读平台。平台供学生选择书籍，将选好的书籍放入个人账号的书架里。学生在线下阅读纸质书籍，阅读完毕后回到线上进行相应的阅读反馈。一本书通常设置五个问题，从信息提取、理解、自我评价等角度对学生的阅读进行测评，利用大数据分析学生阅读兴趣、阅读的能力指向。学生完成测评后获得相应的积分，并通过班级积分排名、年级积分排名和学校积分排名鼓励学生阅读。

二、阅读推广氛围营造——我想象的天堂将如图书馆一般

营造书香氛围就是提供有营养的土壤。泡泡书吧，童趣、自由；教师书吧，舒适、独立；班级图书角，亲切、个性；班级书香文化，缤纷、真实；“桐下读吧”专题阅读网站，专业、丰富。

（一）泡泡书吧

泡泡书吧是学校学生书吧，书吧位于逸夫楼二楼。书吧设计以儿童视角为出发点，书籍的摆放设置均参照儿童的视角来设置，学生取书方便自如。书吧以充满活力的绿色调为主，学生在书吧中可坐、可躺、可倚，随手拿上一本书，尽享阅读带来的美好感觉。此外，为更好地促进学校图书交流与借阅，营造良好的学习氛围，丰富学生的业余文化生活，提升全校学生的整体文化素养，学生书吧还面向全体同学开放。书吧每周一至周五开放，学生凭借个人借阅卡利用午休时间自行前往书吧借阅。

26-1　舒适、童趣的学生书吧（1）

26-2　舒适、童趣的学生书吧（2）

（二）班级图书角

学校开设有学生书吧，每个班也设有班级图书角。各班级根据自身情况，利用各种资源，配置本班的图书角。每个班设置一至三名图书管理员，负责班级图书的借阅登记及归还登记。目前，班级图书角已达到每班平均 117 本的藏书量。

（三）漂流书屋

为更好地开展整本书阅读，学校专门设置漂流书屋，为每个年级配置 8—16 套可以供整班阅读的书籍，每套书籍 60 本左右，共计 5 760 本左右。低段的书籍如《没头脑和不高兴》《笨狼的故事》《了不起的狐狸爸爸》《木偶奇遇记》等。中段的书籍如《亲爱的汉修先生》《苹果树上的外婆》《时代广场的蟋蟀》《夏洛的网》等。高段的书籍如《天蓝色的彼岸》《毛毛》《城南旧事》《不老泉》等。班级共读完一本书后，与本年级的其他班级互换。一学期至少可以漂流 4 本书。

（四）校园图书角

学校利用各楼层角落，打造适合全校学生随时翻阅的图书角。在学校进门处，在各楼层转角处，均设有图书角。学生课间路过时、中午休息时或是放学后走至某一个楼层转角时，都可以随手拿起一本书阅读。图书角的书籍一部分为书吧精心挑选的书籍，一部分为学生自发拿到学校交流阅读的书籍。在这样的环境下，学校向学生传达着书是生活中必不可少的一部分的理念。此外，学校的每一面墙也在无声地向学生们传递着阅读的信息。学生在图书角阅读书籍，抬头便可见分布于各楼体墙面上老师和学生们推荐的书籍。

（五）教师书吧

为更好地推动教师阅读，学校还专门设立了教师书吧。书吧每学期都会新增书籍，书籍内容涵盖哲学、历史、文学、学科教育、家庭教育等各个方面，如《中国哲学简史》《万历十五年》《魏晋南北朝讲演录》《丝绸之路》《中国古典文心》《正面教育》等。教师可在书吧阅览，也可凭借教师个人借阅卡借阅。

截至 2018 年，学校藏书共达 66 569 册，且以每年 2% 的速度递增。

三、阅读课程——多元课程促进全面发展

学校的阅读课程分为三部分：学生阅读、教师阅读及家长阅读。

（一）学生阅读——学校，一段美好的旅程

我们所有的行动和想象都是“为你千千万万遍”。学校将因“阅读”而成为学生生命中一段美好的旅程。

1. 大力开展学科阅读课程，培养学生的阅读能力

自 2011 年起，学校尝试在保质保量的基础上，大力加入学科阅读的课程，以便有效落实基于国家课程标准又高于国家课程标准的核心素养的培养。具体来说，学科周课时数分解为国家课程课时和校本课程课时。这也是从源头上有针对性地开设“精品”课程，从供给内容上，增质保量。具体安排如下：

（1）语文 5+2

将原来周课时为 7 课时的语文，整合到 5 课时完成，此外每周开设 1 节国学课程，以及 1 节亲近母语课程。低段的绘本阅读主要采用适合低段儿童心智特征的“读写绘”+ 绘本剧表演的教学方式；中高段的童书阅读主要以共读、共议、共写的教学方式开展。几年下来，已经形成一至六年级庞大的阅读课资源包，如一年级上学期就有 92 本，拿来即可上课教学。

从学校现行课时安排来看，一学期至少有 100 多节语文课，一册教材内容只有 20 多篇主体课文，平均每学期的识字量 300 多字。但目前语文教学存在千篇一律的现象：读字解词、理解文义、总结中心思想等，耗时多，效率却不高。北师大版小学语文教材按单元主题编排，每一个单元都有不同的风格，于是我校开展单元整合教学，每个单元以“3+2+1”的课时安排一个单元的教学，具体为：3 节主体课文，2 节读写结合（或习作课），1 节效果检测。教学效率提高后，语文周课时整合为 5 课时完成。多出的 2 节课，每周开设 1 节国学课程，1 节亲近母语课程，把经典带给学生，给学生足够的文学营养，让学生享受课内阅读的美好，提高学生的学科素养。

（2）数学 4+1

将原来周课时为 5 课时的数学，整合到 4 课时完成，每周增设 1 节数学思维训练课程。

北师大版数学教材在每个学段均安排了数与代数、空间与图形、统计与概率、实践与综合运用这四个领域的学习内容。尽管每个学段这些内容有所差别，但是学习路径是相同的。我校数学组研究出“三看两问一反思”的课堂范式，让学生在已有知识和经验的基础上先看书自学，明白学习内容、学习重点，提出问题，课堂上围绕问题展开讨论，培养学生的探索精神和自主学习能力。提高课堂效率后，数学周课时整合为 4 课时完成。节约出的 1 节作为思维训练课，阅读相应数学书籍，进行数学文化的补充，莫比乌斯带、杨辉三角、比例美的应用……各种数学游戏丰富了学生的视角，使学生感受到了数学魅力，激发了他们的学习兴趣。

（3）英语 3+1

每学期英语课程分为六个单元，每个单元有故事教学课、单词教学课、句型教学课、练习巩固课、语音教学课和拓展阅读课。这几大课型都围绕单元主题进行理解、操练、拓展运用。老师深度解读教材，整合内容，优化结构，提高效率，原来每周 4 课时的教学内容高效地压缩到 3 个课时完成，挤出的一节课时间开设外教口语课程，在口语课上进行相关的英语阅读。

在其他学科的课程设置上，我们也在国家课程的基础上，结合各学科特点，加入相应的阅读课程，拓展各个学科课程的深度和广度，满足学生学习与发展的多样性需求。比如美术课程，加入了美术史阅读课程；体育加入了体育比赛规则阅读课程等。

2. 开展每日诵读课程

每日诵读课程分为晨读课程、午修课程及暮读课程。

（1）晨读课程

晨读课程时间为周一至周五早上 8：30—8：50，学生在这一时间段内诵读本班的阅读材料，使用得最多的是坚持了 8 年之久的《日有所诵》。学生每天反复诵读一个单元，在老师的带领下对本单元的诵读材料进行解读、仿写。也有班级诵读国学教材。

（2）午修课程

每周一中午全校静心阅读，学生在班级图书角借阅书籍自主阅读。阅读期间不交流不离座位。这一期间，学校有专人负责巡查各班静心阅读的开展情况。

26-3　静谧的午修时光（1）

26-4　静谧的午修时光（2）

（3）暮读课程

每天20分钟家庭阅读，主要以自主阅读、精简记录、亲子共读为主。各班的阅读记录本借鉴国外的阅读单，摆脱以往单纯识记摘抄的模式，结合国际阅读素养进展研究项目阅读理解评量体系，从不同的维度训练学生的阅读力。学校会对各班的特色阅读记录本进行展示，鼓励班级之间相互借鉴、相互补充。

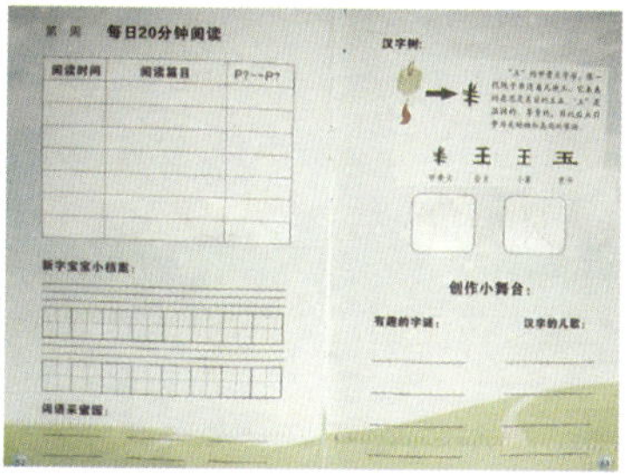

26-5　各色阅读记录本（1）

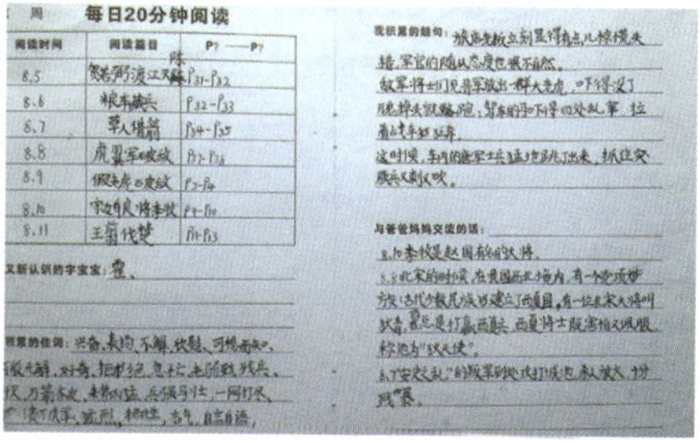

26-6　各色阅读记录本（2）

3. 两周一次进泡泡书吧阅读

我们要的就是坐拥书城、彻底自由、忘乎所以，身体的自由才会带来心灵的自由。

4. 国学阅读课程

大力推动文言文阅读。班级每周开设一节国学课，根据学生年段特点进行相应内容的学习。各班级依据自身情况，或是由语文老师讲解，或是聘请校外专职国学老师讲解，或是借助家长资源，由家长讲解。

此外，学校设立专职国学阅读推广人；引进北京育灵童《国学》教材；承办全国国学经典教学观摩大会；每天中午午餐时段，进行《家有国学》广播；积极参加“中华经典诵读知识”竞赛等。

5. 特色阅读课程

每周五下午是学校“魔方课程”时间，“魔方课程”是我校依据多元智能理论及学生发展核心素养观点，结合未来社会对人才的需求，在语言、艺体及自然科学三大类的基础上，将课程分为的六大学苑：文学苑、艺术学苑、外国语学苑、体育学苑、自然和社会科学学苑、未来学苑。“古代文学作品选读”“汉字国学特色班”“在农历的天空下——二十四节气”等课程极大地拓展了学生的阅读视野。

6. 教师个人阅读课程

老师们结合自身特点及班级学生特点，开发出独具特色的个人阅读课程。如易佳老师的“二战”主题阅读课程、王艳阳老师的“艳阳天故事家族”、周末小组读书会、“绘本与习作”实践课程等。自从成为亲近母语基地校之后，语文组的阅读推广工作最突出的变化是结合亲近母语开展工作，分为儿童诵读组、图画书阅读组、整本书阅读组、儿童写作组及主题阅读组。

7. 儿童阅读的学科整合

不同学科之间的融合，带给我们许多惊喜。数学组将数学书籍、数学绘本与阅读课结合起来。计算机组将绘本与上机操作结合起来，形成各式各样的电子小报、电子书签。美术组将绘本与美术教学相结合，继续进行“讲绘本、画绘本”这一课题的开发。学校将中医文化引入校园，在操场角落修建泡小中医文化馆，带领学生从中医药材的识别、性质等方面了解中医文化，实现跨学科融合。

8. 阅读行走课程

阅读不仅发生在教室、学校，还延伸到更广阔的空间。学校与杜甫草堂合作，参加杜甫草堂校园诗歌小使者等活动；与四川省博物馆、成都市博物馆、金沙遗址博物馆等成都大型博物馆合作，将课堂延伸至更广阔的时空。

（二）教师阅读——一朵云推动另一朵云

教师阅读，就是一朵云推动另一朵云，一个灵魂唤醒另一个灵魂。教师的阅读素养直接影响学生的阅读质量和学校的品位。

1. 教师共读

教师共读主要分为两部分进行。一是学校教师整本书共读，共读的范围包括哲学经典类、文学类、教育专业类、童书等。桐下读吧每月推荐一本书，老师们阅读完一本书后自愿完成读后感，以领取下月的共读书籍。2012 年 3 月，“桐下读吧教师读书会”成立，截至 2018 年 12 月，共有成员 108 人，以每月共读一本书的速度递进，已经共读完生命感悟类（《生命沉思录》《一问一世界》等）、教育专业类（《教师阅读地图》等）、经典童书类（《毛毛》《草房子》等），共计 36 本，近 80 万字的共读感言无声地见证着老师们的内心逐渐丰盈。2014 年 3 月 4 日的《教育导报》专版推介我校教师读书会。

二是每学期的学科组专业书籍共读。期初时，各学科组组长带领组员依据本专业教学需要，选择一本书作为本学期专业共读书籍；期末时以团队汇报的形式介绍本学期专业书籍的阅读情况。自 2012 来，学校教师共读专业书籍上百本，包括《汉字书法之美》《在唐诗里孤独漫步》《数理化通俗演义》《Scratch 少儿趣味编程》《我的阿勒泰》《儿童绘画心理学》等书籍。教师们的专业素养也在这一次次的阅读、一次次的汇报中得以提升。

2. 教师个性阅读——教师荐书

阅读是一件个性化的事情，除了阅读本专业书籍，教师还需要阅读跨学科的书籍，从不同的角度拓展自己的知识面，才能为学生带来更广阔的视野。自 2017 年 3 月开始，学校开展教师荐书活动。每周，老师们自行推荐喜欢的书籍，标明作者、出版社，推荐理由及书中的经典。一年半的时间里，上至学校领导，下至一线老师，踊跃推荐自己喜欢的书籍，推荐范围涉及亲子、旅游、茶道、哲学、历史、小说、传记、人文等内容，《腾讯传》《中国文脉》《茶之路》《未来简史》《科学的旅程》《魏晋南北朝讲演录》《史记》《五千年犹太史》这些书籍无声地告诉大家，老师们的阅读视野也可以如此广阔。

3. 阅读师资培训

学校重视对教师的阅读培训。自 2008 年以来，亲近母语举办的各类大型活动学校均派遣老师参加，至今，已有 72 人次接受阅读种子教师的培训。2013 年 7 月，徐健顺教授来到成都市青羊区，开展历时四天的吟诵初级班课程。学校数名老师放弃假期休息，主动参加此次培训。8 月，亲近母语第七期儿童阅读种子教师研习营在我校隆重召开，全体语文老师均参与此次活动。2014 年 8 月，薛瑞萍老师“云之门”工作坊活动在我校举行，学校老师积极参与，收获颇丰。此外，学校邀请多位专家学者来校，为老师们带来了更多的精神食粮，著名儿童文学家曹文轩老师、著名阅读推广人阿简老师、《教育正能量》作者马欣老师、《中国最美语文》作者夏昆老师、心平公益基金会秘书长伍松老师等先后来到我校，带来了不一样的阅读体验。

26-7　专家讲座（1）

26-8　专家讲座（2）

26-9　专家讲座（3）

（三）家长阅读——成就自己，是最好的家庭教育

家长阅读，最根本的源头是自我完善的需要。成就自己，才是最好的家庭教育。家长阅读分为家长沙龙、家长讲坛、家长荐书等。

家长沙龙为桐下读吧家长读书会自发组织的阅读沙龙，包括线上和线下两部分，涵盖育儿、亲子共读、教育、哲学、历史等范畴。每期一个主题，迄今为止，已成功举办了近 30 期。《绽放的文化》《如何指导孩子阅读历史类书籍——源于历史的批判思维》《历史好好玩》《致将逝去的记忆——中国传统文化变迁回顾》等家长沙龙将家长的阅读与亲子教育结合在一起。

26-10　家长沙龙

家长讲坛为家长利用自身资源，为班级、学校带来的讲座，内容不一，题材自选。家长或为班级学生阅读一个好玩的绘本，或是结合某一本书、某一类书为学生带来课堂以外的世界，或是结合自身的阅读体验，为学校老师们带来更多的阅读体验。如二年级谢晓卓希妈妈结合自己的旅游见闻，为学校老师带来题为“不在旅行中阅读，就在阅读中旅行”的讲座。五年级 7 班朱起爸爸常年在外旅行，为全校老师带来《最美的风景在路上》的讲座。

家长荐书活动自 2017 年开始，家长们根据自己阅读所得，将心仪的书籍推荐出来，由学校微信公众号发布。在近一年半的时间里，

26-11　家长讲坛（1）

26-12　家长讲坛（2）

家长们推荐了《人是如何学习的》《罗马帝国衰亡史》《愿你过上我从未看见与理解的生活》等书籍，家长荐书与亲子共读征文交替发布，与学生荐书、教师荐书相互呼应。

四、阅读活动——打开阅读一扇窗

每学期，学校开展各具特色的阅读活动，通过丰富多彩的阅读活动为学生的阅读打开一扇窗——一扇了解多彩世界的窗户。

（一）学校大型活动

学校常规的阅读活动大致分为三项：每年一次的阅读日活动；每学期一次的作家进校园读书活动；每月一次的整本书共读活动。此外，学校还和其他机构合作，不定期举办或参与其他的阅读活动，参加了由四川省文化厅及四川日报社联合举办的“书香四川 2017 年现代阅读服务月”活动。

学期大型阅读活动包括寻找一本最爱的书、快乐书市、作家进校园、泡小阅读日等活动。

1. 寻找一本最爱的书

为更好地打造学校阅读氛围，学校开展了“寻找一本最爱的书”活动。全校师生共同参与，每个人选一本最爱的书推荐给全校师生，注明书名、作者、出版社、推荐理由。各班推选出最受欢迎的书推荐，利用学校教室外墙、楼道等地方进行展览。

26-13 寻找一本最爱的书

2. 快乐书市

为更好地促进学生之间书籍的流通，学校在六一的时候开展“快乐书市”活动，将自己看过的旧书拿出来义卖，所得钱款作为公益款捐赠给中国儿童基金会。学生在这样的活动中既交流了书籍，又收获了一颗做公益的善心。

26-14 快乐书市

3. 作家进校园

自 2015 年开始，学校开始与新华文轩合作，邀请作家进校园，用作家的影响带动更多的学生爱上阅读。学校先后邀请了曹文轩、汤素兰、沈石溪、殷健灵、黑鹤、管家琪等 9 位知名作家，在蓝色校园里掀起了一场场阅读的热潮。

26-15　作家进校园（1）

26-16　作家进校园（2）

4. 泡小阅读日

每年 4 月 23 日为世界阅读日。为更好地推动学校阅读活动，营造书香校园文化，让每个泡泡娃都能享受书籍带来的乐趣，陈杰校长提出在我校开展阅读日的读书活动。每年的阅读日当天，不读教科书，只开展阅读活动。在这一天中，学生忘掉课本，尽情畅游在书海中。学校通过这样的方式让每位小泡泡们感受到被书香熏陶的美好，让每年的阅读日都成为大家在泡小难忘的回忆。在阅读日当天，每节课由这节课上课老师组织开展学科组的阅读活动。活动形式不限，可以进行静心阅读、故事分享、好书推荐、好书互换、快乐书市、课本剧表演、班级共读、知识竞答、诗词大会、成语大会、朗读会，也可以邀请家长进校园开展阅读活动。活动内容最好与本学科内容契合。活动地点不限，根据阅读活动的需要选择场地，可以在班级进行，也可以选择书吧或是操场等。

26-17　泡小阅读日（1）

26-18　泡小阅读日（2）

26-19　泡小阅读日（3）

（二）学科组阅读活动

每学期，各学科组结合本学科特色，开展各种各样的阅读活动。语文组开展“走近杜甫”“走近成语　亲近母语”“汉字听写大赛”“诗词大会”等活动，数学组开展数学书籍共读活动，英语组开展英语绘本定制等活动，美术组开展了“绘童心　写童年”绘本设计活动等。

（三）班级阅读活动

各班级的阅读活动每天都在进行，故事妈妈讲故事、戏剧表演、好书推荐、成语大赛、新闻播报、国学诵读、国旗下的诗词诵读等活动丰富着小泡泡们的精神世界。班级的阅读活动还走出校园，融入社区与城市的阅读活动中。泡泡娃们走进成都电视台演播厅读《诗经》，获得一致好评。泡泡娃还走进四川省图书馆，在世界读书日这天朗诵《少年中国说》。

2008 年，学校开始进行阅读推广，时至今日，已有十个年头。回顾以往，这十年里扎实走来，步步推进，学校借着书香的浸润正在逐步改变。

由于阅读工作的扎实开展，学校经常在各区市做阅读工作推广，

并作为成都市首届“十佳书香班级”获得者参与了成都市阅读公益广

26-20　行走课堂之浣花溪

告的拍摄，让每一个行走在大街小巷的人也能见识学校的阅读风采。此外，我校的阅读推广实践得到国内著名阅读专业机构的认可，相继成为北京师范大学育灵童教育研究院“国学经典教育实验基地”、成都市教育局“国学经典诵读示范学校”、“亲近母语”项目实验基地学校、杜甫草堂校园诗歌使者示范基地。学校曾荣获“成都市教师读书活动先进集体”荣誉称号。学校的阅读推广工作及阅读活动也受到社会高度关注，先后被《成都晚报》《天府早报》《家校周刊》《教育导报》、四川在线、四川教育网、搜狐、腾讯等多家媒体报道。

一个人要读多少好书，才能被自由照亮？一个人要用多少经典书籍喂养，才能成为独立的人？我校将在阅读推广的路上继续前行，让每一个生命自由舒展。

27. 在童年颤动的地方，一定是满园书香

——山西省运城市蔡村中心校

蔡村中心校（简称中心校），山西省运城市稷山县最为偏远的一所农村中心校，所辖 9 所农村小学，1 410 名学生，半数以上为留守儿童；149 名教师，平均年龄 45 岁，老龄化问题较为严重，教学观念滞后。这样原始落后的教育生态急需改变。然而改变一定需要一种理念的支持，一定需要一种力量的支撑。

几年来，中心校一直坚持“让书香成为孩子们童年的记忆”这一理念，用推广儿童阅读的教育情怀，致力于改变落后的乡村教育生态。于是，优化校园书香环境，四次调整阅读方案，组建阅读团队，培养种子教师，研发与实施儿童阅读课程，开发阅读课型，举行丰富多彩的阅读活动。从开始推进儿童阅读课程的研发与实施，逐步形成“2+3+1”的阅读课程体系，在区域内整体推进书香校园建设，实现农村教育的新样态等方面，取得了一定的教学成果。

2016 年 4 月，南京，在由中国教育新闻网、亲近母语等五家单位

联袂举办的第十二届“阅读改变中国儿童阅读论坛暨年度书香校园颁奖仪式”上，凭借系统科学的阅读课程体系和丰富多彩的阅读实践活动，稷山县蔡村中心校作为五所学校里唯一一所乡村学校，荣获“全国书香校园”的称号。尽管在一开始的时候，我们的初衷并不在此，但一次又一次的荣誉的确给了我们向前走，不停下的勇气与力量！

一、我们为什么要出发

总得有人去擦亮星星，因为它看起来灰蒙蒙！无论走多远，我们都不会忘记，为什么出发！

（一）儿童的需求——教育使命之从儿童本位出发

从乡村儿童的起点出发，从儿童本位出发，给孩子们童年最真实的阅读记忆和一片蔚然的绿意。于是，浪漫与童话，每天总会发生在孩子的身上。儿童是需要阅读儿童文学的，让孩子在童年时代接受儿童文学的熏陶，在自我的认知中培养美好而坚忍的生命，是每一位教育人应有的教育情怀与使命！

（二）乡村的需求——教育情怀之用阅读改变落后的教育生态

2013 年，稷山县教科局先后部署实施“创建书香校园”的战略性教育计划，要求全县中小学优化校园阅读环境，全力创建书香校园；要求孩子们在小学阶段的阅读量必须在 600 万字以上，达到一个海量的积累。

改变贫瘠落后的乡村教育生态，我们想用一种守望乡村教育的情怀，让那些乡村里的孩子享受一场真正的教育，让他们“身在乡野，心在世界”。这种教育应该是富有诗意的，即便是在乡野里，也有着一丝灵动。于是，从 2013 年起，用阅读改变乡村的教育生态，在一个区域内的9所小学推广儿童阅读，让孩子们在书香世界里听到花开的声音，我们走在了路上。

二、我们的整体目标

为了使儿童阅读更具有实效性，全面提升孩子们的阅读量，提高儿童的听说读写能力，我们开始研发与实施儿童阅读课程，其主要目标有：

（一）推进课改：以阅读课程化的姿态推进语文的课程改革。

（二）优化课程：设置阅读课程，制订分级阅读书目，优化儿童阅读资源。

（三）拓宽视野：拓宽学生的阅读视野，完成相应的阅读量，丰富学生的精神成长。

（四）激发兴趣：保障阅读时间，激发学生的阅读兴趣，培养学生终身阅读的好习惯。

（五）提升写作：让阅读课程与儿童写作相结合，让孩子们“我手写我心”，有读、有感、有思、有写。

三、阅读环境的建设，让校园处处弥漫着书香

书香文化作为校园文化建构的重要组成部分，我们加大了硬件投资力度，着力创建校园读书环境。9所小学为孩子们购置了大量校园读书凳、读书椅，错落有致，相映成趣。大李小学为孩子们搭建了一条木质读书长廊，藤蔓缠绕，蔚然成秀，别有意境。东柏小学为孩子们创建了16面活动绘本墙，16面墙，16本绘本，定期更新，更是别具一格。从2014年12月起，我们投资上百万元，先后建成五所乡村绘本馆，并设“说来听听”讲台。讲台让孩子们每天晚上读书之后，分享自己读来的故事，达到阅读的产出性目的。此外，中心校9所小

学共有 62 间教室，每一间教室都添置了图书柜，建立室内读书角，室内图书实行漂流。目前为止，这些室内读书柜图书资源丰富，并建立阅读评价墙，“我爱阅读”借阅登记册和读书记录卡，62 间教室相当于 62 个微型图书馆，是孩子们闲暇时间最乐意去的地方。2015 年 4 月，在南京参加亲近母语第十一届“中国儿童阅读论坛”，阅读理念的提升让我们有了很多想法。同年 5 月，我们创办了自己的校刊——《荧光闪闪》。校刊每月一期，刊登好的读书方法、读书成果、书目推荐，交流读书感受，发表学生作品，成为中心校阅读教学成果展示的主要阵地，也为孩子们提供了习作的空间，搭建了自我展示的平台。

27-1　读书长廊

27-2　绘本墙

27-3　绘本馆

27-4　“说来听听”讲台

27-5　班级图书角

四、阅读方案的修正，阅读课型的梯度探索

读什么样的书，如何摆脱浅层阅读的束缚，如何更有效地推进儿童阅读？这些成了我们一直深入思考的问题。几年来，经过多次外出学习，甚至是在往返的列车上直至深夜里的研讨，我们学一点，做一点，边走边思考，边走边探索，想过无数次，试过无数次，也改变过无数次。

（一）阅读方案的四次修改

一路走来，中心校的阅读方案经历了四次修改。一开始，只是要求简单的“晨诵、午读、暮享”，几乎没有阅读课程化的理念。渐渐地，开始有了图画书课程和整本书课程（相配套的课型较为单一）。此外，利用学生的晨诵时间，我们还设置了诵读课程（以县编教材《经典诵读》与亲近母语《日有所诵》为主材料，当时仅限于熟读成诵课型）。随着阅读课型的不断开发与完善，中心校再一次调整阅读方案，开始有了辅助课程的三大阅读积累本——“书香里的记忆”“花香里的幸福”和“我手写我心”。为了能够让孩子们有充足的阅读时间，中心校又研发与实施了主题阅读课程。

（二）阅读课型的梯度探索与开发

很难想象，从 2013 年开始用语文课堂的设计理念去设计所有阅读课型的不成熟，而我们恰恰又是从这里起步的。不断地外出学习，不断地教研与探索，中心校的阅读课型经历了一个梯度探索与开发的过程。2014 年，在柳州文惠小学参加“亲近母语——点灯人大学”图画书工作坊学习后，学校以图画书讲述课为基础，渐渐实施了图画书阅读课。为了能够提升学生的写作能力，结合图画书阅读课，团队人员又自主研发出图画书写作课。在这三大课型的基础上，结合主题阅读理念，我们又尝试探索出主题图画书读写联动课型。

在实施图画书课程的同时，中心校又开始推出整本书的班级读书

交流会课型。2014 年 5 月，参加“亲近母语”整本书阅读活动后，阅读团队人员完善了班级读书交流会，使之进一步成熟，并在此基础上研发出整本书阅读推进课和整本书导读课。

2013 年，在日有所诵起步的时候，教师仅限于让学生大声地朗读。参加 2014 年第十届中国儿童阅读论坛之后，中心校通过不断探索，有了童诗童谣课型。之后，团队人员不断地探索，通过在县域内几次阅读现场会的推进及课例的展示，开发诞生了熟读成诵、单元通讲等课型。2015 年 5 月，进入主题阅读课程研究领域后，从以文带文课型入手，在此基础上，逐渐研发出了单元导读、读写联动课型。

五、阅读课程的开发与实施——“2+3+1”阅读课程体系的建构

从儿童的本位出发，以母语抵达，实现经典、多样、主题与内容符合不同年龄阶段的儿童的理解力和情感发展需求，具有经典性、主题丰富、儿童分级阅读的特征要求。

（一）课程内容概述

中心校儿童阅读课程的研发与实施涵盖日有所诵（诵读课程）、图画书阅读、整本书阅读、主题阅读四大阅读课程，在每一课程下面附属有多元化、多样性的阅读课型。我们致力于阅读课程的建设与阅读课型的开发，不断完善，建构“2+3+1”阅读课程体系，以此推进儿童的深层次阅读。

（二）课程实施时间和方式

1. 实施时间

晨诵：保障每周三节晨诵课（英语晨读占用两个课时），清晨的 8：00—8：20。

午读：每天中午半个小时的师生共读时间，为每一周的整本书课程做好提前量。

暮享：下午放学后，孩子们和家长半个小时的亲子共读，为每天的好书推荐做准备。

在晨诵、午读、暮享时间保障的基础上，从每周的语文课程中择取两课时，实施整本书阅读课程与图画书（绘本）阅读课程以及主题阅读课程。一、二年级一周两课时的图画书教学，旨在让学生“读进来，讲出去”；三至六年级一周一课时的图画书教学和一课时的整本书教学，学生完成阅读交流单和“我手写我心”小练笔，旨在提升学生的听说读写能力。

2. 实施方式

利用多元化、多维度的课型，通过教师讲述、学生讲述、师生的互动阅读交流、组织延伸活动等方式进行。

（三）“2+3+1”课程体系的建构

1. 2 节课时内的阅读课

所谓“2”，即精简语文课时，占用两节作为阅读课，图画书、整本书阅读课各一节。

图画书课程：在图画书教学“六字”方针和图画书讲述五要素的基础之上，我们从不同维度思考，研发出了图画书阅读课、图画书讲述课、图画书读写绘、图画书写作课以及主题图画书读写联动课等丰富多彩的课型。

整本书课程：在学生每日午读、暮享的基础上，教师每周与学生进行一课时的整本书课程，重在文本解读，实现阅读由“量的积累”到“质的突破”，其中包括整本书导读课、整本书阅读推进课以及班级读书交流会三大阅读课型。

2. 3 节课时外的晨诵课

所谓的“3”，指的是每周保障 3 节日有所诵课程。

日有所诵课程：将儿童的诵读理念与诗教的核心融为一体，通过引导孩子不间断的诵读，培养孩子的诗性，养成孩子温柔敦厚的性格，滋养孩子的性情。我们研发而生成童诗童谣、单元通讲、熟读成诵等诸多课型。

3. “主题阅读”式的综合性课程开发

所谓“1”，其实是整合课程，也可以理解为“X”，充分利用综合实践课，立足教材，拓展延伸，关注文化内生，实现课程再造，达成课程整合、系统突破的目的。我们将语文教材单元统整，依据乡土特色、传统文化等，开发实施主题阅读课程系列。其中包括后稷课程、农耕文化课程、二十四节气课程、泥塑课程、剪纸课程、花鼓课程、传统节日图画书课程、西游课程、三国课程，等等，实现学校发展的新样态，办有人性、有温度、有故事、有美感的乡村教育。

27-6　学校阅读课程体系图

六、阅读团队的组建，关注种子教师的成长

一是推进校长、教师读书。制订校长读书计划，购置大量的专业书籍，定期召开校长读书交流会，交流读书体会。各校紧接着为教师购置图书，并制订了本校教师的读书计划，举行了一系列的教师读书活动，如教师读书微讲座、教师读书沙龙、教师读书知识竞赛，等等。

二是“走出去，请进来”引领校长、教师学习。从最初的 3 人，到 7 人，到 9 人，到 16 人，到几十人，外出学习的人数不断地增多。从广西柳州，到南京，到西安，到太原，老师们走过了很多的地方，学到了许多的儿童阅读理念和做法。几年下来，老师们的阅读教学素养在不知不觉中得以提升。

三是组建阅读团队，培养种子教师。2015 年 8 月，组建“烛之光”阅读团队。团队分诵读组、图画书组和整本书组。通过做示范课，传播新的阅读理念，组织阅读活动，进行课题研究及阅读教研，以团队的力量引领其他教师，达到推动整体的效果。近年来，这些种子教师关于阅读课程建设、阅读实践活动方面的文章多次发表于“运城教育”“亲近母语”官方网络平台。许多教师在省市县做四大课程示范课、主题讲座等，推动了儿童阅读的推广及课程的实施。

七、多种形式的阅读活动，激发师生阅读热情

怎样才能够从根本上改变广大教师故步自封的观念，又拿什么整体推进阅读教学？我们用活动去震撼，用活动去推进。于是，一次次的阅读推进活动激活了教师们尘封的心灵，碰撞出了灵感的火花，飞溅出前所未有的热情。

（一）中国记忆，经典传承——传统节日阅读活动

每年的传统节日，学校都会为孩子们准备一节“中国的记忆”传统节日图画书课以及相应的活动。在这些图画书课里，孩子们不但听到了有趣的故事，还了解到传统节日的由来，接触到传统文化，增长了知识。

（二）家校互动，共推阅读——世界读书日活动

每年的 3 月份，学校都会进行一次“相约书香·我和春天有个约定”书香启动仪式，邀请所有家长进校园与孩子们来一场春天里关于书香的约定。到 4 月 23 日世界读书日这一天，9 所小学则同时举行“世界读书日——家校互动”阅读活动。家长到校观看孩子们的阅读成果，看孩子们的节目表演，听老师们讲图画书以及整本书。教师、孩子与家长交流，情感流露，促进了家长对阅读的理解，激起了家长支持孩子读书的兴趣。

27-7　世界读书日活动

（三）碰撞思维，点燃热情——阅读教研日活动

每月进行一次阅读教研日活动是雷打不动的。每次教研日活动设置一个主题，团队人员示范引领，全体教师依次赛课，其内容覆盖四大阅读课程，均基于对阅读课型的创新与研发。每一次活动，教师们观课议课，各抒己见，碰撞思维，激发灵感，不断地进步。

（四）阅读悦心，点亮童年——校园艺术节

每年的5月份，我们举行一次以“阅读”为主题的校园艺术节活动，通过诵读经典、小品、课本剧、童书人物秀以及唱红歌等形式，推进读书活动，受到广大教师和家长的认同。阅读点亮了人生，也点燃了我们的激情！

27-8 校园艺术节活动（1）

27-9 校园艺术节活动（2）

（五）身在乡野，心在世界——书香校园评选活动

作为对9所学校阅读教学的整体评价，中心校每学期一度的“书香校园”评选活动已开展七届。评选以观看学生阅读档案，测查学生读书量、阅读力、讲故事能力和童诗童谣的诵读能力为主，分别设置“书香校园”“书香班级”“书香教师”“书香少年”“点灯人”等奖项。评选活动的开展，既是对师生们一学期阅读工作的肯定，又极大地调动了师生们对阅读的积极性。

27-10 书香校园评选（1）

27-11 书香校园评选（2）

八、进行特色化的探索，取得显著性成果

推进儿童阅读朝着课程化、纵深化方向发展，心想之，心向往之。从深入解读文本入手，实现阅读由“数量到质量”的提升，我们更加关注到了儿童阅读的产出性，取得了显著的成果。

（一）在区域内整体推进，课程先行

以推广儿童阅读教学为办学特色，在区域内整体推进书香校园建设。以课程先行，建构“2+3+1”阅读课程体系，开发 14 种阅读课型和多元化的综合实践课程，优化儿童阅读资源，实现深层次阅读，给孩子们童年最真实的阅读记忆。

（二）在内容上推陈出新，成果丰富

根据“2+3+1”阅读课程体系的本质特征，为学生精心设计了不同形式的成果展示。有整本书阅读积累本之“书香里的记忆”，图画书阅读积累本之“花香里的幸福”，整本书阅读交流单，图画书的读写绘，自制绘本等。目前学生的阅读交流单、读写绘、自制绘本等阅读成果已有 100 万份以上，阅读成果丰富多彩。

（三）在链接中创新思考，读写联动

让阅读与语文教学有机结合，设有低段学生的一周一图画书故事，高段学生的读书演讲、口头作文、好书推荐等。在图画书写作课、主题图画书读写联动课上，学生当堂完成“我手写我心”练笔，每学期 30 篇以上。“读讲结合，读写联动”，全面提升了学生“听说读写”能力。

（四）在改变中坚定信念，成效卓然

我们常常想，“身在乡野、心在世界！”我们希望着守候着的，

永远是心灵深处的感动。于是，改变、坚守、温暖、幸福！

一是老师的变化。几年来，老师还是乡村里的老师，他们开始喜欢在课堂上与孩子们分享整本书或者是图画书，他们开始带着孩子们去朗诵童诗童谣。阅读让乡村教师找到了职业的归属感和幸福感，还有岁月的涌动。二是学生的蜕变。几年来，学生还是乡野里的学生，但他们年平均读书量在 40 本以上，六年阅读过 1 000 万字。他们有勇气站在“说来听听”的台子上讲述自己读到的整本书情节或图画书故事。他们不再害怕写作，在那个“我手写我心”的小练笔本上，他们有怎么也写不完的情感！三是感动和骄傲。2016 年 4 月，蔡村中心校荣获“阅读改变中国·年度书香校园”的称号；2016 年 12 月，《山西日报》刊登了中心校校长加志宏推广阅读的事迹；2017 年 1 月，中心校加志宏校长入围“马云乡村校长计划”；2017 年 7 月，中心校阅读团队成员有幸进入亲近母语高级研修班和“星星点灯计划”；2017 年 8 月，中心校“烛之光”公益阅读团队成立，开始走上公益阅读推广之路；2018 年 1 月，中心校“儿童阅读课程的研发与实施”荣获山西省教育教学成果二等奖；2018 年 7 月，中心校阅读团队成员再一次有幸加入亲近母语“星星点灯计划”，再一次提升了自身的阅读素养。

做一个自性光明的点灯人。我们这样说的时候，我们就真的这样去做了。那个时候，我们分明看到了每一个人心里涌动着的诗意和眼睛里感动着的光芒。也许，我们只希望，许多年以后，孩子们都还记得，在那个曾经童年颤动的地方，不是荒漠，而是一大片蔚然的绿意和满地的书香。于是，他们自信地抬起头，看着眼前大大的中国，还有遥远的远方！

九、思考与展望

让儿童阅读朝着纵深化、多元化方向发展，我们向着明亮那方，憧憬着美好的未来与希望。

（一）精益求精，完善阅读课程体系

进一步健全与完善阅读课程体系的建构，建立阅读课程资源库，开发更为丰富多彩的阅读课型，重视阅读档案建设，保留好过程性资料，出版与之相关的专业丛书，作为理论支撑，进一步有效地推广儿童阅读。

（二）专业引领，搭建教师成长平台

全力打造一支更为专业的阅读名师团队，促使教师朝着专业化方向不断成长，创建阅读教师工作室，定期举行阅读交流活动，扩大阅读推广领域，推进整个县域乃至其他县域阅读工作的全面开展。

（三）指向公益，拓展阅读服务范畴

把阅读当作一项公益性的事业来做，建立公益性的阅读组织，以四大课程开发为载体，传播阅读理念，关注更多的儿童，让阅读从教育走向社会，推进全民阅读。

28. 共读“心”力量，照亮未来的世界

——陕西省安康市培新小学

陕西省安康市汉滨区培新小学，位于汉江之滨，是陕西省示范小学、安康市重点小学。校园占地10 252平方米，建筑面积12 072平方米，现有学生3 668名，教师180人。师资力量雄厚，整体素质高。学校环境优美，拥有先进的办学理念，现代化、高标准的教学设施。

学校坚持以学生的生命发展为本，“以生为本”的理念贯穿教育的全过程，校训“向上至善”激励着师生奋勇向前。努力营造“厚德启智”的教风，教育教学质量逐年攀升，受到家长和社会的一致好评。

一、以浓厚的氛围感染人

营造书香校园，共享幸福教育。一走进校园，就能看到各类温馨提示、标语、宣传栏及学校电子公告屏不断滚动播出学校开展经典诵读活动、书香校园建设活动的最新动态、优秀典型；各教室悬挂了各种名人名言、经典古诗文等，每个班级还精心布置了图书角；图书室、

阅览室更是让学生流连忘返，为创建书香校园的活动的顺利开展营造了良好的氛围。

学校图书馆各项规章制度健全，管理科学、规范，图书管理、借阅实现数字化管理。培新小学图书馆于1995年建立，面积222平方米。图书馆藏书结构合理，复本量适中，满足师生借阅需求。纸质书刊馆藏数量达到《中小学图书馆（室）规程（修订）》Ⅱ类标准；具备电子书刊资源阅览条件。目前藏有纸质图书62 207册，电子图书11 206册。每年订购期刊杂志320多种，报纸30余种，年均购书经费约20万元。学生阅览室168平方米，教师阅览室80平方米。各班建有图书角，由学生自主管理，供学生交流、借阅。学校鼓励学生家家有藏书，家家为孩子配备书架或书柜，粗略统计，目前全校学生家庭藏书约60万册，生均约160本，初步达到“藏书于民”的目标。

28-1　学生阅览室

28-2　教师阅览室

近年来学校重视加强图书馆基础设施建设，配备了完备的图书柜架、阅览桌椅等配套设施及必要的采编、修复设备。学校图书馆管理人员观念新、素质高、结构合理、相对稳定，目前设管理员1人，工作人员2人，其中管理员具备本科学历。

目前学校所有普通教室和专业教室都装备了先进的交互式多媒体网络教学系统，全面实现了校园网络资源共享和宽带上网，建设了大容量的校园资源库，具备快速灵活的信息获取方式、丰富多样的交互方式。

二、以精细化管理带动人

培新小学自2013年6月开始学习、实践新教育理念。从营造书香校园入手，在“共读共写共同生活”理念指导下，结合校情和当地实际情况，于2013年11月发起“共读共写共成长”活动，研制《小学生阶梯阅读书目》，采取“经典传家”和“藏书于民”策略，有效解决“读什么”“书从哪里来”和“怎么读”的问题，大力开展共读共写活动，并将新教育实验十大行动巧妙融合，取得卓越成效，带动和引领着一个区域的新教育实验蓬勃开展。

加强阅读书目研制。学校成立了小学生阶梯阅读研究小组，主要研制各个年级学生阅读书目、阅读计划和寒暑假阅读手册，指导各年级、各班制订翔实可行的阅读计划。目前已经研制了《汉滨区培新小学小学生阶梯阅读书目》（2013—2018年版）。2018年版推荐的书目已经达到425本，内容包括古今中外科学、人文和文学类经典著作，适合一至六年级学生循序渐进地进行阶梯式阅读。

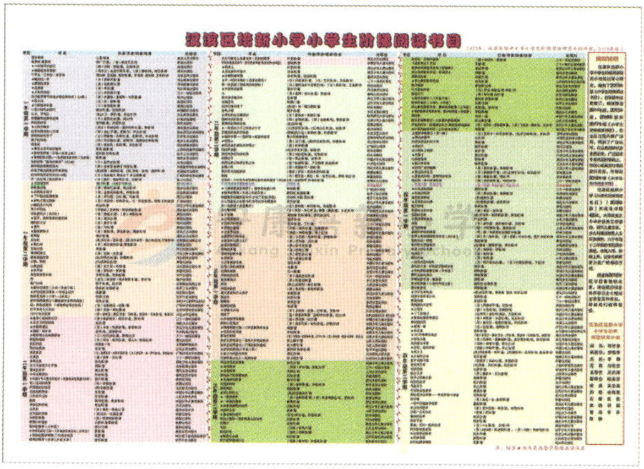
汉滨区培新小学小学生阶梯阅读书目

28-3 阶梯阅读书目

制订读书计划，培养读书习惯。寒暑假和开学时，教师和学生均制订阅读计划。学校为学生量身定做了《寒（暑）假阅读手册》，推荐阅读书目，有效地指导学生阅读，其中包括“书籍的主要内容”“我最感动的地方”“我最欣赏的地方”“我的读后感”“家长的话”，与学生进行对话似的书面交流，家长与孩子在手册上进行书面交流、互动，进一步激发了学生的阅读兴趣。班主任老师与家长还为学生量身设计，制订了符合孩子不同爱好、不同特点的《家庭读书计划》，端正阅读态度，改进读书方法，落实阅读计划，真正培养学生爱读书的好习惯。

完善评价机制，抓好检查落实。认真做好读书活动的检查与评比工作，把“书香校园”活动与班级评比有机地结合起来，蹲点领导和值周教师每天对“晨诵”“午读”和“阅读交流课”情况进行检查，根据学校制订的评估细则做好记录。不断完善“书香校园”活动的各项考评机制，为“书香班级”“读书之星”“书香教师”的评比提供重要的依据。

成立“阅读银行”，固化阅读习惯。学校成立了“阅读银行”，下设多个“阅读分行”“阅读支行”“阅读储蓄所”。研制了“学生阅读存折”，存储阅读书目，统计反馈学生阅读情况；制订了不同年级学生阅读评价实施细则，细化并拟定了“学生阅读存折”的使用方法和积分兑换制度，以维持学生持久阅读的热情，固化学生良好的阅读习惯。

成立萤火虫工作站，辐射引领亲子共读。汉滨萤火虫亲子共读预备工作站自 2018 年 3 月启动以来，站长任毓萍，负责人朱焕之、曾丽带领核心义工团队用智慧爱的行动点亮安康大地。通过萤火虫总部搭建的 QQ 群，根据自己的分站的资源创造性地开发线上线下活动，从城市到山村，吸引了众多父母和孩子一起参与，已发展了第一批新阅读学校。在全区成立 50 多个萤火虫工作站，汇聚 2 万多位父母开展萤火虫亲子共读。2018 年 8 月，汉滨萤火虫亲子共读预备工作站被萤火虫总部评为“全国十佳萤火虫工作站”。10 月 8 日，从新教育萤火虫总部传来喜讯，经过半年时间的考核，汉滨萤火虫亲子共读预备工作站正式晋级为萤火虫亲子共读工作站，更名为“新教育萤火虫亲子共读工作站汉滨分站”。

28-4　新教育萤火虫活动（1）

28-5　新教育萤火虫活动（2）

三、借丰富的课程滋养人

晨诵、午读、暮省，唤醒生命的种子。

晨诵，开启学生生命的黎明。学校安排每周两次晨诵，周一、周四的早读时间为晨诵，把学生阅读的时间排入课表，由语文教师组织本班学生晨诵，指导学生开展课外阅读，把各种课外阅读的课型落实到位。编写了 12 册《培新小学晨诵教材》，每一个年级都有符合自己年龄、适合自己的晨诵读本，让学生在清丽的早晨诵读经典，汲取中华文化的精髓。各年级根据时节开展的不同主题的晨诵庆典，更是异彩纷呈。

28-6　晨诵教材（1）

28-7　晨诵教材（2）

28-8　晨诵庆典（1）

28-9　晨诵庆典（2）

午读，用童书滋润童年。学校将每周二、五下午自习课定为午读时间，二十分钟的午读，是学生在校阅读的黄金时间。午读包括低年级的读写绘和中高年级的童书共读。低年级，老师们先为学生读故事，用活泼灵动的表演读呈现整个作品，吸引学生的注意力，调动学生打开绘本去探究，激发阅读热情，使“阅读绘本”过渡到“悦读绘本”。中高年级，要求老师和学生一起读，在读书的时间里，要求教师给学生做好榜样示范。

暮省，记录真实的生活。让学生写日记，称之为暮省。写一天的见闻，写一天的感受，记录自己心灵的轨迹，记录自己成长的烦恼与喜悦。教师撰写教育随笔是教师专业成长的理想路径。学校提倡教师坚持撰写教育随笔，反思自己一天的教育、学习生活，记录真实的教育生活，促进、超越自我。

晨诵、午读、暮省，让学生每一天的生活充满乐情趣，而共读共写让新教育的生活赋予新的意义，让培新小学的教师、家长、学生共同成长。

共读共写，创造共同的语言密码。

“师生共读共写”，给学生一种榜样的力量，用教师的激情点燃学生的激情，用教师的智慧引领学生的智慧，从而产生良好的“互动”，共同营造浓郁的书香氛围，实现教学相长，达到师生双赢。构建教师博客和班级博客，坚持办好校报《培新小报》，让教师和学生在这样的平台上，畅享读书的乐趣。

“生生共读共写”，养成自我反思的习惯。生生共读，各班语文老师指导学生在本年级计划的时限内读完共读书籍。组织学生阅读班级图书角的图书和阅读空间的图书。组织开展多种形式的读书活动，指导并激励学生快乐读书，共享读书的乐趣。语文教师组织、指导学生写读书心得、日记等，并将学生的优秀作品发到班级博客中。

“亲子共读共写”，让家长们走进孩子的内心世界。学校提倡家长提前为学生准备好共读书籍，建立家庭“小书架”，开展家长与孩子共读一本书活动。鼓励家长撰写读书心得或家教随笔等，发表在班级博客中。

四、借多彩的活动引导人

多彩的读书活动，掀起读书热潮。通过在教师、学生、家长中开展丰富多彩的活动，激发学生的读书热情，固化阅读习惯，使校园充满书香。

积极开展教师读书活动，为教师推荐必读书目和选读书目。在教师中开展读书成果展示活动，如读书笔记交流、读书知识竞赛、经典诗文诵读、图书漂流活动、寒暑假读书活动等。开展教师间“共读一本书”和“各读各的书”活动。成立“培新文学社”，积极开展“读书沙龙活动”，让教师畅谈读书体会，抒发教育理想，共同享受阅读带来的欢愉之情。开展“我的教育故事”演讲比赛、读书交流课研讨等活动，实现教学相长，达到师生双赢。

28-10　教师读书沙龙

举办读书节日，丰富生命的历程。开展“读书节”活动。每一年的 4 月下旬是学校的“读书节”活动，时间跨度定为一个星期，组织开展一系列读书活动，如跳蚤书市、经典诵读、读书演讲、书海拾贝、好书推荐、读书交流会、读书心得展等，开展“读书之星” “书香教师” “书香班级” “书香家庭”评奖活动。“读书节”活动丰富了学生的读书阅历，指导并激励学生快乐读书，共享读书的乐趣。

28-11　跳蚤书市

作家引领，滋养美好的童心。近年来，学校不断邀请作家进校园，为师生讲学，让优秀的文学滋润着孩子们美好纯真的心灵。分别邀请了南北极科考专家、著名儿童文学作家位梦华教授，著名儿童文学作家殷健灵、张之路、黑鹤、安武林、朱奎、曹文轩、彭绪洛、汤素兰作专题报告。精彩的报告让大家体会到科学探索、文学创作的乐趣。学生与作家零距离接触，点燃了孩子们阅读、写作的热情。与此同时，还举行了“与书籍约会，同作家共勉”座谈会，邀请家长代表参加，培养学生浓厚的写作兴趣。

28-12　曹文轩来校讲学

诵读经典，让校园溢满书香。利用课前时间，学校播放古诗文诵读录音或古诗文清唱，供学生欣赏；开设“培新之声广播站”，由广播站的播音员播音，其内容有《弟子规》诵读、赏析以及有关古诗文的趣闻轶事等。让学生在倾听中感受经典诗文的魅力，陶冶学生心智。

每周三是国学经典诵读时间。由一位语文老师解读，我校先后带学生诵读了《弟子规》《三字经》《千字文》《论语》《声律启蒙》《笠翁对韵》等。学生在吟诵古诗文的基础上，感受诗文大意和所描绘的意境，感悟诗文的情感和韵律美，感受古代诗文的魅力。学生放学诵读《弟子规》《三字经》出校门，使其内化为学生的行动。

举行经典诗文诵读系列活动。每学期举办一次大型的“经典诗文吟诵展示活动”，邀请、指导家庭参与诵读经典诗文活动。每学期举办两次“经典诗文诵读和教学”研讨会，在师生中开展诵读比赛，激发学生诵读经典诗文的热情，促使学生主动扩大经典诗文的诵读量。

引导学生做诗文卡、办手抄报、制诗文集。开设“经典诗文”橱窗，黑板报，定期刊出多篇（首）诗词名篇，并提供背景材料，供学生阅读、赏析、评比、积累。有的同学把经典诗文用歌曲的形式演唱出来，并且还制作了经典诵读手抄报，令人耳目一新。很多班级定期编印“学生原创诗歌集”。每个班的同学各有风采，各有特色。

开发课本剧，拓展课外阅读。利用课外阅读的资源，引导学生根据经典名著排演课本剧，或者自编自导课本剧，将优秀的课本剧搬上学校艺术节的舞台。在这个过程中，学生主动获取语文知识，发展语文能力，在艺术表演上有长足的进步，心灵上受到陶冶，逐渐形成丰厚的语文素养。

构建高效课堂，内化读书效果。通过开展“晨诵课堂”“绘本阅读”“课内外阅读的有效衔接”“阅读交流课”“经典诵读课堂”等高效课堂教学研讨活动，帮助学生养成热爱读书的习惯，提高读写能

28-13　课本剧表演

力，把读书转化为心理需求。引导学生将阅读变成一种自觉的学习方式，让阅读成为学生终身的习惯。

高度重视“父母读书”活动。父母与学生共读一本好书，交流读书心得。定期开展“亲子读书交流会”活动，邀请家长一起参加。学校每学期每一个班至少组织一次“新父母读书展示活动”，如美文诵读、读书论坛、家庭“小书库”、亲子读书会等。定期开展家长读书征文比赛活动，对优秀作品进行奖励，并将特别优秀的作品推荐发表在各级报刊上。

28-14　亲子读书交流会

家校合力联动，共营书香校园。大力宣传创建书香校园对学校发展的意义和对学生、教师发展的重要性，让书香校园的理念深入师生甚至家长的心中。通过召开新父母委员会、家校共育会，使父母充分领悟到读书的重要性，及时了解学校读书活动的开展情况。促使家校形成合力，使“共读共写共成长”得以深入开展。

家长征文比赛，挖掘教育资源。现已成功举办了六届家长征文比赛、四届书香家庭评比活动。六届家长征文比赛，征文篇数逐届攀升，由最初的121篇到306篇，第三届上升到623篇，第六届上升至866篇，获奖征文逐届翻番，征文无论数量还是质量都有了大幅度的提升。每届新父母征文比赛都举行隆重的颁奖典礼，并将优秀作品刊登在《培新小报》上，发表在“安康培新”微信公众号和学校网站上，或推荐到各级报刊等平台发表，得到社会各界广泛好评。

28-15　新父母征文比赛

一分耕耘一分收获，随着一项项多彩活动的步步推进，培新校园充满了浓浓的书香气息。教师、学生、父母以书为伴，阅读已成为大家最优雅的行为，读书已成为大家最优美的姿态。师生通过阅读活动拓宽了知识面，培养了文化气质，提升了综合素养，良好的校纪校风获得了社会各界的好评。与此同时，学校在活动中也取得了可喜的成绩。

近年来，学校多名学生在省、市、区各类读书活动、演讲比赛等竞赛中频频获奖，还有多名老师撰写的文章分别在国家、省级刊物上发表。建立了由9个板块构成的“书香校园”网站专栏；汇编了各种成果集769册，其中学生阅读手册528本，学生自创诗集23本、童话集9本、小说2本、读写绘21本，教师随笔、读书心得15本，学生读书心得、博文16本，家长征文、博文等11本；研究、编印了一至六年级12册晨诵教材。培新小学2015年7月正式加入新教育实验，成为陕南首家新教育实验挂牌校。先后接待省内外兄弟学校参观学习50余场次，培训1 800余人次。汉滨区从2014年4月起推广培新小学做法，尝试开展新教育实验。2016年7月，汉滨区成为新教育实验区。学校形成了自己的办学特色，获得上级的表彰，获得了社会各界的一致好评。学校先后被评为“全国新教育实验优秀学校”、“十三五”规划课题研究单位、“安康市课堂教学改革示范校”、安康市校本研修优秀团队、2019年“阅读改变中国·年度书香校园”等荣誉称号。省级媒体多次专题报道学校的工作经验。

汉滨区培新小学以新颖活泼、形式多样的读书活动为载体，激发学生的读书兴趣，培养学生读好书、好读书的良好习惯，让读书渐渐成为学生的一种生活方式。校园充满了“书香气”，教师拥有了“书卷气”，学生具有了“书生气”，在弥漫着馥郁书香的校园里师生不断成长，学校影响力和美誉度节节攀升。新教育已成为培新小学全体师生追求最美好教育的坚定信念，共读“心”力量，点亮更多心灯，照亮我们的孩子，照亮未来的世界！

（任毓萍）

29. 童话校园满溢书香味

——浙江省绍兴市金近小学

浙江省绍兴市上虞区金近小学创办于1927年，地属上虞区崧厦镇——我国著名儿童文学家金近先生的故乡。2000年，为传承和弘扬金近儿童文学事业，鼓励学校积极开展童话育人，当地政府将学校更名为金近小学。

自1996年开始，学校树立“童心、童真、童趣”的儿童教育思想，尊重童心、顺应天性，用童话滋养童心，积极实施“素质教育童话化”的教育改革。以课程为依托，借助童话、故事、戏曲等在认知、审美、教化、娱乐等方面的多元功能，在环境建设、学科建设、师资建设、学生活动、教育评价以及校家合一、校村共建等方面，进行了全面的实践与研究，形成了特色鲜明的儿童文学课群，打造了别具一格的“童话育人”的办学品牌。学校多次赴省内外介绍书香校园建设经验，是浙江省示范小学、全国示范书香校园先进集体、绍兴市经典诵读示范学校。

一、梯度阅读，让阅读更贴心

阅读，学校首先应该解决的自然是学生读什么书的问题。我校的做法是整理出一套符合我校各年级学生年龄特点、认知规律，助推学生语文素养高效养成的“阅读手册”。我校的阅读手册由三部分组成：教材拓展阅读 + 古今中外的经典儿童文学作品 + 国学经典诵读书目，2002 年出台了《金近小学学生课外阅读书目（试行稿）》，后续几年反复实践、反复修正，不断听取来自教师、家长、学生对于阅读感受的反馈，不断完善。在这期间，我们得到了浙江师范大学儿童文学研究所方卫平教授、中国海洋大学儿童文学研究所朱自强教授的指导，让我校在阅读教学的路上更有底气，更有说服力，比较科学地规划了学生开展课外阅读的梯度成长目标。

二、多管齐下，让阅读更走心

有了“阅读手册”这一源头活水，接下来我校多管齐下，挖最佳、最近、最适合学生接受的“沟渠”，将这一泓源头活水源源不断地引导到学生的心中。

（一）氛围营造法

营造氛围有效地打造了飘逸浓浓书香的校园。学校结合童话育人的办学特色，创设各种载体，开展各种新颖活泼的导读活动，探索并开辟了几种儿童化的阅读渠道。

1. 生活阅读渠道

围墙阅读。每天清晨和傍晚，孩子们沿着校园围墙进入学校。这是孩子们接受阅读的第一个阵地。学校将围墙设计成 52 个板块，每

29-1　浙江省书香示范校园——金近小学

一个板块用围墙画的形式向学生推介中外经典书籍。围墙画由老师和孩子们一起创作，右下角写上书名。孩子们上下学的路上看着这52本书的插图，回忆起书中的精彩片段，总能激起那些没有阅读过的孩子的阅读兴趣，和读过这本书的孩子的自豪感。

餐厅内阅览。学校餐厅共两层，1 000多平方米。学校将这两层餐厅布置成两个超大阅览室，在窗户、柱子、白墙处张贴上中国粮食、民俗民风、本地特产等阅读图片。一边是饭香，一边是书香，让学生乐此不疲。

洗手处阅览。学校有68个水龙头，在每个水龙头的上方张贴一个温馨的小故事，有讲卫生的，有讲礼仪的。这些“龙头”故事很吸引学生饭前餐后阅读。

卫生间阅览。学校有6个卫生间，在每一个卫生间，张贴着健康、活泼、有趣的漫画。画中有的是整个故事或是整本书中的一个片断，引导学生根据片断寻找全文，阅读全文；有的干脆只是作家的几句书评，引导学生去找书、读书。

2. 休闲阅读渠道

在物质文明发达的今天，休闲已成为人们的一种生活方式。小学生天性好玩，他们对阅读的要求更趋休闲式，甚至游戏性。有的孩子可以边玩边阅读，但就是不愿意在固定的场所一本正经地读书。针对这一心理，学校开展和安排了多个休闲式阅读空间。

长廊书苑。学校在两排树中间，用钢管搭出了一个“童星街”长廊。顶棚下挂起宝葫芦，里面介绍最值得学生阅读的书籍。两侧立杆上安装了 “生日故事”转转筒，地面上绘制了儿童喜爱的游戏图。整条童星街跳荡着烂漫的童心。

29-2　长廊书苑

楼道书角。学生在校期间，楼道是重要的场所。学校布置了“小鲤鱼游中国——文学篇”，将整个三层楼道打造成一本中国古典文学推荐书，从先秦的《山海经》到明清小说，孩子们一路上行，一路了解，一路阅读。

29-3　楼道书角

墙上书吧。学校开辟出多个墙面书吧，为孩子们创设浓浓的阅读氛围，有金近纪念馆后窗的民俗文化阅览墙、东操场的科普知识阅览墙、小鲤鱼剧场北墙的中华美德阅览墙、西运动场的体育健身系列阅览墙等。

草坪书屋。学校将校内三个大草坪，布置成三个露天的书屋。如金近纪念馆门前的草坪，学校选择了金近先生笔下的十个童话故事中的十个动物形象，用植物将它们栽种成十个造型。每个造型的下方，安插了一块导读牌，学生看造型，读提示，找故事，读故事，活泼悠闲。

世界童话园。用石头的造型打造世界上十个最经典的儿童文学作品。从大山里专车运来石头，请美术老师带领孩子们在这些石头上彩绘文学作品中的人物及布景。

29-4　世界童话园

地面书摊。在校园多条通道上，通过镌刻、喷画等方法，制作了适合学生阅读的多本大书。东操场上开辟了“小鲤鱼走长征”路，用大理石刻制了长征中的几个著名地名，镶嵌在园中的小路上，配以书体造型的事迹介绍，让学生很直观地了解长征这项举世闻名的壮举。而“小鲤鱼游长江”路，让学生在畅游中领略了祖国五千年的文明发展史。

通过校园布景的方式，学校共向学生推介了112本古今中外经典书籍，孩子们沉浸在书的海洋中，耳濡目染，在玩玩闹闹中，或多或少地了解一些书籍。

此外，学校还给每个班级配备了两个书柜，并给每个孩子一学期十元的专项经费订阅各类报纸杂志。这些报纸杂志可以翻破，读破，甚至可以在借阅过程中弄丢，但绝不可成为摆设积满灰尘。在班级文化布置中，学校还要求有一个版面是跟读书活动有关：可以是孩子们相互间的好书推荐，可以是学生个体读书书目的展示，还可以是读后感的展示，等等。

学校自 2010 年开始，每年评比星级书房和书香家庭，并在每年的世界读书日进行表彰，旨在引导每户家庭都能为孩子开展阅读创设良好的氛围。

（二）制度保障法

1. 语文质量评估制度的改革

学校一改往日以一张考卷评定教学质量和学生学习质量的做法，将语文教学质量细分为四大块，并分别计分：期末测试占 40%+ 朗读 20%+ 写字 20%+ 课外阅读 20%。四大块组成一个语文老师一学期的语文教学质量。每个老师的教学质量将直接与校本考核挂钩，与年度考核挂钩，还与老师一年的评优评先挂钩。这样的语文教学质量评价体系，让老师们的眼光不再仅仅紧盯学生的期末考试分数，也关注学生的综合语文素养的形成。课外阅读占其中的 20%，可见从学校层面，从制度层面，对学生课外阅读的重视。这对一线语文教师是一种导向。

2. 教学时间的保障

好书推荐坊。学校自 2013 年开始，在每周一举行的升旗仪式中开辟专门的好书推荐坊，一周一个班级推荐一本书，可以是用语言推荐，也可以用说书的形式，还可以是舞台剧的形式。

老师读故事。学校每周二开通小鲤鱼广播，其中有一档固定的节目——老师讲故事。每个语文老师轮下来，一周一个老师，向全校学生推介自己认为最好的一个故事或者一本书。往往这个时候，是全校最安静的时候，孩子们翘首以盼故事开讲。老师们娓娓道来，绘声绘色，极大地勾起了孩子的阅读兴趣，往往老师介绍完这本书，那一周这本书就会成为图书馆的热门借阅书籍。

开设阅读课。自2000年开始，学校就把周二、周四两个午自修的时间定为全校阅读课，周五午自修为国学经典诵读时间。无论是阅读课，还是诵读课，可以安排孩子们讲书，可以是导读课，可以是阅读汇报课，形式多样，但是目标一致——读书。

统一家庭作业。学校规定每个孩子每天固定的家庭作业之一——在家阅读课外读物半小时及以上，记录在家庭作业记载本中，家长签名，语文老师批改。

（三）班级读书会

1. 导读单的使用

在孩子们开展阅读前，教师如果能根据书本的内容，制作一张有效的导读单。导读单往往是教师根据阅读书籍出的一些题目。让孩子们带着任务去读，能促进孩子的阅读自觉性，会比一般随性的阅读显得高效。

2. 阅读分析图的使用

教师在指导学生阅读时，善于画各种图形以降低阅读的难度。读《龟兔赛跑》时画路线图；读《鲁滨逊漂流记》时画岛形图；读《夏洛的网》时画鱼骨图；读《我的妈妈是女巫》时画心跳图，等等。

3. 阅读展示活动的策划

师生们定期开展班级阅读展示活动，如阅读小报、阅读卡、自制图书的创作，还经常在学生读完一本书之后举行舞台剧表演。如读完

“古诗70首”之后，请孩子们根据不同的主题创编剧本：有的创编《梦回大唐》，在梦中和很多诗人相遇，相互吟诵佳作；有的创编《乡村组诗》；有的编排《边塞组诗》，都非常有创意。学生自己招募演员，自编自导，在家长的帮助下上网购买服装，舞台效果非常好。这样的活动有效地改善了学生肤浅化的阅读，使阅读高效而持久，并成为他们童年最美的回忆。

（四）教师阅读

学校阅读工程推进过程中最重要的核心，是语文教师的阅读涵养和阅读教学的意识。拥有一批文学功底深厚的语文教师是学生阅读走向深入的关键因素。我校为加大提升教师阅读及阅读教学能力，开展了一系列的教师阅读活动。在“师生共读一本书”活动的基础上，每学期向老师们推介十本语文教师阅读书，包含了专业成长著作、休闲文学阅读等。教研组统一购买，摆放在教研组工作室，组织读书会，交流阅读心得，评出一、二等奖，发给奖品。组织教师参加各种阅读培训活动。近年来，大量阅读活动的开展，从根本上提高了老师们对于阅读的重视程度，在班级阅读中各尽所能，都取得了不小的成绩。

三、童心评价，使阅读更暖心

（一）完善阅读评价体系

学校根据搜集到的中外著名儿童文学作家的生平事迹及主要代表作，制作成书签，奖励给阅读考级成功与在阅读活动中表现优秀的孩子。集满二十张书签可以兑换一颗银色奖章，集满三颗银色奖章兑换一颗金色奖章。书签、奖章都是期末评优评先的有力依据，也是每学期优秀小书虫的有力依据，也可以兑换成葫芦币，可以用于购买学校葫芦屋里的所有物品。合理的评价体系，进一步激发了孩子们的阅读积极性。

（二）年级阅读大赛

这些年，学校不断反思、改进阅读评价。怎样通过评价诊断阅读活动中存在的问题，激励孩子们更兴味盎然地阅读，进一步完善教师教学，一直是我校考虑最多的事。

1. 阅读比拼赛

2002 年，我校就开始践行课外阅读的课程实践。那时的阅读考级很红火、流行。所谓的考级，就是在学生读完一本或几本书之后，给他们一张试卷，划定一个分数线，分数线以上的算考级通过；分数线以下的，重新阅读，下次再考。孩子们对于过级的企盼远胜于对阅读的喜爱。为了考级而阅读的阅读课程，带着明显的功利性。阅读的终极目的不是应付考试，阅读应该是很幸福、很轻松的，不能为了应付考试而让阅读成了一种负担。我校试图寻找突破口，或许可以在活动中完成评价，由此想到了——阅读比拼赛。但是学校还做不到完全放手，于是将书面测试与活动相结合：全班的笔试占 65%，班级代表队现场比拼占 35%，各班针对阅读之后编排的舞台剧计 10 分，直接计入总分。

比赛具有很强的现场感、视觉感和对比感，很直观地反映出一个孩子、一个班级阅读开展的情况。活动中学校还邀请各年级家长一起参与，隆重地布置赛场，给每班的代表们准备好座位牌，一切按照学校能想到的最高规格准备，让孩子们在全体家长和同学面前，神气地坐在舞台上，手持话筒，骄傲地为班级夺得分数，享受阅读带给他们的自豪感和成就感。

但是，比赛也有局限性：活动中真正光鲜的，仅仅只有各班的几个代表而已——全校六场比赛72位学生；还有511位学生只能做陪衬。

2. 阅读游考闯关大赛

如何让每个孩子都能在阅读评价时，最大限度地参与评价，体会到阅读带来的快乐？我校一直没有停下思考的脚步。2016年开始，我校对阅读大赛再次进行了改革——阅读游考闯关大赛。它实现了让每个孩子都成为评价的积极参与者，很好地避免了前一种阅读大赛的很多问题，不仅参与面广，还增强了仪式感、游戏性、荣耀感，进一步提升阅读的幸福感，评价的形式深得孩子们的喜欢。学校还邀请了低段家长参与其中，开展亲子闯关大赛。

以2017年第二学期一年级场阅读游考闯关大赛为例，共设置了四个关卡：群星闪亮，我来说；骰子转转，我来讲；古今穿越，我来吟；快乐阅读，我做主。每一关都配有一个具体的游戏情景：或是魔法树上摘星星，或是转动骰子抽取幸运号，或是穿上古人的服装来个大穿越……孩子们在玩中评价，在评价中提升。

孩子们在家长的带领下一路“过关斩将”。老师们不仅发给孩子们奖状，还事先将各种漂亮的玩具、学具等礼物展示在礼品区，让评价后得到小鲤鱼最多的孩子在老师、家长、同学的注视下率先挑选礼物。

3. 阅读积分榜

以往的评价一直关注终结性评价，过程性评价怎么做呢？学校推出了阅读积分榜的过程性评价方式。积分榜张贴在黑板边上，每个孩子每读完一本书，就把书中的内容讲给语文老师听，语文老师可以是听众，也可以是提问者；语文老师忙不过来时，可以请课代表或者班干部代替。凡是过关的，就把书名写下来，贴到他的积分榜中，直观的评价方式刺激了孩子们的阅读热情。

过程性评价——阅读积分榜，最后会成为终结性评价——阅读游考闯关大赛中的第一关。

针对这几年的阅读评价活动，我校不断反思，不断调整课程内容。课程的不断深入也带动了原本不爱阅读的老师们自觉地参与了阅读。每学年一次的“亲子阅读”推进会、十佳书香家庭、十佳书香少年的评比进一步营造了浓厚的书香氛围。

2017 年 10 月底，我校承办“千课万人”首届小学“越语文”课堂观摩活动，我校学生在活动中凭借出色的文学素养、活泼灵动的参与热情，得到了王崧舟等名师的一致赞赏，更有老师因不敢相信农村的孩子居然有这种表现力，而亲自去班级调查……那一刻，相信金近小学的语文人是开心的，它至少证明我校的阅读课程评价的践行和探索是值得的——阅读，确实提升了我校学生的语文素养！

30. 让“爱阅读”成为校园新常态

——浙江省温州市少年艺术学校

浙江省温州市苍南县少年艺术学校（以下简称苍南少艺校）创办于2008年，是浙江省苍南县唯一一所高起点、高规格、高质量的小学基础教育与少儿艺术教育相结合的艺术特色学校。学校与灵溪镇六小实行“两块牌子，一套班子”合址的形式办学。学校提出“让每一个孩子都喜欢来这里上学”的行动目标，致力营造美雅的校园，使之具有浓郁的艺术气息，凸显“以美育人”的特质。

学校认为，“美是教育的本质”。由此出发，学校形成以“崇雅尚美”为校训，以“德智并举 艺文双馨”为育人目标，以“以美铸德、以美启智、以美健体”为育人途径的办学理念，致力培养审美的人。积极开发“美雅校本课程”，主动选择小班化教育，“蒲葵树”文学社成为学生文学才华展示的舞台，近年来在温州市小文学家评比中成绩斐然。学校发出“美雅地在这里”的文化集结号，让每一个来到这里的人都得以成长。在这里，遇见美好，完整生长；在这里，遇见彼此，相互成全。

“我心中默默念想，天堂应该是图书馆的模样。”这是文学大师博尔赫斯的一句诗。拥有图书丰富的学校，对于儿童而言，无疑等同于拥有美好的天堂。创建适合儿童的阅读环境，理想的状态就是“建一所图书馆里的学校”。把学校建在图书馆的正中央，是苍南少艺校立校的文化认同，也是学校的价值追求，更是学校的精神底座。

然而，现代社会环境浮泛急躁，电视、网络、游戏等视听信息使孩子的眼球运动频繁，相对枯燥又闲憩的阅读方式，常常被排挤冲斥。无论在社会、家庭还是学校，鲜见一方宁静致远的阅读环境。近年来，虽然各大学校也掀起“爱阅读”热潮，但一直停留在研究和追求能力培养、方法获得等理性的教学法层面的干预，但最终能长期坚持课外阅读的学生却并不多见。面对浮泛、急躁的社会环境、多样信息的冲击，课业负担对学生有限时间的挤占，小学生阅读意志的薄弱以及家校联动的缺乏等现状，如何让书香飘溢童年，如何让“爱阅读”成为校园新常态？

一、空间营造：让阅读无处不在

苏霍姆林斯基指出：“用环境、用学生创造的周围情景、用丰富的集体精神生活的一切东西进行教育，这是教育过程中最奥妙和最有效的领域之一。”因此，创设一片浓郁的、氤氲的书香环境是我校为之用心的行动之一。学校通过环境建设，为孩子的阅读提供可用资源。经过几年的基础建设，学校儿童类优质图书总数达到20 000册以上，每年不断增加更新，满足了孩子多元化的阅读需求。

（一）童书馆有爱的色彩

如今，学校设立有面积150平方米的童书馆一座，色彩明丽的童书馆是学校孩子阅读的中心，也是阅读文化的聚集地；学校还设有一所面积40平方米的“校长图书馆”，也称“蒲葵树阅读中心”。2015年，张延银校长发出了阅读“集结号”，设计专属的“邀请函”，不定期邀约孩子们上“校长图书馆”共度半天的“悦读时光”，“校长图书馆”也悄然成为孩子心中阅读秘密的所在。

30-1　学生自主借书

30-2　与校长共度“悦读时光”

（二）鸟巢图书馆见分享

晨起入暮，朝阳余晖，每天，一群群孩子簇拥在一个个形似“笼子”的建筑边上凝神阅读。这一个个“笼子”，形似鸟巢，它其实是苍南县少年艺术学校的校园里全新开放的一个个微型图书馆。

它用鸟巢的造型“闪亮”在苍南县少年艺术学校校园的角角落落，全天开放无人值守，让借书的孩子自取自还。鸟巢图书馆提倡“若要带走一本书，请先放入一本书”，无须登记，不用担心归还日期，如果学生愿意还可以带更多的优质书籍加入交换书籍活动中。

学校设立的这种室内外鸟巢图书馆共计45个，每个鸟巢配置30至50本优质图书供学生选择，引导家长和孩子们分享优秀读物，通过自带一本优秀读物，就可以实现和上千本优秀读物交换的机会，实现书籍的全方位流通与分享，并不定期不断更新。从某个角度上说，这种微型图书馆不仅在阅读层面上往“便捷”迈出了一小步，而且也营造出更具儿童化的阅读体验和更浓郁的阅读氛围，其中的诚信与规则，也让孩子们的阅读心境更明亮。

鸟巢图书馆的引入，无疑让校园书香飘溢，让校园的阅读文化更具活力。让学校办在图书馆中，让学校办成图书馆的模样。鸟巢图书馆正以簇新的面貌为校园的阅读增温，成为新校园葱茏的风景与气象。校园无处不在的鸟巢图书馆的创意深受好评，2016 年被《中国教育报》长篇报道。

30-3　鸟巢图书馆

二、载体支持：阅读就是遇见

近年来，学校不断引入“亲近母语”项目、“蜂蜜月读计划”和《阅伴》平台。《日有所诵》《经典小古文 100 篇》《经典古诗文 80 首》成为学校孩子晨读的主要内容。学校多次邀约北京天真蓝教育传媒来校分享“蜂蜜月读计划”的理念与实操经验。“安迪月读营”产品项目倡导以家校合作的方式推动亲子共读，发挥老师的引领和同伴的影响，帮助家长克服惰性，享受共读时光，成为老师们志同道合的阅读同盟。项目的引进，为诸多期待掌握亲子阅读密码的家长们，开启一扇窗，使他们获益颇多。

由北京阅伴教育科技有限公司开发的《阅伴》App，以小学生阅读为核心，是在线阅读教学与管理工具，提供学生阅读学习最佳解决方案。一年多来，我校利用《阅伴》进行阅读项目化管理，有力推动了阅读的指导和推广，效果明显。我校基于《阅伴》阅读的创新模式，做了如下探索。

（一）打造《阅伴》助读体系，让孩子读有动力

《阅伴》的运作模式，是将每个孩子凭借《阅伴》App线上推荐的书籍的阅读，与线下班级共读相结合。通过《阅伴》网上答题闯关活动，让阅读显性化、可视化，激发孩子趣味阅读，助推孩子深度阅读。

1. 家校联手，形成阅读新合力

前期，学校专门邀约《阅伴》App开发者张宁老师来校对每位语文老师进行专项的技术指导，手把手地教授教师如何开通软件，如何组建线上班级，如何指导开展班级共读等，并解决老师的问题。张宁老师也为家长们开设讲座“孩子不爱读，家长怎么办”，紧扣现实，向家长们表达自己对阅读的理解，并向家长们介绍《阅伴》的强大功能。老师与家长在阅读项目的推进上达成了思想共识。

2. 建章立制，打造阅读新阵地

从每个孩子拥有自己的用户名开始，孩子们可以在老师添加的阅读计划中开启一本书的“穿越”旅程。《阅伴》开发者深谙儿童心理，以“游戏化”形式，通过消灭蜗牛个数显见阅读进程，通过答题闯关检验阅读效果，通过不断累加的“阅芽”与节节攀升的阅读总量感受阅读的成功感。当然，如果孩子阅读囫囵吞枣，答题闯关未通关，势必消耗“阅芽”。孩子在“受挫”的精神支配下，反思阅读行为，极易在良性循环中形成阅读韧劲与良好的阅读习惯。

为与《阅伴》闯关的评价体系匹配，我校自创“闯关币”，它代表《阅伴》闯关的财富。我们设计与人民币等值的“闯关币”作为学生坚持

阅读的奖励。每季度“阅读闯关银行”开柜一次，同学们可以拿着“闯关币”到“阅读闯关银行”兑换读书称号——阅读新手、阅读小能手、阅读小达人、阅读小明星、阅读超级明星。“闯关币”除了兑换“读书称号”外，在校园里还有多种用途。用途一：学生直接用“闯关币”在学校的“成长商店”购买相应的奖品，比如书籍、电影票、文具、手工作品等。用途二：参加学校的各项活动，如学校淘书乐书市购书、宜园体验换“蒲葵树酷我影院”入场券等。

为了使《阅伴》的线上闯关与线下阅读紧密结合，运行得更科学，更易于操作，使学生爱上阅读，我们进行了问卷调查、师生座谈等工作，在反复的实践操作过程中修订“闯关币”兑换标准，制定“闯关币”奖励规程，并在走廊墙壁上开辟了一个专属《阅伴》“阅读闯关”奖励的板块，具体如下：

一、流通货币："闯关币"

存单：每一本书全部闯完关卡，读书心得、好书推荐、读书小报、每天30分钟读书记录等。

二、如何得到“闯关币”

1. 坚持每天阅读半小时，每月可到语文老师处领取30“闯关币”。

2. 一份读书心得、一份好书推荐、一张读书小报都可以到语文老师处领取10“闯关币”。

3. 校级读书节活动获奖者均可获得100“闯关币”(比如“书香学生”“小小朗读者”“小小故事家”)。

4. 班级有关读书活动获奖者每次可获得50“闯关币”(或如“小书虫”“小小悦读家”“每月之星”等称号)。

5.《阅伴》App里班级发布的阅读任务中，顺利完成一本书的阅读，并闯关成功的，每本可获50“闯关币”。

6.《阅伴》App里并非班级发布的阅读任务中，也能顺利完成一本书的阅读，并闯关成功的，每本可获50“闯关币”。

7. 其他：班级也可结合读书节开展一系列活动。

三、读书称号及兑换金额

阅读新手200“闯关币”，阅读小能手300“闯关币”，阅读小达人500“闯关币”，阅读小明星800“闯关币”，阅读超级明星1 000“闯关币”。

3. 榜样激励，催生阅读持久力

要想让学生保持一种持久的课外阅读热情，必须有一种能刺激儿童心理的东西。凡是愿意读书、乐意读书、坚持读书的学生都是我们竭力标榜的“读书人物”，进行褒扬。学校层面每季度公布《阅伴》阅读量排行榜”“《阅伴》阅读量上升最快排行榜”“《阅伴》阅读闯关各班排行榜”。每学期通过《阅伴》榜单表彰书香家庭、书香班级和书香个人，由家长和孩子同台领奖，极大地激发了学生的读书兴趣与阅读热情。

（二）借助《阅伴》闯关模式，让孩子读有成效

《阅伴》在每个年级会推荐15本左右的书。这些书均为较经典的、具有阶梯性的童书，以文学阅读为主，兼顾哲学、历史、地理等范畴，又在不断更新之中。可以说，与《阅伴》推荐书籍相遇，是孩子美好的遇见。

《阅伴》以“消灭蜗牛”实现闯关的阅读方式，是学生们喜欢的方式。通过分阶段阅读闯关，化解了读一本书的难度，让学生感受成功的愉悦感。每阶段15个题目闯关，检测学生的阅读成效，使阅读有成效，读到心里。如五年级《城南旧事》第一关（1—70页）里，15道题中，有以下几道：

1. 我认为给骆驼戴铃铛的原因是（　　）
（1）为了给寂寞的长途旅程增加一些行路的情趣。
（2）狼听到铃铛的声音，就不敢侵犯骆驼。
2. “我”想要把手表送给小桂子，是觉得(　　)
（1）反正那块表也坏了，针都不走了。
（2）小桂子有了表，就有一定的时刻回家了。
3. 妞儿的爸爸教她唱戏是为了(　　)
（1）让妞儿赚钱。
（2）妞儿嗓子不好，唱戏能发挥她的特长。

4. 说起唱戏，小英子觉得真正有意思的唱法是（　　）
（1）愿意唱就唱，愿意给谁听就给谁听，一切随自己。
（2）要唱就到真正的戏园子里唱，像碧云霞那样登台亮相。

通过一年多的《阅伴》阅读管理创新实践，我们欣喜地发现：孩子阅读意志明显增强，阅读习惯自然形成，大多数孩子的阅读由被动转为主动，由消极转为积极，由逼迫转为自觉，由干预转为自愿。在学校层面，我们在追求课外阅读的能力培养、方法获得的同时，更让阅读意趣悄然生成。以《阅伴》助力，以“闯关币”为奖励载体，让孩子在具体的任务情境中阅读，真正让阅读“活”起来，“飞”起来，为全校孩子终身阅读的意志品质培养播撒下希望的种子。

三、师资团队：让阅读之火燎原

每年，学校派有潜质的教师外出学习，以语文教师团队（共 37 人）打造成亲子阅读指导团队，指导团队相对稳定。每年暑假，教师们到全国优秀的亲子阅读指导机构进行学习，通过“全国第一线”教师高端研修班、“千岛湖”研修营等机构进修，提升教师的整体涵养与学术力，增进阅读教学指导力。

每个学期，学校推出“美雅讲堂”教师阅读系列专场活动，通过这一平台，让教师理解教育的理念，领会教育的本质。近一年来，学校邀约了蔡朝阳、傅国涌、黄明烈、池昌斌、陈耀等教育名家来校与教师家长分享阅读、分享教育，名家名师的深邃思想与人文情怀让教师们深受启迪。

在每年的暑期师德培训学习期间，雷打不动地举办本校“蒲葵树教师阅读论坛”，把教师阅读文化、生活态度、工作能量传递出去，形成富有魅力的教师阅读文化场。

目前，学校的阅读课程形成阶梯性模型。低段以“绘本”课程为主，中高段以“整本书共读”课程为主，建章立制保证课程时间与固定地点。教师通过校教研组“阅读课程讲述”这一教研活动，实现资源共享，解决指导内容贫瘠问题，实现课例研讨推进方式方法的探索。

四、课程统筹：让孩子读有时间

读书需要时间，只有时间充盈、全心投入和日积月累，阅读的意志才会有切实养成的可能。有效利用学生在校的学习时间，以及节假日的时间，进行统筹安排，这是培养阅读意志的重要保障。

我校开设晨诵、午读课程。每天上午，学生到校迎着晨光开始15分钟晨诵课程；中午，伴着悠扬的音乐，保证20分钟静读时间，或师生共读，或交流读书感悟，或推荐新书好书，或讲述故事等。加上每周安排的阶梯阅读课——低年级绘本课程、中年级整本书导读课、高年级云端百科课程，这些专时专用的阅读课程，让学生读有时间。

不管是绘本课程，还是整本书导读课，《阅伴》上推荐的“课程内容”成为老师开展导读课的重要资源和参考，解决了老师们开发课程内容的困难。如一年级的《魔镜》的导读课，《犀牛，什么犀牛》的起始课资源等，均为教师所用，有力地推进了课程开发与课程建设。

寒暑假，学校则根据各年级学生的年龄特点，提前设计好“寒暑假阅读作业地图”并提供详细书单，要求并指导学生合理安排时间，把休闲、旅游、读书兼容在一起，最后，用自己喜欢的、适切的方式反映读书成果。这种“阅读地图”式的索引，让阅读从不间断，继续向前行走。

小学一年级是人一生中人格的形成、学习兴趣的培养、学习习惯的养成、心理素质的构建等的关键时期。在一年级刚入学的时光，我们安排“入班课程”。“入班课程”分为“适应教育”“养成习惯”和“儿童课程”三大部分，“儿童课程”以晨诵、绘本、影像等为凭借，化解新生入学的畏惧与恐慌，促进学生的热情与积极性，初步形成“好阅读”的品质与习惯。学校为每一个孩子赠送绘本礼物，约定一星期不上课本的内容，取而代之的是校课程团队开发的“入班课程”的趣味性内容。它渐渐成为学校的“课程品牌”，让孩子守望入学的欢悦，守住童年的美好。

30-4 晨读

30-5 班级阅读节（1）

五、阅读活动：触摸广袤的阅读时空

让阅读活动贯穿学生一年四季的阅读时光，让学生的学习生活与阅读结伴，我们分“规定动作”与“自选动作”相结合。具体有如下约定时间、敲定地点的“规定动作”。

（一）让读书节激荡一春的烂漫

春天正是读书天。每年的“读书节”活动是学校推进亲子阅读的重要活动。读书节庄严而神圣的启动仪式开启了全校教师、家长、学生长达一学期与文学相伴的旅程。每年，校园的阅读氛围，因为这片灿烂春光，嫣然成诗。

30-6　班级阅读节（2）

30-7　班级阅读节（3）

（二）“淘书乐”活动淘出真快乐

“淘书乐”活动中，全校孩子迎来了阅读的“狂欢嘉年华”。新华书店连续四年把 200 多种最优质的童书送到孩子面前，任孩子选购。它主要是实现了图书资源共享。孩子将自己积累的《阅伴》“闯关币”用于淘书。每班孩子积极淘书，一楼童书馆成了一群群孩子欢乐的聚集地，校园里的各个角落也成了孩子畅快阅读的“秘密基地”。

30-8　“淘书乐”活动

（三）四季“朗读者”活动与经典遇见

借鉴央视《朗读者》品牌节目，我们举办起了校园“朗读者”活动——让每班孩子分批走上舞台，把孩子阅读过的经典篇目中的选段通过朗读的形式与大家分享。登上“朗读舞台”的同学用《阅伴》“闯关币”奖赏。其真正用意，在于培养与延续孩子的阅读习惯。更重要的是，通过“朗读舞台”的搭建，通过春夏秋冬一期期的举办，让全校孩子与阅读遇见，与经典遇见，与美好遇见。用声音表达情感，用朗读诠释经典，反哺阅读。

（四）让“作家进校园”课程化

学校邀约儿童喜欢的文学作家进校园，每学期至少邀请两位作家走进校园，让孩子走近名家，爱上写作。近年来，邀请了沈石溪、秦文君、黑鹤、萧萍、鹤矾、谭旭东……全国知名作家进校园，与孩子讲文学、讲创作、讲人生，营造浓郁的阅读氛围，校园掀动阅读作家作品的高潮。

30-9　作家沈石溪来校

（五）校刊《蒲葵树》搭建展示平台

这是孩子期待的一个平台，也是学校的文学阵地与儿童文化展示的窗口。通过校园现场作文大赛与文学征文比赛，一大批爱文学、爱写作的孩子脱颖而出。每年一期的《蒲葵树》校刊是送给孩子真诚的礼物，孩子们在这里展示文学素养与文学才华。

（六）“蒲葵树酷我影院”开启阅读新旅程

学校不定期推出必读书目中的一部电影。学生利用《阅伴》“闯关币”或晋升高一级的“阅读称号”换取入场券。当看到静态的文字变成动态的画面时，孩子们看得入迷，时不时猜想着书中的精彩镜头。观看影片后，又领取“蒲葵树酷影卡”写观后感，开始新的读书之旅。

（七）假期“创意作业”活动表达智慧

寒假“创意作业”，告别了单一无趣的作业内容，告别了冗长无趣的作业形式，由孩子自由选择完成内容，自由确定完成形式，让孩子在实践和生活中发挥自己的创意和想象，自由抒发智慧与才情。

每年的“创意作业”展览，分“书写绘画展区”“特色手工 DIY 展示区”“阅读·观影·写作展示区”“生活记事本展区”“灯笼展示区”等。孩子们的作品令人惊叹，展现出每个学生的特长与优点，也极大地优化了校园作业与学习的生态。

（八）小作家“售书”活动激发成就

阅读路上，老师引导学生写读书心得、阅读心路等。一学期的努力，很多孩子把自己的阅读作品集成一本书，甚至有些孩子当起“小作家”，创编一个个故事，写书卖书。学校提供大舞台大肆宣传，在大厅展出他们的作品，并将原创作品收藏到校图书馆中。

（九）课本剧展示舞台收获阅读乐趣

在每年度的“美雅花儿开”文艺会演和每周一的“美雅晨会”上，学校都会固定推出优秀的课本剧、绘本剧等形式的表演，孩子们在阅读与表演的融通中感受阅读之趣、阅读之乐、表演之美。我校多个课本剧、童话剧还在市县艺术节比赛中荣获佳绩。课本剧《森林的愿望》、歌舞剧《森林的唤醒》曾荣获县课本剧大赛一等奖，绘本剧表演《渔夫和金鱼》《图书馆里的老鼠》，课本剧表演《我的课表我做主》等在文艺会演中隆重出场。

除此之外，我校还有各班级的“自选动作”：各年级段根据每阶段的阅读书目特点，开展富有年段特色的读书活动。比如，“每周一书”阅读接龙：学生自由选择自己喜欢的一本书，在规定的时间内读完，然后根据提供的题目选做，如给主人公写一封信、创作一个情节、续写一个章节或片断等，学生完成的内容进行互评。“童诗会”“好书漂流”“海量阅读大赛”……这些活动真实、自然、自由地展露学生的“阅读个性”，随处流露出学生阅读的生命情感，还阅读以本色和真实，给读书以蓬勃和生机。

学校于 2015 学年被评为温州市书香校园示范校，张延银校长也被评为温州市十大推动阅读人物，我校与杭州市西湖区图书馆等 25 家单位被命名为 2017 年“浙江省亲子阅读基地”。近年来，学校多次接受来自市内外兄弟学校的参观交流，学校教科室主任、省语文教坛新秀陈杰老师也应邀多次到外校交流班级阅读建设的实践经验。学校的书香校园建设还得到《中国教育报》的专题报道。

“走了那么远，我们去寻找一盏灯，你说它就在大海旁边，像金橘那么美丽，所有喜欢它的孩子都将在早晨长大。”我们将继续去寻找一盏灯，一盏阅读之灯，让孩子在童年的永无岛中成长，让孩子拥抱心灵的故乡，让“爱阅读”成为校园新常态。